草思社

GUNS, GERMS, AND STEEL
The Fates of Human Societies by Jared Diamond

銃・病原菌・鉄 上

一万三〇〇〇年にわたる人類史の謎

ジャレド・ダイアモンド

倉骨 彰 訳

GUNS, GERMS, AND STEEL
The Fates of Human Societies
by
Jared Diamond

Originally published by W.W.Norton & Company, Inc., New York
Japanese translation rights arranged with Brockman, Inc., New York

Cover painting : Sir John Everett Millais,
Pizarro seizing the Inca of Peru, 1845.
Victoria & Albert Museum, London/Art Resource
UNIPHOTO PRESS

Author's photo © Jerry Bauer

日本語版への序文　東アジア・太平洋域から見た人類史

本書日本語版の刊行にあたり、ここに謝辞を寄せることを非常に光栄に思う。まず、日本語版を出版してくださる皆さんに感謝したい。これで私の妻の日本人の親戚にも、私の日本人の友人たちや学者仲間にも、母国語である日本語で私の本を読んでもらえる。日本語版の出版は、一九九八年に「コスモス国際賞」の授賞式に訪日したこと、そしてそのとき、日本の多くの方々から温かいおもてなしをいただいた懐かしい記憶を思いださせてくれた。

本書は、私の同胞であるアメリカ人にとってよりも、日本人のみなさんにとってより親しみやすい内容ではないかと思う。それは、人類史全体を説明しようとする本書の試みが、東アジアや太平洋域の人類社会、つまり日本に地理的に近い国々の歴史の経路に重きをおいているからである。欧米の歴史家が人類史について本を著すときは、ヨーロッパの歴史と、ヨーロッパからの移住者によって建国されたアメリカ合衆国の歴史に焦点を当てるのが一般的である。中国の歴史については簡単に記述されるが、その他の地域の歴史については、過去五〇〇年におけるヨーロッパの植民地主義とのかかわり以外ではまったく触れられることがない。人類社会の起源について書かれた本が、もしそのような内容であれば、日本人の読者の好奇心を満足させることはできないだろう。東アジア地域ならびに太平洋域の読者も満足できないにちがいない。しかし本書は、異なる地域の歴史の経路を取り扱う第4部において、五つの章のうち三つの章で東アジアおよび太平洋域をとりあげている（第4部の第15章から第17章まで）。これに対してヨーロッパ、北アメリカおよび南アメリカ大陸については、一つの章にまとめてとりあげた（第18章）。

本書が欧米の歴史に重きをおいていないことに愕然とした、世界的に著名なアメリカ人の歴史学者は、「逆転の人類史」と題する評論を本書に対して寄せた。私は彼の批評を甘んじて受けるものである。たしかに本書は、ヨーロッパの学術的伝統のなかで学んだ歴史学者にとっては、まさしく逆転の人類史なのである。

私は、この逆転した見方をするようになるまで、太平洋域および東アジアで三十六年間にわたって研究調査活動をおこなってきた。そして、東アジアおよび太平洋域からの視点によって人類史を理解しようとすることこそ、もっとも実りの多いアプローチであると確信している。むしろ欧米の歴史に焦点を当てて人類史を捉えようとするアプローチこそが、じつは「逆転」のアプローチとして退けられるべきだとも考えている。

世界のさまざまな民族が、それぞれに異なる歴史の経路をたどったのはなぜだろうか。本書の目的は、この人類史最大の謎を解明することにある。この疑問に答えるうえで、もっとも多くの情報を提供してくれるのは、太平洋域および東アジアの民族の歴史である。これらの地域には現在でも、世界の言語のほぼ半数が分布している。近代においては、経済的、社会的、技術的な面で人類社会の多様性をもっとも豊富に示した地域でもある。たとえばオーストラリア大陸には、石器を使って狩猟採集の生活をするアボリジニが住んでいた。ニューギニアやポリネシアには、磨製石器を使う農耕民が暮らしていた。中国や日本には、鉄器を発達させ、文字文化を発達させた国家が存在していた。世界には、文字を持たず、単純な技術しか持たない狩猟採集民でありつづけた民族がいる一方で、農業を発達させ、さまざまな技術を開発し、文字を持つ文化を形成した民族もいる。なぜ、このような差異があるのか。この問題を探究しようとする社会学者にとって、東アジアと太平洋域はまず最初に当たってみるべき場所なのである。

歴史学者にとっても、東アジアと太平洋域は疑問に答える鍵を提供してくれる場所である。人類史における重要な発明のいくつかは、この地域で最初に登場しているからである。船を作り、四万年前にインドネシア海域に拡散していき、オーストラリア大陸にまで到達していたのは、南東アジア人だった。研磨加工を施し、刃先の長い石器を最初に作ったのは日本人だった。これは、世界各地の人類がまだ石器を用い、鉄器について何も知らなかった時代のことで、ヨーロッパで石器が研磨されるようになる一万五〇〇〇年以上も前のことである。世界で最初に土器を発明したのも日本の狩猟採集民だった。それはヨーロッパで土器が見られるようになる五〇〇〇年前、南北アメリカ大陸で見られるようになる九〇〇〇年も前のことである。また、少なくとも九五〇〇年前に農耕がはじまった中国は、動植物の栽培化や家畜化が世界で最初におこなわれた二つの地域の一つである。外洋航海を最初におこなったのは、中国系農耕民の子孫たちだった。彼らは三六〇〇年前頃にニューギニア海域の島々から東方に拡散しはじめ、太平洋域の最東端の島々にまで到達して現代ポリネシア人の祖先となったのである。

このように、人類史をテーマとする本書が、多くの部分を日本をふくむ東アジアと太平洋域の人類社会の歴史に割くことは、きわめて適切なことである。本書は、とりわけ日本史を対象として書かれてはいないが、いくつかの具体例として日本の事例をとりあげている。それは、日本の歴史的事例に、まさしく世界の歴史を照らしだしていると思われるものがあるからである。たとえば、西暦一六〇〇年頃から一八〇〇年頃までのあいだに、日本は銃火器を放棄しているが、本書の第13章でこの出来事をとりあげている。銃火器の放棄そのものは、人類の技術史においてとくに珍しいことではない。銃火器のほかにも、たとえば中国やヨーロッパ、ポリネシアでは、弓矢、土器、印刷術、大型船の建造、その他の技術が禁じられたり、開発が中止されて放棄されている。しかし、日本における銃火器の放棄は、それがなぜ、どのようにしておこなわれたかが詳しくわかっているため、「技術の放棄」を考えるうえで非常に示唆に富んだ事例となっているのだ。そのため、あえて本書でとりあげたのである。この本が、私にとってそうであったように、日本人の読者にとっても興味深いものになっていることを祈りたい。

最後になったが、本書の日本語版の刊行がきっかけとなって、日本人のみなさんのあいだに、人類史を特徴づける大きなパターンの探究についての関心があらためて喚起されることを願う。また、日本人の歴史と、東アジアおよび太平洋域から人類史を考察することによって、人類史についてより深い洞察が得られるであろうことを願っている。

二〇〇〇年七月四日　ロサンゼルスにて

ジャレド・ダイアモンド

銃・病原菌・鉄　一万三〇〇〇年にわたる人類史の謎【上巻】目次

第2部 食料生産にまつわる謎 121

第4章 食料生産と征服戦争

第5章 持てるものと持たざるものの歴史

第6章　農耕を始めた人と始めなかった人

第7章　毒のないアーモンドのつくり方

第8章　リンゴのせいか、インディアンのせいか

第9章　なぜシマウマは家畜にならなかったのか

【下巻】目次

銃・病原菌・鉄

一万三〇〇〇年にわたる人類史の謎【上巻】

プロローグ

ニューギニア人ヤリの問いかけるもの

ヤリの素朴な疑問

われわれの誰もが知っているように、人類社会の歴史は世界のさまざまな場所でそれぞれに異なった発展をとげてきた。世界には氷河期が終わってからの一万三〇〇〇年間に、文字を持ち、金属製の道具を使い、産業を発達させた社会が生まれた地域がある。文字を持たない農耕社会しか登場しなかった地域もある。また、石器を使って狩猟採集生活を送る社会がずっとつづいていた地域もある。こうした歴史的な不均衡は、現代の世界にも長い影を投げかけている。それは、金属器と文字を持つ社会が、金属器も文字も持たない社会を征服し、あるいは絶滅させてしまったためである。こうした地域間の差異は人類史を形作る根本的な事実であるが、なぜそのような差異が生まれたのかという理由については、いまだに明らかになっておらず、議論がつづけられている。私がこの謎を突きつけられたのは、二十五年前のある素朴な個人的体験がきっかけだった。

一九七二年七月、私は熱帯のニューギニアの海岸を歩いていた。そこで私は生物学者として鳥類の進化について研究していたのだ。私はこの地方に「ヤリ」という名の優れた政治家がいることを聞いていたが、彼もちょうどその土地を訪れていた。その日、海岸を歩いていた私に、たまたま同じ方向に歩いていたヤリが追いついてきた。私たちは一時間ほどいっしょに歩きながら会話を交わした。

ヤリは、カリスマとエネルギーを発散させているような人物で、人を魅了してはなさない瞳の輝きの持ち主だった。彼は自信に満ちた様子で自分について語ったが、いくつもの鋭い質問を投げかけては私の話に熱心に耳を傾けることもした。私たちはまず、当時のすべてのニューギニア人の関心事であった問題、つまり、すさまじい勢いで変化しつつあるニューギニアの政治状況について話しはじめた。現在、パプアニューギニアと呼ばれているヤリの国は、当時はまだ国際連合の信託統治領としてオーストラリアの管理下にあった。しかし、独立への気運はそこかしこに感じられた。ヤリは、地元の人たちとともに自治政府発足の準備をするうえで自分の果たすべき役割について語った。

しばらくすると、ヤリは私に質問をしはじめた。ニューギニアから一歩も外に出たことがなく、学校も高校までしか行っていなかったが、ヤリは好奇心のかたまりだった。彼はまず、私がニューギニアの鳥類についてどんな研究をしているのかと尋ねた（私がその研究からどれくらいの収入を得ているかについても尋ねた）。私は、さまざまな鳥類群が過去何百万年かのあいだにニューギニアに棲みついたことについて説明した。するとヤリは、過去数万年のあいだにニューギニアにやってきた自分の祖先たちは、実際にはどのようにしてここに移り住んできたのかと尋ねた。その質問につづけて、これまでの二〇〇年間に、ヨーロッパから来た白人たちはニューギニアをどのように植民地化したのかと尋ねた。

ヤリも私も、自分たちが代表するそれぞれの社会どうしの緊張関係はよく知っていたが、私たちの会話は友好的だった。二世紀前、ニューギニア人はみな石器時代の暮らしをしていた。つまりニューギニア人は、その当時、ヨーロッパでは数千年前に金属器にとってかわられた石器に似た道具を使い、集権的政治組織を持たない集落社会で暮らしていたのだ。しかし、白人がやってきて集権的政治組織を押しつけられた。鉄の斧、マッチ、医薬品、衣服、飲料、傘などのさまざまな物資がニューギニアに持ち込まれた。ニューギニア人はそれらの物資の価値をすぐに理解した。ニューギニア人は、こうした物資をすべてまとめて「Cargo（積み荷）」と呼んだ。

白人の入植者の多くは、ニューギニア人を「原始的」だと、あからさまに見下した。一九七二年当時においても、もっとも無能な白人の「ご主人さま（マスター）」でも、ニューギニア人よりはるかに生活水準は高く、ヤリのようなニューギニア人のカリスマ的な政治家より暮らし向きがよかった。そのヤリは、私をふくめた白人たちを質問攻めにしていた。私もまたニューギニア人にあれこれ質問した。そしてヤリも私も、平均的なニューギニア人が平均的な白人に頭のよさでけっして劣っていないことを百も承知していた。ヤリが瞳を輝かせながら鋭く質問したとき、彼はこうした事情がよくわかっていたにちがいない。彼はこう尋ねたのだ。「あなたがた白人は、たくさんのものを発達させてニューギニアに持ち込んだが、私たちニューギニア人には自分たちのものといえるものがほとんどない。それはなぜだろうか？」。それは単純な質問だったが、核心をつく質問でもあった。平均的なニューギニア人の生活と平均的な欧米人の生活とには、依然として非常に大きな格差がある。このような格差は、世界のほかの地域でも見られる。これほど大きな不均衡が生まれるには、それなりの明確な要因があってしかるべきだろう。

しかし、ヤリの素朴な疑問は、容易には答えられないものである。当時の私には答えられなかったし、それに対する解答は歴史家のあいだでも意見が分かれている。歴史家のなかには、この疑問を問うことをやめてしまった人もいる。ヤリとこの会話を交わしてから、私は人類の進化、歴史、言語などについて研究し、その成果を発表してきた。本書において私は、ヤリの疑問に対する二十五年後の答えを、自分なりに書いてみようと思ったのである。

現代世界の不均衡を生みだしたもの

ヤリは、ニューギニア人社会と白人社会の二つの対照的な生活様式に対して疑問を投げかけた。この疑問は、現代世界に存在するさまざまな社会間の差異に対して投げかけられたものと考えることもできる。現代世界においては、ユーラシア大陸系の民族、とりわけヨーロッパや東アジアにいまでも暮らしている民族と、ユーラシア大陸から北アメリカ大陸への移民を祖先とする民族とが、世界の富と権力を支配している。アフリカ大陸の多くの民族をはじめとする人びとは、ヨーロッパ人の植民地支配を払拭したものの、世界の富や権力を手にするにはほど遠いところにいる。オーストラリア大陸の先住民アボリジニ、南北アメリカ大陸の先住民、そしてアフリカ大陸最南端の人びとは、白人の入植者によって自分たちの祖先の土地を奪われている。彼らの祖先の多くは、白人の入植者によって殺戮され、征服され、あるいは絶滅させられているのだ。

したがって、現代世界における各社会間の不均衡についての疑問は、つぎのようにいいかえられる。世界の富や権力は、なぜ現在あるような形で分配されてしまったのか？　なぜほかの形で分配されなかったのか？　たとえば、南北アメリカ大陸の先住民、アフリカ大陸の人びと、そしてオーストラリア大陸のアボリジニが、ヨーロッパ系やアジア系の人びとを殺戮したり、征服したり、絶滅させるようなことが、なぜ起こらなかったのだろうか。

われわれは時間的に一歩さかのぼってこの疑問を問うことができる。ヨーロッパ諸国が世界の各地を植民地化しはじめたのは西暦一五〇〇年代のことだった。この時点ですでに、技術や政治の発展において世界の大陸間の格差は存在していた。ヨーロッパ、アジア、北アフリカでは国家や帝国が形成され、人びとは金属製の道具を使う生活をしていた。産業革命の黎明期にさしかかっている地域すらあった。アメリカ大陸では、アステカ人とインカ人がそれぞれに帝国を形成し、石器を道具として使っていた。アフリカ大陸では、サハラ砂漠以南の地域が複数の小国家や首長社会（チーフダム）に分裂し、鉄器が使われていた。そして、オーストラリア大陸やニューギニアの先住民、太平洋諸島の先住民、南北アメリカ大陸の先住民、サハラ砂漠以南の一部の地域の先住民などの多くは、農耕部族民であったり、石器を使う狩猟採集民の小規模集団であったりした。

たしかに、現代世界の不均衡を生みだした直接の要因は、西暦一五〇〇年時点における技術や政治構造の各大陸間の格差である。鋼鉄製の武器を持った帝国は、石器や木器で戦う部族を侵略し、征服して、滅ぼすことができたからである。では、なぜ世界は、西暦一五〇〇年の時点でそのようになっていたのだろうか。

われわれは、時間的にもう一歩さかのぼってこの問いを発し、現存する記録や考古学的発見を当たってみることができる。紀元前一万一〇〇〇年、最終氷河期が終わった時点では、世界の各大陸に分散していた人類はみな狩猟採集生活を送っていた。技術や政治構造は、紀元前一万一〇〇〇年から西暦一五〇〇年のあいだに、それぞれの大陸ごとに異なる経路をたどって発展した。まさにその結果が、西暦一五〇〇年の時点における技術や政治構造の不均衡をもたらしたのである。紀元前一万一〇〇〇年から西暦一五〇〇年のあいだに、ユーラシア大陸、南北アメリカ大陸の大部分の地域、アフリカ大陸のサハラ以南の地域では、農業が起こり、徐々に発達していった。家畜が飼育され、冶金技術が開発され、複雑な政治構造が発達した。しかしその間、オーストラリア大陸のアボリジニやアメリカ先住民の多くは狩猟採集民のままでありつづけた。ユーラシア大陸では複数の地域で文字が誕生している。アメリカ大陸でも文字が誕生した地域が一つだけあったが、技術が新たに誕生し発達したのは、つねにユーラシア大陸がもっとも早かった。たとえば、南米アンデスで西暦一五〇〇年の数世紀前にはじまった青銅器の大量生産は、それより四〇〇〇年も前にユーラシア大陸の一部ですでにおこなわれていた。一六四二年にヨーロッパ人が初めてタスマニア島を探検したとき、島民たちは、数万年も前の旧石器時代後期のヨーロッパで使われていた石器よりはるかに単純な石器を使っていた。したがって、現代世界における社会間の不均衡についての疑問は、最終的につぎのように問い直すことができる――なぜ、人類社会の歴史は、それぞれの大陸によってかくも異なる経路をたどって発展したのだろうか？　人類社会の歴史の各大陸ごとの異なる展開こそ、人類史を大きく特徴づけるものであり、本書のテーマはそれを解することにある。

本書は、煎じつめれば人類の歴史について書かれたものである。このテーマは学術的に興味深いだけではなく、その解明は現実的にも政治的にも非常に有意義なものでもある。というのも、さまざまな民族のかかわりあいの成果である人類社会を形成したのは、征服と疫病と殺戮の歴史だからである。かつての民族間の衝突は、いまもなお影響をおよぼしつづけている。今日でも、問題を抱えている地域では、民族間の衝突がいまだに起こっているのだ。

たとえば、アフリカ大陸では多くの国がいまでも植民地時代の過去と闘っている。中米、メキシコ、ペルー、ニューカレドニア、旧ソビエト連邦、インドネシアの一部の地域では、多くの先住民が、侵略者の子孫が支配する政府に対して抵抗運動やゲリラ戦を展開している。ところが、ハワイ先住民、オーストラリア大陸のアボリジニ、シベリア先住民、アメリカ合衆国の先住民、そしてカナダ、ブラジル、アルゼンチン、チリの先住民は、殺戮や疫病によって人口が激減していて、多数派である侵略者の子孫に圧倒されて、独立戦争を戦える状況にない。そんな彼らも近年では、しだいに自分たちの権利を主張しつつある。

こうした過去の衝突の影響がいまなお見られるのは、政治・経済の分野だけではない。現代の言語にも影響は現れている。たとえば、世界に現存している六〇〇〇の言語の多くが、いま消滅の危機に瀕しているのだ。これは、過去数世紀のあいだに使用人口が急増した英語・中国語・ロシア語が、多くの言語に代わって使われるようになったためである。このような現代世界が直面している問題はすべて、ヤリの発した疑問が示唆する、人類社会の歴史が大陸によって異なる展開を見せたことを原因としている。

この考察への反対意見

ところで、いくつかの理由から、ヤリの疑問について考察すること自体に反対する人びとがいる。ヤリの疑問への解答について述べる前に、このような反対意見について考えてみよう。

反対意見の一つはつぎのようなものである。もし、一つの民族がどのような経路をたどって他民族を支配するようになったかの説明ができたら、そのこと自体が、一民族による他民族の支配を正当化することにつながるのではないか。一つの民族による他民族の支配が不可避であったと結論づけ、今日の世界の状況を変革しようとするのは無駄な努力だと主張することになるのではないか――。この種の危惧は、原因の説明と、結果の正当化や是認とを混同する典型的な誤解にもとづいたものである。何かの経緯を解明することは、その結果得られた知識をどう役立てるかとはまったく別の問題である。理解によってもたらされる知識は、同じ過ちを繰り返したり永続させたりするために利用されるよりも、異なる結果を得るために利用される場合のほうが多い。心理学者が殺人犯や強姦犯の心理を理解しようとすること、社会歴史学者が大量殺戮の原因を知ろうとすること、そして医学者が疫病の原因を解明しようとすることも同じである。彼らは、殺人、強姦、大量殺戮、疫病を正当化しようとして研究するのではない。因果の連鎖を断ち切るために、因果の連鎖について研究するのである。

反対意見の二つめはつぎのようなものである。ヤリの疑問に答えようとすること自体が、ヨーロッパ中心の歴史観の肯定であって、西欧文明の美化、ヨーロッパと現代アメリカの優越性の是認につながるのではないか――。このような優越性は、過去数世紀にわたって存在していたものであり、最近では日本や東南アジア諸国が台頭してきたために影が薄くなってきただけではないのか。実際のところ、本書はヨーロッパ系の民族よりも非ヨーロッパ系の民族について多くを語っているが、われわれはヨーロッパ系の民族と非ヨーロッパ系の民族の交流にだけ焦点を当てるのではなく、非ヨーロッパ系の民族のあいだでどのような交流があったかを詳しく考察すべきである。とくに、アフリカ大陸のサハラ以南の地域の先住民のあいだで、あるいは、東南アジアやインドネシアやニューギニアなどの地域の先住民のあいだで、いったいどのような交流があったかを知らなくてはならない。われわれは、ヨーロッパ系の民族を美化するのではなく、西欧文明のもっとも基本的な部分が、非ヨーロッパ地域の民族が最初に発明し、発達させたものによって成り立っていることを知るべきなのである。

反対意見の三つめはつぎのようなものである。「文明」や「文明の誕生」といった言葉には、文明をよいものとし、狩猟採集民はみじめな生活をしているという誤った印象をあたえるところがあるのではないか。人類社会の過去一万三〇〇〇年の歴史は、よりよい幸福にむかっての進歩だったという誤った印象をあたえるところがあるのではないか——。しかしながら私は、産業化された社会が狩猟採集の社会よりも「優れている」とは考えていない。狩猟採集生活から鉄器にもとづく国家に移行することが「進歩」だとも考えていない。その移行によって、多くの人類がより幸福になったとも考えていない。アメリカの都市とニューギニアの村落の両方で生活を送った私自身の経験から判断するならば、いわゆる文明の恵みと呼ばれるものには両面があると思う。たとえば、現代の工業化された社会で暮らす人びとは、狩猟採集民よりも優れた医療を受けられる。殺人で死ぬ確率も低い。平均寿命も長い。しかし、知人や親類縁者からの支援という面では、狩猟採集民より恵まれていない。私が、居住地域を異にする人間社会の差異について調べようと考えたのは、ある社会が他の社会よりも優れていることを示すためではない。人類社会の歴史において何が起こったのかを理解するために、これらの差異について調べようと考えたのである。

人種による優劣という幻想

ヤリの投げかけた疑問は、わざわざ一冊の本を書かなければ答えられないものなのか。その答えはすでにわかっていることではないのか。もしそうなら、その答えとは何だろうか。

おそらく、ヤリの疑問に対するもっとも一般的な解答は、示唆的であれ明示的であれ、生物学的差異を持ちだした説明である。西暦一五〇〇年以降、ヨーロッパ人の探検家たちは、技術や政治構造の面で世界の民族のあいだにかなりの差異があることを知った。そして彼らは、そのような差異があるのは、持って生まれた能力が民族によってちがうからだと考えた。ダーウィンの進化論が提唱されると、自然淘汰や進化の経路にもとづく説明が試みられ、原始的な技術しか持たない人びとは、猿に似た祖先からの進化の過程にある人びととみなされた。産業化された社会からやってきた人びとが先住民の土地に移り住み、先住民にとってかわることは、適者生存を実証するものと考えられた。遺伝学が進歩すると、今度は遺伝子のちがいによって民族間の差異が説明された。ヨーロッパ人は、アフリカ人よりも、とくにオーストラリアのアボリジニよりも、知的な遺伝子を持っていると考えられたのである。

今日、人種差別は、西洋社会で公(おおやけ)には否定されている。しかし、多くの（おそらく、ほとんどの！）西洋人は、個人として、あるいは無意識のうちに、依然として人種差別的な説明を受け容れている。日本やその他多くの国々では、人種差別的な説明がいまだ何の言い訳もされないまま、まかりとおっていたりする。アメリカやヨーロッパやオーストラリアの社会では、高等教育を受けた白人でさえも、話がオーストラリア大陸のアボリジニのことになると、アボリジニ自身に原始的なところがあると考えている。たしかに外見的にはアボリジニは白人とはちがう。ヨーロッパ人の植民地時代を生き延びたアボリジニの子孫の多くは、いま、白人が支配する現代のオーストラリア社会で経済的な成功をおさめることのむずかしさを感じはじめている。

生物学的差異による説明と、一見、同じくらいの説得力がありそうなのが、つぎのような説明である。オーストラリアに移り住んだ人びとは、先住民たちが四万年以上にもわたって鉄器を持たない狩猟採集民の生活をしていた大陸で、一〇〇年もたたないうちに、文字文化を持ち、産業化され、集権的政治構造を持つ民主国家を築きあげた。これは、先住民とヨーロッパ人を実験材料に、人間社会の変化のちがいを再現したようなものではないか。オーストラリア先住民社会とヨーロッパ系オーストラリア人社会は、構成員こそ異なっているが、舞台はまったく同じである。この二つの社会のちがいが構成員のちがいによって生まれたことを証明するのに、この実験以上の証拠が必要だろうか。

このような人種的差異を根拠とする説明は、たんにおぞましいだけでなく、誤っている。人種間の知性のちがいが技術のちがいに比例することを示す明確な証明は何もない。実際のところ、これから述べるように、現代の「石器人」は、産業化社会で暮らす人びとより知性で劣っているどころか、平均的に見れば優れている場合のほうが多いようにも思われる。オーストラリア大陸では白人入植者が、文字を持ち、多くの長所を持つ産業社会を築いたと一般的には考えられている。しかし第15章で示すように、彼らはその栄誉には値しないのである。付け加えるならば、アボリジニやニューギニア人のように、最近まで原始的な技術しか持たなかった人びとも、機会さえあたえられれば工業技術をマスターすることはできるのだ。

認知心理学者たちは多大な努力を払って、同じ国に住む人間であっても、先祖の出身地によっては知能に差異があることを見いだそうとしてきた。とくにアメリカでは、多くの白人心理学者たちが、何十年ものあいだ、アフリカ系アメリカ人はヨーロッパ系白人より先天的に知能が低いことを示そうとしてきた。しかしながら、よく知られているように、彼らの比較研究の対象となった人びとは、生まれ育った社会環境や教育環境が大きく異なっていた。このことは、技術の差異の根底には能力の差異が横たわっているとする仮説の検証を、二つの意味でむずかしくしている。まず第一に、成人としてどのような知的能力を持つようになるかは、子供時代の社会環境に大きく影響される。しかし、社会環境の影響を受ける前に、どのような遺伝的影響が存在していたかを識別するのはむずかしい。第二に、知的・精神的発達を調べるＩＱテストのような能力テストは、文化的な学習能力の発達程度を問う傾向が強く、生まれつきの能力（それが何であれ）を測定するものではない。したがってＩＱテストの得点結果は、子供時代の環境や学習経験の影響をどうしても受けてしまう。そのため、有色人種は白人より生まれつき知能が低いという仮定を検証しようとする白人心理学者たちの試みは、今日に至るまで成功していない。

この問題に対する私自身の見方は、過去三十三年間、ニューギニア人たちといっしょに野外研究活動をしてきた経験からきている。私は、ニューギニア人たちと行動をともにしはじめたときから、平均的に見て彼らのほうが西洋人よりも知的であると感じていた。周囲の物事や人びとに対する関心も、それを表現する能力においても、ニューギニア人のほうが上であると思った。よく知らない場所の地図を頭の中で描くといった、脳のはたらきを表すような作業については、彼らのほうが西洋人よりもずっとうまくこなせるように思える。当然のことながら、ニューギニア人は、西洋人が子供の頃から訓練を受けている作業はうまくこなせない。だから、辺鄙（へんぴ）な村に住み、学校教育を受けたことのないニューギニア人が町にやってくれば、町の西洋人の目には間抜けに映るだろう。その逆に、私には、ジャングルの小道をたどるとか小屋を建てるといった、ニューギニア人であれば子供の頃から訓練を受けている作業はうまくこなせない。だから、彼らといっしょにジャングルにいるときは、自分はいかにも間抜けに見えるだろうと、私はいつも意識させられたものである。

ニューギニア人のほうが西洋人よりも頭がいいと私が感じる理由は二つある。まず、ヨーロッパ人の社会では今日、生まれた子供はたいていの場合、その知性や遺伝的資質に関係なく生きながらえ、子孫を残すことができる。ヨーロッパ人は、数千年にわたって、集権的政治機構や警察組織や裁判制度が整っている人口の稠密な社会で暮らしてきたからである。このような社会では、人びとのおもな死因は、歴史的に見て疫病（天然痘など）であって、殺人は比較的少なく、戦争も例外であったから、死に至る疫病を逃れることができれば、人びとは生きながらえて遺伝子を残すことができた。これに対して、ニューギニア人は、疫病が発生しうるほど人口が稠密な社会に暮らしていなかった。そのため、ニューギニア人のおもな死因は昔から、殺人であったり、しょっちゅう起こる部族間の衝突であったり、事故や飢えであった。こうした社会では、頭のいい人間のほうが頭のよくない人間よりも、それらの死因から逃れやすかったといえる。しかし、伝統的なヨーロッパ社会では、疫病で死ぬかどうかの決め手は、頭のよさではなく、疫病に対する抵抗力を遺伝的に持っているかどうかであった。たとえば、血液型がB型やO型の人間は、A型の人間よりも天然痘に対する抵抗力が強い。つまり、頭のいい人間の遺伝子が自然淘汰で残るためのレースは、ニューギニア社会のほうがヨーロッパ社会よりもおそらく過酷だったのである。そして、人口が稠密で、政治機構の複雑なヨーロッパ社会では、遺伝的抵抗力による自然淘汰の比重のほうが高かったのである。

二つめの理由は、遺伝的なものではない。それは、現代のヨーロッパやアメリカの子供たちが受動的に時間を過ごしていることにある。アメリカの標準的な家庭では、子供たちが一日の大半をテレビや映画を見たりラジオを聞いたりして過ごしている。テレビは、平均して一日七時間はつけっぱなしである。これに対して、ニューギニアの子供たちは、受動的な娯楽で楽しむぜいたくにほとんど恵まれていない。たいていの場合、彼らは他の子供たちや大人と会話したり遊んだりして、積極的に時間を過ごしている。子供の知性の発達を研究する人びとは、かならずといっていいほど刺激的な活動の大切さを指摘する。子供時代に刺激的な活動が不足すると、知的発育の阻害が避けられないとも指摘している。これが、ニューギニア人のほうが西洋人よりも平均して頭がいいと思われる状況に貢献している非遺伝的な理由である。

このように見てくると、知的能力ではニューギニア人は西洋人よりもおそらく遺伝的に優れていると思われる。また、今日の産業化社会に見られるような、知的発育にダメージをあたえうる悪影響のもとで子供たちが育っていないという点でも、ニューギニア人のほうに軍配があがる。したがって、ニューギニア人の知的能力が劣っていることを、ヤリの投げかけた疑問への答えとする根拠はどこにもない。前記の二つの理由が、ニューギニア人と西洋人だけでなく、狩猟採集民など、技術面で原始的な社会の人びとと、技術面で進んだ社会の人びととのあいだにちがいを生みだしている可能性は高い。であるならば、人種差別的な考え方は、その論旨の主客を逆転させて、つぎのような疑問をわれわれに呈していることになる。すなわち、なぜ、ヨーロッパ人は、遺伝的に不利な立場にあったにもかかわらず、そして(現代では)知的発育にダメージをあたえうる悪影響のもとで育っているにもかかわらず、より多くの「Cargo(積み荷)」を手にするようになったのか。私がヨーロッパ人よりもずっと優れた知性を持っていると信じるニューギニア人は、なぜ、いまでも原始的な技術で生活しているのだろうか。

人類史研究における重大な欠落

遺伝的な理由づけを持ちださないもう一つの説は、とくに北ヨーロッパ人のあいだで一般的なものである。これは、北ヨーロッパのような寒さの厳しい気候は、創造力や物作りのエネルギーを刺激するが、蒸し暑い熱帯の気候は刺激しないとする考え方である。季節ごとに変化する高緯度地域の気候のほうが、年じゅう変わらない熱帯地域の気候よりも、人間にさまざまな挑戦を強いるということはありうる。寒いところでは、生存のために暖かい家を建て、保温用の衣服をまとわなければならないので、技術的に工夫することが要求されるだろう。一方、熱帯の気候ならば、簡単な小屋と衣服があれば生きていける。もちろん、寒さの厳しい期間が長いことを根拠に、高緯度地域の人びとは長い期間を屋内で過ごせるから物作りに精をだせるのだ、と主張することもできる。

この考え方はかつては一般的だったが、少し深く考えてみれば、明らかにおかしいことがわかる。後述するように、北ヨーロッパの人びとがヨーロッパ文明の根幹に貢献するようになったのは、ここ何千年かのことである。彼らは、ユーラシア大陸の比較的温暖な地域で最初に発達した農業、車輪、文字、冶金などの技術を受け継ぐのに好都合な環境に居住していたにすぎない。南北アメリカ大陸ではどうだったかというと、高緯度地帯に位置する寒冷な地域は、技術の発達という点では後進地域であった。メキシコには、アメリカで唯一、文字を発明した先住民の社会が誕生しているが、それとて北回帰線の南側である。南北アメリカ大陸で発見されている最古の土器は、南アメリカ大陸の赤道近辺で出土している。また、芸術や天文学などさまざまな文化的側面で、南北アメリカ大陸でもっとも進んでいたと一般的に考えられている社会は古代マヤ社会だが、これは熱帯地方のユカタン半島とグアテマラで西暦一〇〇〇年頃まで栄えていた社会である。

大規模な灌漑施設などの公共施設との関連において、ヤリの疑問に答えようとする説もある。この三つめの考え方は、低地の渓谷地帯できわめて生産的な農業をおこなうためには大規模な灌漑施設が必要とされ、そのような施設の建設のためには集権的政治機構が必要だったと論じる。この説の根拠となっているのは、帝国や文字といったものがエジプトのナイル渓谷や肥沃三日月地帯のチグリス・ユーフラテス渓谷でもっとも初期に誕生したというたしかな事実である。治水管理の施設は、インド亜大陸のインダス渓谷、中国の揚子江・黄河流域、中央アメリカのマヤ盆地、ペルー沿岸の砂漠地帯といったところでも、集権的政治機構と関連しているように見える。

しかし、灌漑施設の考古学的年代や歴史的年代を詳細に検証した結果は、それらの施設と集権的政治機構が時を同じくして登場したことを示していない。そうした施設が登場するのは、集権的政治機構の誕生からかなり時間をおいてからである。つまり、何らかの理由で政治が集権的におこなわれるようになり、その後に、集権的政治機構の存在が複雑な灌漑システムの構築を可能にしたということである。集権的政治機構の登場に先だって進行した技術上の重要な発展が、渓谷や灌漑施設の存在と関連していたわけでもない。たとえば、肥沃三日月地帯で食料生産や村落生活が最初に営まれるようになったのは丘陵地や高台であって、低地の渓谷ではなかった。ナイル渓谷にしても、肥沃三日月地帯で食料生産が盛んになって以降の三〇〇〇年間ほどは、文化的な後進地域であった。アメリカ合衆国南西部の渓谷地帯で灌漑農業や複雑な社会機構が登場するのは、さまざまな技術がメキシコから入ってきてからのことである。オーストラリア大陸南東部の渓谷地帯は、非農耕民の部族社会の土地でありつづけた。

ヨーロッパ人が、他の民族を殺したり征服することができるようになった直接の要因を指摘して、ヤリの疑問に答えようとする説もある。その要因とは、ヨーロッパの銃や伝染病や鉄器や、さまざまな加工品のことである。これらがまさしくヨーロッパ人による征服を可能にした直接の要因であるという意味において、この説は正しい。しかし、たんに直接の要因を解明し、表層的な(一段階だけの)説明しか提供していないという意味において不充分である。アフリカ人やアメリカ先住民ではなく、ヨーロッパ人が銃や病原菌や鉄を持つようになった究極の要因を探究しなければならない。

このような要因の究明は、ヨーロッパ人による新大陸の征服についてはいくぶんかは進んでいるが、アフリカ大陸については依然として謎のままである。アフリカ大陸は、人類の祖先がもっとも長期にわたって進化をとげた場所である。解剖学的に現代人と同じ特徴を持つ人間が誕生した可能性のある大陸でもある。また、マラリアや黄熱病といった風土病でヨーロッパ人の探検者たちが命を落としてきた大陸でもある。もし、ある地域の人びとが他の地域よりも早く初めの一歩を踏みだしたことに意味があるのなら、なぜ、銃や鉄がアフリカ大陸でまず最初に登場し、アフリカ産の病原菌といっしょにヨーロッパを征服することにならなかったのか。オーストラリア大陸のアボリジニが石器を使う狩猟採集民にとどまった理由は、どう説明すればよいのだろうか。

人類社会の比較から浮かびあがる問題は、歴史学者や地理学者を強く惹きつけてきた。現代の研究でもっともよく知られているのは、歴史学者アーノルド・トインビーの著した全一二巻におよぶ『歴史の研究』だろう。トインビーは、二三の先進文明にとくに興味をもった。そのうち二二の文明は文字を持っており、一九の文明はユーラシア大陸を起源とした。トインビーは、これらの文明が何を原動力として発達したかに関心をもっていたが、人類の先史時代や、無文字文化の単純な社会にはそれほど関心がなかった。とはいえ、現代世界の不均衡のルーツは先史時代にある。しかし、トインビーがヤリと同じ疑問を発することはなかったし、人類史をもっとも特徴づけていると私が考える歴史のパターンの総合的解明に取り組むこともなかった。人類史について書かれたその他の本も、過去五〇〇〇年間に起こった文字を持つユーラシア大陸の先進文明に焦点が当てられているものが多く、コロンブスのアメリカ大陸発見以前に存在していた先住民文明については簡単にしか触れていない。近年のユーラシア文明との関係において以外は、他の文明についてもほとんど記述されていない。トインビー以降、人類史を形作った要因の総合的解明を試みることは、手に負えない問題の解明の試みだとみなされ、歴史学者が好んであつかうテーマではなくなってしまった。

それでも、さまざまな分野の専門家たちによる統合的な研究はおこなわれている。とくに、環境地理学者、文化人類学者、動植物の飼育栽培を専門とする生物学者、疫病と歴史の関係を研究している学者が、有用な知見をもたらしている。こうした研究は、人類史の謎の部分に目を向けてはいるが、結局は、必要とされる統合的知見の一部を提供しているにすぎない。

つまり、ヤリの投げかけた疑問に対する一般的な答えはいまだに存在していないのだ。たしかに、直接の要因についてはすでに明らかになっている。つまり、銃や病原菌、鉄をはじめとする技術、政治力や経済力の向上をもたらす技術を、ある民族は他の民族より先に発達させたし、ある民族はまったく発達させることがなかった。これに対し、究極の要因はいまだに明らかにされていない。青銅器はユーラシア大陸でごく早い時代に誕生したのに、新世界では、かなり時代を経てから、しかもごく一部の地域でしか登場しなかった。オーストラリア大陸のアボリジニは青銅器を持つことがなかった。それはなぜか。

このような究極の要因の説明がなされていないため、人類史を特徴づける大きなパターンはいまだに解明されず、われわれの知識には大きな欠落部分が残されているのだ。さらに深刻なのは、この欠落のゆえに社会モラル上の問題が放置されていることである。歴史は、民族によって異なる経路をたどった。これは、人種差別主義者であるかどうかにかかわらず、誰にとっても明白な事実である。現代のアメリカ合衆国は、ヨーロッパの社会を鋳型として形成された社会であり、アメリカ先住民から奪った土地を支配し、サハラ以南から連れてきた何百万人というアフリカ人奴隷の子孫を組み込んでいるのであって、その逆ではない。現代ヨーロッパは、何百万人というアメリカ先住民を奴隷化したサハラ以南のアフリカ黒人の社会を鋳型として形成された社会ではないのだ。

現代の世界は、ヨーロッパ人がアメリカ大陸・オーストラリア大陸・アフリカ大陸の五一パーセントを征服し、アメリカ先住民、オーストラリア・アボリジニ、アフリカ人がヨーロッパの四九パーセントを征服しているという状態にあるわけではない。現状はあまりにも偏りすぎている。人類社会の歴史の偏りが結果として生みだしたもの、それが現代世界の状況なのである。これほど偏った結果になってしまったことについては、もっと根本的かつ明確な説明があってもよいはずではないか。われわれに必要なのは、何千年前に誰がどの戦いで勝利をおさめたとか、誰かが偶然何かを発明した、という以上の説明である。

民族によって歴史が異なる経路をたどったのは、民族間の生物学的差異の反映であると考えることは、一見、理にかなっているかに見える。もちろんわれわれは、そのようなことを人前で口にしてはいけないと教えられてきた。しかし、先天的な差異に言及する学術論文を目にしたり、そのような研究には技術的な間違いがあるという反論を読むこともある。数世紀も前に征服されたり奴隷化された人びとの子孫が、社会の最下層で暮らすのをわれわれはいまでも日常的に目にしている。これについても、生物学的な欠陥のせいではなく、社会が不平等で、機会が均等にあたえられていないせいだと教えられてきた。

にもかかわらず、人びとのあいだには歴然と、こうしたちがいが存在している。それはなぜだろうか。われわれは、その理由を考えなくてはならない。われわれは、西暦一五〇〇年の時点の人類社会の差異を、生物学的に説明しようとすることは間違いであると確信している。しかし、正しい説明を知らされているわけではない。大半の人びとは、人類社会の歴史に見られる大きなパターンについて、詳細かつ説得力があり、納得できる説明を手にするまでは、相変わらず生物学的差異に根拠を求める人種差別的な説明を信じつづけるかもしれない。私が本書を執筆する最大の理由はここにある。

さまざまな学問成果を援用する

著者というものは、分厚い著書をたったの一文で要約するように、ジャーナリストから求められる。本書についていえば、つぎのような要約となる――「歴史は、異なる人びとによって異なる経路をたどったが、それは、人びとのおかれた環境の差異によるものであって、人びとの生物学的な差異によるものではない」

社会は、環境地理的および生物地理的な影響下で発達する。当然のことながら、このような考え方は古くからなされてきたが、今日、歴史学者のあいだでは重んじられていない。このような考えは、誤っているとか単純すぎるとか、環境決定論だと揶揄されてしりぞけられるか、あるいは、人類社会の差異を理解しようという試みそのものがあまりに困難だとみなされている。そして、このような課題は棚ざらしになり、まったく追究されていない。だが、地理的要因が歴史に何らかの影響をおよぼしたことは明白である。答えが求められているのは、地理的要因が歴史にどれほど影響をあたえたかであり、地理的要因が人類社会の歴史に見られる大きなパターンを説明できるか否かである。

現在、この疑問に答えるのに機は熟しているといえるだろう。歴史学とは一見かけ離れて見える他の科学分野から、さまざまな新しい知見がもたらされているからである。たとえば、作物やその野生祖先種を研究できる遺伝学、分子生物学、生物地理学である。家畜とその野生祖先種は、行動生態学の研究対象でもある。ほかにも、人間の病原菌やそれと関連性がある動物の病原菌を研究する分子生物学、人間の疫病を研究する疫学、人間を研究対象とする遺伝学がある。また、言語学、世界の大陸と大型の島々を研究対象とする文化人類学、そして技術史、文字史、政治史などの多彩な歴史研究がある。

関連分野がこれほど多岐にわたることは、ヤリの疑問に答えようとする著者にとっては悩みの種でもある。このテーマをあつかう著者は、前記の多彩な分野の知見を学際的に統合できるように、それぞれの専門に精通していなければならない。各大陸の歴史時代と先史時代の知見を統合しなければならない。本書の主題は歴史学であるが、アプローチ的には科学的手法、とくに進化生物学や地質学といった歴史科学の手法を用いて書かれている。著者は、狩猟採集民の社会から今日の宇宙時代の社会までをもふくむさまざまな人間社会を、直接的な経験を通じて理解できている人でなければならない。こうした要件は、ヤリの疑問に答える本は共著にならざるをえないかの印象をあたえる。しかし、多彩な分野の知見を統合しなければならないことを考えると、共著というアプローチは失敗に終わる運命にあるだろう。本書を一人で執筆するにはさまざまな困難がつきまとうだろうが、やはり一人の著者によって執筆されるべきである。この本の著者は、多彩な分野の知見を汗水たらしながら一人で統合しなければならないだろうし、多くの同僚の助けを借りなければならないだろう。

ヤリが私に疑問を投げかけたのは一九七二年のことだったが、私はそれまでにも、前記の分野のいくつかに首をつっこんでいた。それは私が生まれ育った環境が関係している。私の母は教師であり言語学者であった。父は、小児遺伝病が専門の医師であった。父を見倣って、私は医者になるつもりで勉強していた。私はまた七歳の頃には熱烈なバードウォッチャーになっていた。そのため、学部の最終学年で、自分の目標を医学から生物学に変更するのはむずかしいことではなかった。とはいえ、大学を卒業するまでに私がおもに学んだ科目は、語学、歴史、創作である。生理学で博士号を取得しようと決めたあとでも、言語学者になろうとして、大学院の最初の年に自然科学の研究からほとんど足を洗いそうになったこともある。

一九六一年に大学院を終え、博士号を得たあと私は、分子生理学と、進化生物学および生物地理学の二つの分野を専門に研究することに決めた。進化生物学が、研究室でおこなう実験科学とは異なる研究手法を用いる歴史科学だったことは、本書を執筆するうえで思わぬボーナスとなった。この分野での経験があったために、人類社会の歴史を科学的な手法で説明するという難題も、私には目新しいものではなかった。一九五八年から一九六二年までを、今世紀のヨーロッパの歴史のなかで傷ついた友人たちと過ごしたことも、人類史を形作った因果関係について真剣に考えるきっかけとなった。

私は、過去三十三年間、進化生物学者としてフィールドワークをおこない、さまざまな人間社会に接してきた。鳥類の進化の研究を専門とし、南アメリカ、南アフリカ、インドネシア、オーストラリア、とくにニューギニアで調査をおこなってきたのだが、それらの地域で現地の人びとといっしょに暮らし、狩猟採集民とも親しんできた。近年まで石器に頼った生活をしていた農耕部族民や漁労民とも親しんできた。だから、読み書きできる人びとにとっては大昔の不思議な生活様式と思えるものが、私にとってはもっとも鮮やかに記憶に残るものとなっているのだ。ニューギニアは、地球上の陸地のほんの一部分にすぎない。しかし、ニューギニアに存在するものは、きわめて大きな割合で人類の多様性を示している。現存している世界の六〇〇〇種の言語のうち、一〇〇〇種はニューギニアでしか使われていない。ニューギニアで鳥類相の調査をしているとき、鳥の名前のリストを作るために、一〇〇種類の異なるニューギニア言語で鳥の名称を聞きださなければならなかった。この経験を通じて、私の言語に対する好奇心はふたたびかきたてられた。

このような関心から、私は『人間はどこまでチンパンジーか？（*The Third Chimpanzee*）』というタイトルで人間進化の通史を学術書ではないかたちで執筆した。その本の「たまたま征服者になった人々」と題された第14章では、ヨーロッパ人とアメリカ先住民が出会った結果、何がもたらされたかを考察している。そして、私は『人間はどこまでチンパンジーか？』を書き終えてから、先史時代や現代に起こった民族のさまざまな出会いから同様の疑問が喚起されることに気づいた。私は、一九七二年にヤリが私に投げかけたのと本質的に同じ疑問に取り組み、その答えを異なる地域で探していたにすぎなかった。そこで、私は本書において、多くの友人の力を借りつつヤリの疑問に答えることにし、彼の好奇心、ひいては私自身の好奇心を満足させようと思う。

本書の概略について

本書は、四部構成になっている。第1部は三つの章で構成される。第1章は、約七〇〇万年前に猿から分岐してから、約一万三〇〇〇年前の氷河期の終わりに至るまでの人類の進化の歴史を駆け足で紹介する。われわれは、人類がアフリカで誕生して他の大陸に広がるまでの歴史をたどり、「文明の誕生」と総称される出来事の直前の世界の状態についての知識を深める。この検証によって、ある大陸の人びとは、他の大陸の人びとにくらべ、初めの一歩をより早く踏みだしていたことがわかる。

第2章は、過去一万三〇〇〇年のあいだに、それぞれの大陸の環境の差異が、人類社会の歴史にどのような影響をおよぼしたかを考察する。具体的には、島という狭い地域の歴史的変遷を短い時間枠のなかで考察し、環境があたえた影響について探っていく。約三二〇〇年前に現代ポリネシア人の祖先たちが太平洋の島々へ拡散していったとき、彼らはさまざまに異なる環境に遭遇した。そして、最初の拡散から数千年の時間枠のなかで、彼らは同じポリネシア社会から島ごとに異なる社会を派生させ、狩猟採集生活を営む社会から、帝国を形成するような社会まで誕生させている。このポリネシア人の拡散を一つの論理的モデルとすることで、氷河期以降に人類社会が大陸によって異なった発展をし、狩猟採集民の社会から帝国までを形成するに至った経緯についての理解を、より壮大な時間枠のなかで深めることができる。

第3章は、フランシスコ・ピサロ率いる少数のスペイン軍が、インカ皇帝アタワルパの大軍にペルーのカハマルカ盆地で遭遇した瞬間を、その目撃者の証言を通じて紹介しながら、異なる大陸の民族の衝突について考察する。われわれは、この考察を通じて、ピサロがアタワルパを捕らえることができた直接の要因を知ることができる。ヨーロッパ人は、これらの要因の因果の連鎖のおかげでアメリカ先住民の社会を征服することができた。それらの直接の要因とは、スペイン人がヨーロッパから持ち込んだ病原菌であり、馬や文字や政治機構であり、技術（とくに船と武器）であった。直接の要因の解明はむずかしくはない。むずかしいのは、直接の要因をもたらした究極の要因の解明である。アタワルパがマドリッドに侵略してきてスペイン王カルロス一世を捕獲したのではなく、その逆の出来事を引き起こした究極の要因を見つけだすことである。

第2部は、いくつかの究極の要因のなかで最重要と考えられる要因についてとりあげている。第4章では、食料の狩猟採集をやめて、農耕や家畜の飼育を通じて食料を生産するようになったことが、いかにしてピサロの勝利につながったかについて簡単に述べる。もちろん、食料生産は世界じゅうで一様にはじまったわけではない。第5章で考察するように、地域によっては、食料生産を独自に発達させているし、先史時代に食料生産の中心地から農耕や家畜の技術を取り入れた地域もある。食料生産を独自に発達させることもなく、他の地域から技術を取り入れることもせず、近代になるまで狩猟採集民として暮らしていた人びともいた。第6章では、人びとが狩猟採集民の生活様式をやめて食料生産へ移行した要因について、地域ごとに考察する。

第7章、第8章、第9章では、人びとが先史時代に、野生の動植物をどのように栽培化し、家畜化したかについて考察する。彼らは、何をどうすればどういう結果になるかの見通しがあって植物を栽培化したり動物を家畜化したわけではなかった。食料生産の発祥地の数が多くないという事実、また、開始時期が地域によって異なっているという事実は、栽培化・家畜化が可能な野生動植物の分布が地域によって異なっていたことでかなり説明できる。食料生産は、ある地域には他の地域より素早く伝わるというかたちで、その起源となった地域から他の地域に伝播していった。この伝播の速度は、大陸が東西方向または南北方向のどちらに伸びた陸塊であるかによって大きく影響を受けた。ユーラシア大陸が東西方向に伸びた陸塊であるのに対し、南北アメリカ大陸とアフリカ大陸は南北方向に伸びた陸塊であった（第10章）。

このように、われわれは、ヨーロッパ人がアメリカ先住民を征服できた直接の要因を考察していく。つぎに、食料生産という究極の要因から直接の要因がどのように派生したかを探究する。そして、第

3部では、直接の要因と究極の要因を結ぶ因果の鎖を詳細に探っていく。その過程でわれわれは、まず、人口の稠密な集団に特有な感染症の病原菌がどのように進化したかを考察する（第11章）。ヨーロッパ人が持ち込んだ病原菌の犠牲になったアメリカ先住民や非ユーラシア人の数は、彼らの銃や鋼鉄製の武器の犠牲になった数よりもはるかに多かった。それとは対照的に、新世界に侵略してきたヨーロッパ人は、致死性の病原菌にはほとんど遭遇していない。この不平等なちがいはなぜ起こったのだろうか。人間に感染する病原菌の進化と食料生産の開始との結びつきは、南北アメリカ大陸においてよりもユーラシア大陸において強かったことは、最近の分子生物学の研究によって明らかになっている。

因果の鎖で、もう一つ重要なのは、食料生産と文字の発明とを結ぶ鎖である。文字は、過去数千年に登場した人類の発明のなかで、おそらくもっとも重要な発明であろう（第12章）。文字の発明は、人類史を通じてほんの数回しかなかった。文字の発祥地は、古くに食料生産が開始された地域のなかでも、その開始年代がもっとも古い地域である。その他の地域では、文字の発祥地から伝播してきた表記法や概念を取り入れ、文字を使うようになっている。したがって、人類史を研究する人びとにとって、文字がどのように広まったかは、地理的要因が新しい発明や概念の伝播にどのような影響をおよぼすかを調べるうえでとくに有用である。

文字の伝播についていえることは、技術の伝播についてもいえる（第13章）。技術に関して重要なのは、革新的な技術が出現する背景に、特定の天才や特殊な文化的要因の存在があって、人類社会に共通するパターンの解明を不可能にしているのかどうかである。しかし逆説的に見れば、文化的な要因の多さは、この解明をかえって容易にしている。農耕によって食料生産と余剰食料の蓄積が可能になり、余剰食料の蓄積が非生産者階級の専門職を養うゆとりを社会に生みだし、技術の発達を可能にしたのである。

余剰食料の蓄積は、書記や発明家を養うゆとりを社会に生みだしただけでなく、政治家を養うゆとりも生みだした（第14章）。移動生活を送る狩猟採集民は、比較的わけへだてのない平等社会を構成している。政治活動の範囲は集団内部の用件とか、近隣集団との同盟関係の調整に限られている。首長や王や官僚といった人びとが出現したのは、定住生活を送りながら食料生産をおこなう人口の稠密な人間集団が誕生して以降のことである。こうした階級の人びとは、人口の稠密な広大な地域の支配に不可欠であっただけでなく、常駐の軍隊を維持したり、探検目的で派遣する艦隊を組織したり、征服戦争を企てたりするのにも不可欠であった。

第4部は、第2部と第3部の考察の結果が、世界の各大陸と重要な島々の歴史の経路にどのように当てはまるかを検討している。第15章では、オーストラリア大陸および、かつてはこの大陸と地続きであったニューギニアについて述べる。近年になるまでもっとも単純な技術しか持たなかった人びとが暮らしていたオーストラリア大陸は、世界の大陸のうちで、食料生産が独自にはじまらなかった唯一の陸塊である。そのため、大陸による差異が人類社会の歴史の経路に影響したとする理論の是非を吟味するうえでもっとも重要な試金石でもある。オーストラリア・アボリジニは、彼らの大陸からももっとも近い場所に位置するニューギニアの人びとが食料生産をおこなうようになってからも、狩猟採集民のままでありつづけた。第15章ではその理由を明らかにしている。

第16章と第17章では、オーストラリア大陸とニューギニアから視野を広げ、アジア本土と太平洋域で起こった歴史の展開について見ていく。中国での食料生産の開始は、先史時代に人口の移動をもたらし、文化的特性を誕生させた。われわれが今日知っている政治的および文化的現象が生まれたのもこの時代である。熱帯東南アジアのほぼ全域で、先住民であった狩猟採集民が、あとからやってきた南方中国系の農耕民にとってかわられてしまうという人口の入れ替え現象も起こっている。さらにまた、オーストロネシア人（オーストロネシア語族の人びと）の拡散は、フィリピンやインドネシアでも人口の入れ替え現象を起こしている。オーストロネシア人は、さらに拡散をつづけ、はるか遠方のポリネシア域の島々にまで到達しているが、オーストラリア大陸には住みつくことができなかった。ニューギニアの大部分にも住みついていない。人類史の研究者にとって、東アジアと太平洋域における民族の移動と衝突は、二つの意味において重要である――一つには、この移動と衝突によって、この地域の国々は、現在、世界の総人口の三分の一を擁し、経済力の集約化もますます進行しているからである。そして、もう一つには、この移動と衝突を一つの理論的モデルとして、世界のその他の地域の人類社会の歴史の経路を理解することができるからである。

第18章では、第3章で述べたヨーロッパ人とアメリカ先住民との衝突について再度検討する。ヨーロッパ人による南北アメリカ大陸の征服は、新世界と西ユーラシアの過去一万三〇〇〇年の歴史に照らし合わせて見るかぎり、もっとも異なる経路をたどった二つの人類社会の歴史の極みであったにすぎない。これらの歴史的経路の差異は、大陸によって栽培化や家畜化可能な動植物が異なっていたこと、病原菌が異なっていたこと、人びとが定住生活を開始した時期が異なっていたこと、陸塊の広がる方向が異なっていたこと、そして生態系が異なっていたことによって引き起こされた。

最後に、サハラ砂漠以南のアフリカ大陸の歴史がある（第19章）。これは、新世界の歴史と対照的でありながら、驚くほどの類似性を示している。ヨーロッパ人とアメリカ先住民との出会いを形作ったのと同じ要因が、ヨーロッパ人とアフリカ人との出会いを形作っている。しかし、アフリカ大陸は、それらの要因のすべてにおいて、南北アメリカ大陸とは異なっていた。その結果、ヨーロッパ人は、アフリカ大陸の最南端を除いて、広大な土地を征服したり、定住地を長期間維持することはできなかった。アフリカ大陸の歴史にもっとも重要な影響をおよぼしているのは、バンツー族の拡散による人口分布の変化であろう。そして、この人口分布の変化も、ペルーのカハマルカ盆地での出来事を引き起したのと同じ要因の多くによって、また、東アジアや太平洋諸島やオーストラリアやニューギニアの人類社会の歴史の経路に影響をあたえたのと同じ要因の多くによって引き起こされたことがわかっている。

私は、過去一万三〇〇〇年の歴史を、これらの章ですべて説明できるなどという幻想は抱いていない。たとえ、答えがわかっていたとしても、それを一冊の本で表すのは不可能である。ましてや、われわれはいまだ答えを知らない。本書は、ヤリの疑問の多くを解明するであろうと思われる複数の環境的要因を同定し、それについて述べているにすぎない。こうした要因をはっきりさせることによって、まだ解き明かされていない謎の重要性を認識することができ、その理解が今後の課題となるのである。

エピローグでは、まだ解き明かされていない謎のいくつかをとりあげている。たとえば、同じユーラシア大陸に位置する社会でも地域によって歴史の経路が異なっているという問題、環境とは無関係の文化的要因の問題、個々人の特質の歴史への影響の問題といったことについて述べている。おそらく、こうした未解決の問題のうちでもっとも重要なのは、人類史の研究を、進化生物学や地質学や気候学のような歴史科学として確立させることであろう。たしかに、人類史の研究にはさまざまな困難がつきまとう。しかし、それは他の歴史科学の分野の研究とて同じことである。したがって、他の歴史科学の分野で開発された手法が、人類史の研究に有用であることは考えられる。

皮肉屋は「歴史とは些細な事実の羅列にすぎない」という。ここまでの私の話で、読者がこの皮肉屋の警句を受け容れる気にならなかったことを祈る。人類史には、それを特徴づける大きなパターンが存在する。その探究は、有益な成果をもたらすだけでなく、探究するものを魅了してはなさない作業でもあるのだ。

第1部

勝者と敗者をめぐる謎

第1章

一万三〇〇〇年前のスタートライン

人類の大躍進

人類の歴史を、それぞれの大陸ごとのちがいに目を向けて考察するには、紀元前一万一〇〇〇年頃、すなわち現在よりおよそ一万三〇〇〇年前を出発点とするのが適切だろう。[*] 一万三〇〇〇年前とは、地質学的には更新世の最終氷河期が終わり、現在に至る完新世がはじまった時期にあたる。これは、世界のいくつかの地域で村落生活がはじまり、アメリカ大陸に人が住みはじめた時期にも相当する。少なくとも一部の地域では、それから数千年以内には植物の栽培化や動物の家畜化がはじまっている。当時、人類の祖先はさまざまな大陸で暮らしていたわけだが、それらの人びとを比較した場合、ある大陸に暮らしていた人びとは、他の大陸の人びとより先にスタートを切り、一歩リードしていたのだろうか。つまり、いまから一万三〇〇〇年前の時点ですでに、ある大陸の居住民は、他の大陸の居住民に対して社会の発達を有利に展開できるような差をつけていたのだろうか。

もしそれが事実だとすると、プロローグで紹介したヤリの問いかけ（「白人はたくさんのものを発展させてニューギニアに持ち込んだが、私たちニューギニア人には自分たちのものといえるものがほとんどない。それはなぜか？」）に対するわれわれの答えは、その頃に存在した地域間の格差が過去一万三〇〇〇年のあいだに増幅された、ということになる。この章では、そのような地域差がほんとうに存在していたか否かを検証するために、数百万年前の人類誕生の時点から紀元前一万一〇〇〇年までのあいだに人類史がどのような展開を見せたかを駆け足でたどってみる。もちろん、数百万年の歴史をたかだか二十数頁に詰め込むのだから、ここに要約された人類史は、本書のテーマに必須と思われる事柄だけをごく簡単にまとめたものであり、詳細はとりあげていない。

われわれ人類にもっとも近縁で現生する動物は、ゴリラ、チンパンジー、ピグミー・チンパンジー（ボノボとも呼ばれる）の三種の大型類人猿である。彼らがアフリカに限って生息してきたこと、ま

＊　本書で言及している過去一万五〇〇〇年にわたる期間は、これまでの炭素14年代測定法ではなく、新たに採用された炭素14年代測定法による誤差を修正した数値を使用している。この測定法のちがいによる差は第5章で説明する。新たに採用された炭素14年代測定法により推定された年代は、カレンダーの年表にずっと近いと信じられている。これまでの年代に慣れ親しんでいる読者には、本書に出てくる年代が古すぎるのではないかと感じられる場合があるかもしれないが、それは新たに採用された炭素14年代測定法により求められた年代だからである。ひとつ例をあげておくと、北米大陸にあるクローヴィス式遺跡は、いまから一万一〇〇〇年前の紀元前九〇〇〇年頃のものとするのが一般的であるが、本書では、いまから一万三〇〇〇年前の紀元前一万一〇〇〇年頃としている。なお、各種の年代測定法については第5章で詳しく説明する。

た古い人類の化石がアフリカからたくさん出土していることは、人類の進化の初期段階もアフリカを舞台に繰り広げられたことを示している。

人類の歴史はいまから約七〇〇万年前（いまから九〇〇万年前から五〇〇万年前のあいだと推定されている）にはじまった。その頃、アフリカに生息していた類人猿がいくつかに枝分かれし、ひとつのグループが現在のゴリラの祖先へと進化し、別のグループが現在のチンパンジーの祖先へと進化し、そしてもうひとつのグループが現生人類の祖先へと進化したのである。しかし時期的に見て、この三つの分岐は同時に起こったわけではなく、ゴリラの系統は、人類とチンパンジーとが枝分かれする前に分岐している。

発見された化石類を見ると、人類は約四〇〇万年前に直立姿勢をとりはじめている。体型の大型化と脳容量の拡大は、直立姿勢をとりはじめてから約一五〇万年を経過した頃（いまから約二五〇万年前）にはじまっている。現生人類の祖先にあたるこれらの初期人類（プロトヒューマン）は、一般にアウストラロピテクス・アフリカーヌス（アフリカ猿人）、ホモ・ハビリス、ホモ・エレクトゥスの三種であり、この順序で出現したと考えられている。ちなみに、約一七〇万年前に登場したホモ・エレクトゥスは、体の大きさは現代人に近かったものの、脳容量はわれわれの半分あるかないかであった。人類は石器の使用を二五〇万年前頃にはじめているが、それらは加工を施したものではなく、もっと原始的な打製石器や剥片石器のたぐいであった。つまり、動物学的な分類からすると、ホモ・エレクトゥスは、現代人に近いというより、類人猿に近い存在だったといえる。

七〇〇万年前に誕生した人類は、はじめの五〇〇万〜六〇〇万年をアフリカ大陸ですごしている。アフリカの地を離れて暮らしはじめた最初の人類は、ジャワ島でジャワ原人の化石が発見されている

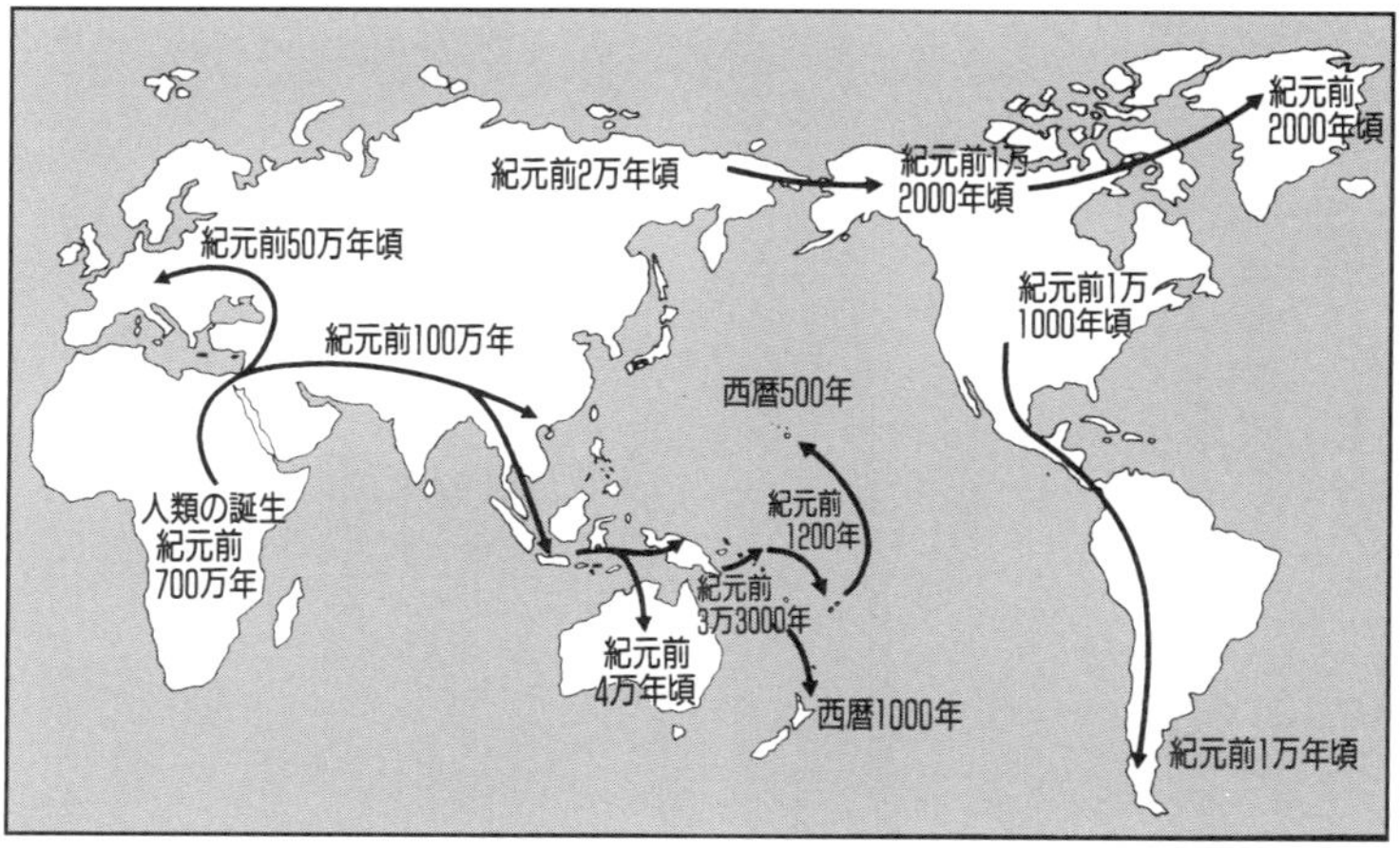

図1-1　人類の拡散

ことから、ホモ・エレクトゥスであったことがわかっている（図1-1を参照）。もっとも古いジャワ原人の化石は約一〇〇万年前のものとされてきたが、じつは一八〇万年前にさかのぼるのではないかという説を唱える人も最近では出てきている（厳密にいうと、ホモ・エレクトゥスという名称はジャワ原人に対して使われるものである。したがって、ホモ・エレクトゥスとして分類されているアフリカの化石人類には別名があたえられるべきかもしれない）。

現在のところ、ヨーロッパ大陸に人類が存在したことを示す確固たる証拠で最古のものは約五〇万年前のものであるが、それより以前に存在していたとする説も複数ある。たしかにヨーロッパとアジアはユーラシア大陸としてひとつながりの陸塊であり、大きな天然の障壁によって隔てられていないので、アジアに進出したのとほぼ同じ時期に人類がヨーロッパに進出したと推測することは可能である。

ヨーロッパ大陸に人類が進出した年代の場合のように、これまで最古とされていたものが新しい学説によって否定され、じつはそれより以前であったと主張されることがある。そうした学説はこの本でも繰り返し出てくるが、それをどう受けとめるかはなかなかむずかしい問題である。ある学者によって「最古といわれていたX」より古いXが存在していたという学説が発表されると、それよりさらに古いXを見つけ、その学説を否定しようとするものがかならず現れる。ヨーロッパの人類の化石にせよ、メキシコで栽培されていたトウモロコシにせよ、「最古のもの」がどこかにあることは事実であるが、新たに発見されたと発表されるものは、これまで最古とされていたものより古いものではあっても、それが考古学上ほんとうに最古のものであると学問的に合意されるには、何十年もの研究成果の積み重ねが必要なのである。

人類の頭蓋骨は五〇万年前までには、それ以前のホモ・エレクトゥス的な特徴から、もっと大きく、丸みをおびた形へと変化している。アフリカやヨーロッパで見つかっているおよそ五〇万年前の頭蓋骨は、われわれ現生人類の頭蓋骨によく似ているので、ホモ・エレクトゥスではなく、ホモ・サピエンスとして分類してもよいほどである。もちろんこの区別は恣意的なものである。なぜなら、ホモ・エレクトゥスがホモ・サピエンスに進化したのだから。それが証拠に、これら初期のホモ・サピエンスの頭蓋骨を詳細に調べると、われわれとまったく同じ特徴を示しているわけではないことがわかる。脳容量もまだかなり小さいし、作っていたものや、おこなっていたことを見ても、はっきり区別がつくほどわれわれとは異なる。たとえば五〇万年前の人類は石器を使用していた。しかしそれらは、ヤリの曾祖父母のような石器を使うニューギニアの現代人から見れば粗末なしろものでしかない。石器以外で、人類が五〇万年前に使用していたとはっきりわかっているのは火である。

初期のホモ・サピエンスがわれわれに伝えているものは、化石と素朴な石器だけである。骨で作られた道具、装飾品などといったものは何ひとつ伝えられていない。初期のホモ・サピエンスが生息していた時代、オーストラリアにはまだ人類は存在していなかった。東南アジアから移動するのに必要とされる舟をまだ持っていなかったからである。南北アメリカ大陸にも人類はいなかった。ユーラシア大陸のアメリカ大陸にもっとも近い場所（シベリア）に人類が住んでいなかったからであり、海峡を渡るのに必要であったろう舟を作る技術もなかったからである（現在、シベリアとアラスカを隔てるベーリング海峡は、氷河期に何度も海面が上下したため、海峡になったり、干上がって大陸を結ぶ陸橋になったりしている）。舟を作ることも、厳寒のシベリアで生きることも、初期のホモ・サピエンスには不可能なことであった。

五〇万年前以降、アフリカと西ユーラシア、そして東アジアの人類は、骨格的にそれぞれ微妙に異なる形態を示しはじめている。ヨーロッパと西アジアでは、一三万年前から四万年前頃までの人骨が多数発見されており、これらの地域にネアンデルタール人あるいはホモ・サピエンス・ネアンデルターレンシスとして知られる人たちが住んでいたことがわかっている。ネアンデルタール人は、洞窟に住む猿じみた粗野な原始人として漫画などに描かれることが多い。しかし脳容量を比較すると、彼らのほうが現代人よりも少しだけ大きい。彼らはまた、死者を埋葬し、病人の世話をした証拠を残した最初の人類でもある。それでも彼らの石器は、現代のニューギニア人が作る磨製石斧（せきふ）などとくらべると素朴なものであった。用途・機能ごとに形状をそろえた形跡もない。

ネアンデルタール人と同じ時代にアフリカに居住していた人類の人骨は少数が出土しているが、彼らは骨格的にネアンデルタール人よりも現代人に近い。発見数がもっと少ない、東アジアに居住していた人類の人骨は、アフリカで発見された人骨やネアンデルタール人の人骨とは異なる特徴を有している。アフリカ大陸南部の遺跡では、石器類や食用にされた動物の骨が出土しているが、これらはその時代の生活を示すもっともよい証拠である。一〇万年前頃のアフリカの住民は、骨格の形態ではネアンデルタール人よりも現代人に近かったとはいえ、ネアンデルタール人と同じように、形状のそろった石器を作製していない。彼らが残したと思われる美術品なども発見されていない。食用にされた動物は、その骨から判断すると、まったく身の危険をおかさずに簡単に殺せる動物が主で、その狩猟技術はたいしたものではなかった。まだ、バッファローやイノシシなどの、狩猟に危険をともなう動物は捕まえていなかった。海に近い海浜部の遺跡からも、魚の骨や釣り針などが出土しないことから、魚すら捕まえられなかったと思われる。彼らも、同じ時代のネアンデルタール人も、完全な人間という意味でのレベルにはまだ達していなかった。

人類の歴史は約五万年ほど前に大きく変化しはじめる。私が「大躍進」と呼ぶこの時代になると、形状のそろった石器が東アフリカの遺跡から出土しはじめる。ダチョウの卵の殻でできたビーズ状の装身具では最古のものが出土している。その後すぐに、近東やヨーロッパ南東部でも同じような展開が見られるようになる。約四万年前になると、ヨーロッパ南西部でも同じような変化が起こっている。これらの地域に暮らしていたクロマニヨン人と呼ばれる人たちは多数の加工品を残しているが、骨格的には現代人とほとんど変わりがない。「大躍進」以降、当時ゴミ捨て場であった場所から出土する遺物類は急速に変化に富んだものとなり、その頃の人類が生物学的にも行動学的にも現代人となんら変わらぬ人たちであったことは疑いの余地がなくなる。

クロマニヨン人のゴミ捨て場からは、石器だけでなく、釣り針などの動物の骨でできた道具類も出土している。骨の加工しやすさは、クロマニヨン人によって最初に発見されたものである。これらの道具類はそれぞれに特徴的な形をしており、その多様性は現代に通じるものがある。それらが針や錐、削器などとして使用されていたことがわれわれにもはっきりとわかる。手持ちの掻器のような、単体の道具に代わって、複数の部品を組み合わせたものが出土するようになる。たとえば銛、投げ槍、弓矢などの武器が見つかっている。人類はライフル銃などの現代の武器の前身にあたるこれらの武器を手にしたことで、離れたところから安全かつ効果的に獲物をしとめる方法を会得し、ゾウやサイなどの危険な大型動物をも狩猟できるようになった。また、釣り糸や魚網、罠などを作るために必要な、繊維をよりあわせる技術も発明され、人類の食生活に鳥や魚がくわわった。住居跡や縫製衣服などの出土品から、寒さから身を守る手段が格段に向上したこともわかる。また、装身具が出土しはじめたことや人骨が丁寧に埋葬されていたことから、人類の美意識や宗教意識に革命的な変化があったこともわかる。

クロマニヨン人が残したものでいちばんよく知られているのは、芸術的価値のある遺物である。洞窟内に残された素晴らしい壁画、彫像類、楽器類。これらは現代人のわれわれにとっても充分に芸術的価値をもつ作品である。フランス南西部のラスコー洞窟に描かれた等身大の牛や馬の圧倒的な力強さに直接触れた人は誰でも、その絵の作者たちが精神面においても現代人だったことがすぐにわかるだろう。

一〇万年前から五万年前の「大躍進」の時期に、われわれの祖先に画期的な変化が起こっているわけだが、そこには二つの大きな未解決の謎がある。ひとつは、何が引き金となって起こったのか。もうひとつは、どこで起こったのか、である。引き金について私は、自著『人間はどこまでチンパンジーか?』のなかで、人類の喉頭が発話可能な構造となったことが大きいと指摘したが、それは人間の創造性の大きな部分が言語能力に依存しているからである。学者によっては、「大躍進」の時代に容量の拡大をともなわない機能的変化が人類の脳に起こり、それが現代的な言語の使用を可能にしたと唱える人もいる。

さてもうひとつ、「大躍進」はどこで起こったのだろうか。ひとつの考え方は、ある特定の地域に住んでいた特定の人類集団で最初に起こり、その人たちが世界各地に広がるにしたがい、その地の原住民にとってかわったという説である。もうひとつの考え方は、「大躍進」が世界各地で同時発生的に起こり、現在それらの地域に住んでいる人たちの祖先になったという説である。アフリカで出土している一〇万年前ほどの人骨は、頭蓋骨の部分が現代人に比較的近いことから、これを証拠とみなせば、最初の「大躍進」はアフリカで起こったとする説が正しいようにも考えられる。ミトコンドリアＤＮＡを調べる分子レベルの研究は、最初のうち、現生人類のアフリカ起源説を示唆するものとされていたが、現在ではこの分子人類学の発見自体が疑問視されている。一方、生理考古学を専門とする学者のなかには、中国やインドネシアで発見された数十万年前の人類の頭蓋骨に、現代の中国人やオーストラリア先住民のそれぞれの特徴と共通するところがあると指摘する人たちもいる。もしそれがほんとうであれば、現生人類の起源は、「エデンの園」起源説ではなく、複数地域での同時発生説を支持することになるが、どちらが正しいという答えはまだ出ていない。

ある地域で誕生した現生人類の祖先が各地に進出し、先住民にとってかわったとする証拠は、ヨーロッパでもっともはっきりしている。ネアンデルタール人はクロマニヨン人がヨーロッパにやってくるまでの数十万年間、ヨーロッパで唯一の先住民であった。現生人類の骨格を持つクロマニヨン人が、優れた武器とさまざまな文化的特徴をもってヨーロッパにやってきたのは約四万年前であるが、その後数千年のうちに、ネアンデルタール人は一人残らず姿を消してしまっている。この一連の出来事は、クロマニヨン人が自分たちの優れた技術や言語能力、頭脳を使って、ネアンデルタール人を侵略し、殺戮したことを示唆している。ネアンデルタール人とクロマニヨン人とが混血したという痕跡は、まったくといっていいほど残されていない。

大型動物の絶滅

「大躍進」があった時代は、われわれの祖先の居住地域が飛躍的に広がった時期と合致している。それまでアフリカとユーラシアにしか住んでいなかった人類が最初にむかったのは、当時まだ地続きであったオーストラリア大陸とニューギニアである。これらの地域の遺跡では、四万年前から三万年前に人類がいたことが、炭素14年代測定法によってたびたび検証されている(もちろん、もっと古くからだとする見解もある)。オーストラリア大陸に登場してまもなく、人類はニューギニアの熱帯雨林や山岳地から、オーストラリア内陸部の乾燥地帯や南東部の多湿地帯にいたるまで大陸全体に進出し、各地の環境に順応していった。

海水の大部分が氷河であった最終氷河期には、世界各地の海水面は現在の水位より数百フィートも低かった。そのため、アジア大陸と、スマトラ、バリ、ジャワ、ボルネオなどのインドネシア諸島とのあいだの浅いところは陸続きであった(ベーリング海峡や英仏海峡なども同じであった)。また、ユーラシア大陸の東南アジア部の海岸線は、現在の位置より七〇〇マイル(約一一二〇キロ)も東にあった。しかし、バリ島とオーストラリア大陸のあいだは深い海峡で隔てられていて陸続きではなかった。その時代、アジア大陸からオーストラリアやニューギニアに到達するには、少なくとも八つの海峡を渡らなければならず、それらの海峡のいちばん広いところは少なくとも五〇マイル（約八〇キロ）はあった。多くの島からは近隣の島々が見えたが、オーストラリアだけは、もっとも近いティモール島やタニンバル諸島からでさえ視界におさめることのできない距離にあった。したがって、オーストラリア・ニューギニアに人類が行くには舟が必要だった。歴史上、初めて舟が使用されたことを証明するものとして、この地域への人類の進出がもつ意味は大きい。これ以降に舟の使用がはっきりとわかっているのは、その三万年後（いまから一万三〇〇〇年前）の地中海での証拠しかない。

最初、考古学者は、オーストラリアやニューギニアに人類が住みはじめたのは偶然によるものと考えていた。つまり、筏（いかだ）で釣りをしていた数人が海に流され、オーストラリアやニューギニアにたどり着いたと考えていたのだ。こうした偶然説は、男児を妊娠していたひとりの若い女性が海に流されたというのがもっとも極端なシナリオとなるが、最近になってわかったことは、ニューギニアに人類が住みはじめてまもない三万五〇〇〇年前頃には、その東に位置する島々にも人類が住んでいたということである。この驚くべき発見がなされた島々とは、ビスマーク諸島のニューブリテン島とニューアイルランド島、それにソロモン諸島のブカ島である。なかでもブカ島は、その西側にあるもっとも近い島からでさえ見えない位置にあり、海上を一〇〇マイル（約一六〇キロ）渡らないと到達できない。おそらく、初期のオーストラリア・ニューギニアの住民は、見えるところにある島には渡ろうという意志をもって渡っていったのだろうし、意図はせずとも、頻繁に舟を使っていたために、見えないほど遠くにある島々にも移り住むことができたのだろう。

オーストラリア・ニューギニアへの定住は、人類最初の舟の使用とともに考えられるべき出来事である。これはまた、人類のユーラシア大陸以遠への最初の大規模な移住でもある。そしてこの定住は、人類による最初の大型動物の絶滅をまねいている。今日われわれは、アフリカ大陸にだけ大型動物が生息していると思いがちだが、アフリカのセレンゲティ平原ほど豊富ではないにしても、ユーラシア大陸にも多くの大型動物が生息している。たとえばアジアにはサイ、トラ、ゾウなどがいるし、ヨーロッパにはヘラジカ（ムース）やクマなどがいる（古代まではライオンもいた）。ところが今日、オーストラリア・ニューギニアには、せいぜい体重一〇〇ポンド（約四五キロ）のカンガルーがいるぐらいで、アフリカやユーラシアに見られるような大型動物はまったく生息していない。とはいえ、昔からそうだったわけではない。かつてのオーストラリア・ニューギニアには、巨大なカンガルーが棲んでいたし、大きさが牛くらいあるサイに似たディプロトドンと呼ばれる有袋類や肉食性の有袋類など、固有の大型動物が生息していたのだ。また、体重が四〇〇ポンド（約一八〇キロ）もあるダチョウに似た飛べない鳥も生息していた。一トンもある巨大なトカゲ、巨大なニシキヘビ、陸生のワニなどといった、非常に大型の爬虫類もいたのである。

オーストラリア・ニューギニアの大型動物（メガファウナと呼ばれる）はすべて、人間が渡ってきたあとに絶滅しているが、その正確な時期については諸説ある。数万年にわたたって驚くべき数の動物の骨が堆積した遺跡がいくつも発掘され、調査されているものの、この三万五〇〇〇年間においては、オーストラリア・ニューギニアに大型動物（メガファウナ）が存在していた痕跡はまったく残っていない。したがって、それらの大型動物は、おそらく人間がこの地に登場してすぐに姿を消してしまったと思われる。

どうして多くの大型動物がほぼ同時にいなくなってしまったのだろうか。絶滅の原因としてすぐに思いつくのは、最初の移住民によって殺されてしまったか、間接的に滅ぼされる結果になってしまったのではないか、ということである。オーストラリア・ニューギニアの大型動物は数百万年ものあいだ、狩りをする人類のいないところで栄えてきた。人類と出会うことなく長いあいだ生息してきたという意味では、ガラパゴス島や南極の哺乳類や鳥類も同様であるが、彼らは救いがたいほどおとなしい。これらの人間を怖がることを知らない動物たちは、自然保護主義者がすみやかに行動していなかったら絶滅していただろう。過去数百年内に発見された島々のなかには、保護措置が迅速にとられなかったため、実際に動物が絶滅してしまったところもある。たとえばモーリシャス諸島のドードーは、絶滅種の象徴となっている。また、先史時代に人類が住みはじめた島々を研究すると、どの島においても人類の登場につづいて動物種が絶滅している。そうしたかたちで犠牲になったものとしては、ニュージーランドのモア、マダガスカルのキツネザル科のメガラダピス、ハワイの飛べない鳥のハワイオカヨシガモなどがよく知られている。ちょうど現代人が、人間を怖がることを知らないドードーやアザラシに歩み寄って殺したように、先史時代の人間も、おそらくモアやメガラダピスに歩み寄って殺したのだろう。

アフリカやユーラシアの大型動物のほとんどは現代まで生き延びてきているが、それは、彼らが何百万年もの進化の時間を初期人類と共有し、人間を恐れることを学習したためである。われわれの祖先は最初は稚拙だった狩猟技術を長い時間をかけて上達させていき、その間に動物たちは人間を恐れることを学んだのである。これに対してドードーやモアなどの飛べない鳥、またオーストラリア・ニューギニアの大型動物は、準備する時間もないまま、突然、発達した狩猟技術を持つ現生人類によって侵略されるという不幸に見舞われたのだろう。これが、オーストラリア・ニューギニアの大型動物は四万年前に初期人類によって殺戮されてしまったという仮説の根拠である。

この殺戮仮説には、反論がないわけではない。たとえば、人間によって殺された証拠を示す大型動物の骨が見つかっていないのである。オーストラリア・ニューギニアで、それらの大型動物と人間とのかかわりが存在したことを示す確実な証拠もいまだに見いだされていない。殺戮仮説を批判する人たちはこの点を強調する。これに対して、この仮説の擁護者たちは、四万年前というはるか昔にあった殺戮が数千年という短いあいだに終わってしまったのだとしたら、その痕跡を見つけるのはむずかしいと反論している。それに対して批判論者たちは、大型動物は人間に殺されたのではなく、すでに乾燥状態にあったオーストラリア大陸がひどい干魃に見舞われ、その気候的変化のために死に絶えたのではないかという仮説で対抗している。

私個人としては、オーストラリア史上、数え切れないほどの干魃に遭遇しながら何千万年も生き延びてきた大型動物が、最初の人類がやってきたとたん、短期間（ここでいう短期間とは百万年のスケールで考えた場合のことで、数千年などというのはほんのわずかの期間にすぎない）のうちに偶然に、突然死に絶えたとは考えにくい。大型動物の絶滅は、乾燥地帯のオーストラリア内陸部だけでなく、多湿地帯のニューギニアやオーストラリア南東部でも起こっている。彼らは、乾燥地帯でも、熱帯雨林地帯でも、寒冷雨林地帯でも、あらゆるところで死に絶えているのだ。したがって私の考えでは、大型動物は、人間によって（食用のために）直接的に殺されたり、（人間が放った火によって焼き殺されたり生息地が開拓されたことで）間接的に滅ぼされたように思える。オーストラリア・ニューギニアから大型動物がいなくなってしまったことは、それが殺戮仮説の指摘するような理由によるものであろうと、天候仮説の指摘するような理由によるものであろうと、それ以降の人類の歴史に非常に大きな影響をおよぼしていることはたしかである。これから見ていくように、これらの大型動物の絶滅は、それらを家畜として飼いならす機会を人類から奪ってしまったのである。そのため、現代においてもオーストラリア人やニューギニア人は土着の動物を家畜化していない。

南北アメリカ大陸での展開

すでに見てきたとおり、人類は大躍進時代の訪れとともにオーストラリア・ニューギニアへ移住し、それにつづいてユーラシア大陸の最寒冷地にも住みはじめている。ネアンデルタール人はどうだったかというと、彼らは大躍進時代の前の氷河期を生き抜いていたので寒さには慣れていたが、ドイツ北部やキエフ以北に住むことはなかった。彼らは縫い針というものを持たず、衣服を作ることができなかったし、暖をとれるような住居も持っていなかった。このように厳寒を生き抜くために必須の技術を持っていなかった彼らが、ユーラシア大陸の最寒冷地に住んでいなかったのは当然といえば当然であり、まったく驚くにはあたらない。身体的な構造が現代人と同じ人たちが居住地をシベリアまで拡大していったのは約二万年前である（もっと以前だとする説もある）。マンモスやケナガサイ（有毛サイ）が絶滅したのはおそらくそのためだろう。

オーストラリア・ニューギニアに定住したことで、人類は五大陸のうちの三つの大陸に住むようになった（この本を通じて、私はユーラシアを一つの大陸と数える。また、十九世紀になるまで人類が到達することがなかった南極大陸は、一度も自活できる住民がいたことがないので除外している）。この時点で、人類が居住していないのは南北アメリカ大陸だけとなった。旧世界からアメリカ大陸に移動するには、海上を舟で渡るか、ベーリングの陸橋を歩いて行くしかなかった。舟の遺物は、インドネシアでは四万年前、ヨーロッパではもっとずっとあとになるまで出土していない。ベーリングの陸橋を渡るにはシベリアに住みつくことが必要であったが、これは先にふれたように二万年前になって初めて実現しているから、南北アメリカ大陸への定住がいちばん最後になったのである。

とはいえ、人類が南北アメリカ大陸に住みはじめたのが三万五〇〇〇年前から一万四〇〇〇年前のあいだのどの時期かは、はっきりしているわけではない。アラスカの遺跡で見つかっている紀元前一万二〇〇〇年頃の人骨は、アメリカ大陸で見つかったもっとも古い人骨とされているが、カナダとの国境付近やメキシコとの国境付近でも、紀元前一万数千年前後の何百年間にまでさかのぼる遺跡から人骨が発見されている。メキシコとの国境付近の遺跡はニューメキシコ州のクローヴィスという町にあることから、クローヴィス式遺跡と呼ばれている。ここでは、特徴的な大型の石製の投げ槍用尖頭器が最初に発見された。なお現在では、アメリカ合衆国の南部および西部の四八州からメキシコにつながる広大な地域にまたがって何百ものクローヴィス式遺跡が存在することが知られている。この地域に進出したほとんど直後といっていい時期に、人類はアマゾン川流域とパタゴニア地方にたしかに進出している。これらの事実から、北アメリカ大陸にやってきた人類はまずクローヴィス式遺跡に住みはじめ、人口の増加とともに南北両大陸で居住地域を広げていったと考えられる。

そう考えると、クローヴィスの子孫たちは一〇〇〇年もかけずに合衆国・カナダ国境から八〇〇〇マイル（約一万二八〇〇キロ）も南に移動しパタゴニアに到達したことになるが、この速度はさほど驚くべきものではない。一〇〇〇年で八〇〇〇マイルということは、年平均八マイル（約一三キロ）の南下である。狩猟採集民だった彼らにとって、そのぐらいの距離は一日の食料探しに行く程度のものであり、軽くこなせる距離であったと思われる。

また、私の解釈によれば、パタゴニアにむかって南下しなければならなかったほどの人口増加が北アメリカにあったことになるが、この想定もさほど驚くにはあたらない。たとえば、当時の人口密度を一平方マイルあたり一人弱と想定しただけで、南北アメリカ大陸には一〇〇〇万人の狩猟採集民が住んでいた計算になるが、一〇〇〇万という数字は、最初に定住した一〇〇人の人類が年一・一パーセントで増加した場合、一〇〇〇年もたたないうちに到達してしまう数字である（一平方マイルあたり一人というのは、充分にゆとりをもった数字である）。年一・一パーセントという人口増加率も、未踏の島に人が住みはじめた場合の増加率にくらべればきわめて低い想定である。たとえば、英国戦艦『バウンティ号』の反乱者（一七八九年）と、そのタヒチ人の妻たちがピトケアン島に住みはじめたときは、三・四パーセントという高い人口増加率が認められている。

クローヴィスの狩猟採集民が北米到着直後の数世紀のあいだにおびただしい数の遺跡を残していることは、ニュージーランドに移住したマオリ族の祖先のケースと似ている。彼らも非常に多くの遺跡を残していることが最近の考古学研究で明らかになっている。それよりずっと古い年代にヨーロッパに進出した人類も、オーストラリア・ニューギニアへ移住した人類もまた、きわめて多くの遺跡を残している。つまり、歴史上、未踏の地に人類が住みはじめたときには、アメリカ大陸で起こったことと同じことが起こっているのである。

クローヴィス式遺跡は紀元前一万一〇〇〇年あたりに集中している。その意味するところは何か。なぜ紀元前一万六〇〇〇年や紀元前二万一〇〇〇年でなく紀元前一万一〇〇〇年あたりに突然出現しているのか。それは、シベリアが常に寒かったことと、最終氷河期を通じてカナダ全域が氷で覆われていて人間が通過することができなかったことが関係している。厳寒に立ちむかうのに必要な技術は、約四万年前に身体的特徴が現生人類と同じ人類がヨーロッパに入り込んでから生まれている。シベリアに人類が住みはじめたのは、それからさらに二万年たってからである。ベーリング海峡は今日ですら五〇マイル（約八〇キロ）しか離れていないので、初期のシベリア住民はベーリング海峡を横断してアメリカ大陸へ移動したと考えられる。おそらく、海上を舟で渡ったか、海面が下がり陸橋となっていた部分を歩いてアラスカへ渡ったのだろう。ベーリング海は、一〇〇〇年ほどの間隔で海峡となったり陸橋となったりすることを繰り返しているが、陸橋であったときは、幅が一〇〇〇マイル（約一六〇〇キロ）にもおよぶ開けた凍原として存在していた。したがって、寒さに順応できる人たちであれば、容易に歩いて渡ることができた。この陸橋は、紀元前一万四〇〇〇年頃に海面が上昇した結果、水没し、ふたたび海峡となっている。初期のシベリア住民が徒歩で移動したにせよ舟を使ったにせよ、紀元前一万二〇〇〇年頃のアラスカにはすでに人類がいたことを示すたしかな証拠が見つかっている。

最終氷河期を通じてカナダ全域を覆っていた氷床は、現生人類がアラスカからパタゴニアに移動するうえでの最後の障壁となっていたが、紀元前一万二〇〇〇年頃からその一部が融けはじめ、カナダを南北に横断する回廊が形成されたため、そこを通ることによってアラスカ住民は初めて北米大陸の大平原に移動することができた。彼らが最初にやってきた場所は、現在のカナダのエドモントン市のあたりである。こうしてようやく南下してきた移住者たちの目には、大平原が獲物だらけに映ったはずである。彼らは人口を増やし、居住地を徐々に南に広げ、北米大陸全体に住むようになったのではないかと思われる。

カナダ全域を覆っていた氷床の南側に人間が住むようになったことで起こった現象のなかには、すでにクローヴィス式遺跡との関連で指摘した大型動物の絶滅と一脈通じるものもある。もともとアメリカ大陸は、オーストラリア・ニューギニアと同じように大型動物に満ちていた。一万五〇〇〇年ほど前のアメリカ西部には、ゾウ、馬、ライオン、チータ、さらにはラクダや地上性オオナマケモノなどといった珍しい動物までもが群れをなして棲んでいた。しかし、オーストラリア・ニューギニアと同じように、アメリカ大陸でもこれらの動物はほとんど絶滅してしまった。しかしこの絶滅は、オーストラリアでは三万年前に起こり、アメリカ大陸では一万七〇〇〇年前から一万二〇〇〇年前のあいだに起こっている。大量に出土している獣骨がいつごろのものかが正確に測定されているアメリカ大陸の動物については、絶滅年代を紀元前一万一〇〇〇年頃と特定できる。なかでもグランドキャニオン地域の地上性シャスタナマケモノと高山ヤギは、もっとも正確に年代がわかっており、二種とも紀元前一万一〇〇〇年前後の数百年のあいだに姿を消してしまっている。偶然かどうかはともかく、この時期は、多少の誤差はあるにせよクローヴィスの狩猟民たちがグランドキャニオン地域にやってきた時期でもある。

しかし、肋骨のあいだにクローヴィス型投げ槍用尖頭器が刺さったマンモスの骨がたくさん見つかっていることから、これは偶然の一致ではないと思われる。アメリカ大陸を南へと広がっていく過程で、それまで人類を知らなかった大型動物と出くわした狩猟民たちは、それらの動物が簡単にしとめられるとわかって、彼らを絶滅させてしまったと考えられる。これに対しては、最終氷河期末期の紀元前一万一〇〇〇年頃に気候の大変動があり、それによって大型動物が死に絶えた、とする反論もある（これは、現代の古生物学者の解釈を混乱させることになる）。

私としては、オーストラリア・ニューギニアの大型動物の場合と同じように、アメリカ大陸における大型動物の絶滅を気候の変化で説明しようとする仮説を受け容れることはできない。アメリカ大陸の大型動物は、二二もの氷河期を生き延びてきたあげく、二三番目の氷河期の終わりに、危害がないとされる人類の前で、そろいもそろってほとんど全種同時に突然に死に絶えている。当時衰退しつつあった生息地だけでなく、かなりの繁栄を見ていた地域でも死に絶えているのだ。したがって私は、クローヴィスの狩猟民たちによって絶滅させられたものと思う。学説論争はいまだ決着がついていないが、最終的にどちらの学説が正しいと証明されるにせよ、これらの大型動物の絶滅は、それらを家畜として飼いならす機会をアメリカ先住民から奪うことになった。

ところで、クローヴィスの狩猟民たちは、ほんとうに最初のアメリカ人だったのだろうか。これもいまだに答えの出ていない疑問のひとつである。これこそ最初だという主張がなされる場合の常として、クローヴィスよりも古いとされる遺跡発見の報告が毎年のようにおこなわれている。ところが、それらの報告のいくつかは、発表直後の一時期こそ大興奮を巻き起こすが、やがて発見されたものをどう解釈すべきかという段階になると、きまっていろいろな問題がもちあがっている。その遺跡で発見された道具と称されるものは、ほんとうに人間の作ったものなのか。たんなる石のかけらではないのか。炭素14年代測定法によって検証された年代はほんとうに正確なのか。測定値を無効にするような数々の疑問に堪えられるものなのか。測定年代が正しいとしても、九〇〇〇年前に作られた石器の隣に偶然ころがっていた一万五〇〇〇年前の木炭のかたまりを、人間が作ったものとして測定してしまった結果ではないのか。

たとえば、ブラジルのペドロ・フラダと呼ばれる岩穴の調査結果は、クローヴィスより前にアメリカ大陸に人類が存在していたという主張の典型であり、こうした問題が存在することを指摘する格好の例となっている。ペドロ・フラダの調査では、人間によって描かれたことがはっきりしている壁画が発見された。また、岩穴の外の崖下にあった瓦礫の山からは、石器と思われる形をした石片が見つかった。岩穴の中からは、炭素14年代測定法で紀元前三万五〇〇〇年と推定される木炭の燃えカスの残る、炉床とおぼしき場所がいくつか見つかっている。この調査結果をまとめたいくつかの論文が、世界的権威のある科学雑誌『ネイチャー』によって受理されて出版された。

ところが、である。ペドロ・フラダの瓦礫の山から見つかった石片は、どれひとつとっても、クロマニヨン人の残した道具やクローヴィス型投げ槍用尖頭器のような、人間によって作られたものと断定できるものではなかった。高い崖の上から何十万もの石が落ちれば、そのいくつかは下にある岩にぶつかって割れたり砕けたりする。それが何万年もつづけば、人間が砕いて作った石器に似た石片ができることもある。炭素14年代測定法にしても、ヨーロッパ西部やアマゾン川流域での発掘の際には、洞窟の壁画に使われた顔料が測定されているが、ペドロ・フラダを調査した学者たちはそれをおこなっていない。この近辺では山火事がよく起こる。その際にできた木炭の燃えカスが、風といっしょに岩穴内に吹き込んだり、雨水といっしょに岩穴内に流れ込むこともあるだろう。したがって、岩穴内で見つかった木炭の燃えカスが紀元前三万五〇〇〇年頃のものだとしても、それとペドロ・フラダの壁画の古さとを直接に結びつける根拠は何もない。しかし、調査団は自分たちの発見を依然として確信している。ところで、この調査にかかわっていなかった別の考古学者の一団が最近ペドロ・フラダを訪れた。彼らは、クローヴィスより以前にアメリカ大陸に人類が存在していたという主張を受け容れている人たちではあるが、この発見結果については確信を抱けないまま戻ってきている。

現在、北アメリカ大陸においてクローヴィス以前の可能性がもっとも高いと目されている遺跡は、ペンシルベニア州にあるメドウクロフト岩陰である。この遺跡には、炭素14年代測定法の結果、一万六〇〇〇年前に人類がいたと報告されている。ここではていねいに発掘された幾層もの地層から加工品が多数出土している。この事実を否定する考古学者は一人もいない。しかし、メドウクロフトでいちばん古い年代が測定されたというのは納得がいかない。なぜなら、年代が測定されたという動植物は、いずれも最近のおだやかな気候のもとに生きている種類のもので、一万六〇〇〇年前の氷河期に生息していたと考えられる種類のものではないからである。よって、人類が存在していたことを示すもっとも古い地層から出土した木炭片には、クローヴィスよりあとに木炭化したものに、もっと古い年代に木炭化したものがまじっていたのではないかと疑わざるをえない。南アメリカ大陸では、チリ南部のモンテ・ベルデにある遺跡がクローヴィス以前の可能性がもっとも高いと目されている。ここは少なくとも一万五〇〇〇年前のものとされ、いまのところ多くの考古学者がクローヴィス以前であると確実視しているが、これまでの例もあるので、やはり即断はできないだろう。

もし、クローヴィスより前にアメリカ大陸に人類が存在していたとしたら、そのことを証明するのがなぜそんなにむずかしいのか。考古学者たちは、北アメリカ西部のクローヴィス式遺跡、アパラチア山脈の岩陰、カリフォルニア海岸沿いの遺跡などをふくむ数百という遺跡をこれまで発掘してきたが、いずれも紀元前一万一〇〇〇年から紀元前二〇〇〇〇年のものである。また、それらの遺跡の多くでは、考古学的に人類が存在したことが確実とされる地層よりもさらに下の、年代的に古い地層についての調査もおこなわれている。その地層からは、動物の骨は出てきているものの、人類のものだといえるものは何も出てきていない。クローヴィス以前に南北アメリカ大陸に人類が存在していたことを裏づける証拠は、ヨーロッパなどで発見されているものにくらべて弱い。ヨーロッパでは、クローヴィス狩猟民がアメリカに現れる紀元前一万一〇〇〇年頃よりずっと以前に、現生人類がすでに存在していたことを証明する遺跡が何百も発見されている。さらに、考古学者の数で比較すると合衆国の一〇分の一に満たないオーストラリア・ニューギニアでは、その少ない数の考古学者たちによって、明らかにクローヴィスより古い時代の遺跡が一〇〇カ所も発見されており、それはオーストラリア全土にわたっている。

もちろん初期の人類は、アラスカからモンテ・ベルデまで、途中を飛び越えてヘリコプターで飛んで行ったわけではない。アメリカにはクローヴィス以前に人類が移り住んでいたとする説を擁護する者は、数千年どころか何万年ものあいだ、彼らの人口密度がほとんど増加しなかったと考えなければならない。あるいは彼らは、居住していたことが考古学的に確認しにくい存在であったと考えなければならない。しかもそれは、世界のどこにも前例のない、まだ誰にも知られていない理由によってそうなったと考えなければならない。私なりの見解を述べると、そのような考え方が正しいという可能性は、クローヴィス以前のものと主張された遺跡と同じように、モンテ・ベルデやメドウクロフトの遺跡についても、まったく別の解釈があたえられる可能性よりはるかに低いと思われる。私としては、クローヴィス以前に人類が定住していたとすれば、それを明確に示す遺跡がこれまでに各地で発見されているはずであり、したがってこの論争はすでに解決済みのはずだと思われる。しかしこの点について、考古学者の意見はいまだに分かれている。

クローヴィス以前に南北アメリカ大陸に人類が存在していたと解釈しようがしまいが、われわれがアメリカ先史について理解している内容は同じである。南北アメリカ大陸には紀元前一万一〇〇〇年頃に初めて人類が移り住み、人口増加が短期間のあいだに起こった。あるいは、人類が最初に移り住んだのはそれよりもう少し前であったが、紀元前一万一〇〇〇年頃までその人たちは数が少なく目立たぬ存在であったか、考古学的にはほとんど何も残さぬ存在であった（クローヴィス以前の定住説の支持者は、だいたい一万五〇〇〇年前から二万年前、または三万年前までと推定していて、それ以上五大陸前とする説は少ない)。いずれにしても、人類の先史時代の長さについていえば、居住可能な五大陸のうち南北アメリカ大陸がもっとも短いのである。居住可能な

移住・順応・人口増加

南北アメリカ大陸に人類が進出したことで、地球上のほぼすべての大陸と大きな島々で人類が暮らすようになった。また、インドネシアからニューギニア東部にかけての諸島域にも人類が居住するようになった。それ以外の島々に人類が移住するのは有史時代に入ってからである。たとえば、クレタ島、キプロス島、コルシカ島、サルデーニャ島などの地中海の島々には、紀元前八五〇〇年から紀元前四〇〇〇年頃にかけて人類が移り住んでいる。カリブ海諸島に人間が移り住みはじめたのは紀元前四〇〇〇年頃である。ポリネシア諸島やミクロネシア諸島は紀元前一二〇〇年から西暦一〇〇〇年までのあいだである。マダガスカル島は西暦三〇〇年から八〇〇年のあいだである。アイスランド諸島は九世紀に入ってからである。こうして、現代のイヌイット(エスキモー)の祖先と考えられるアメリカ先住民が紀元前二〇〇〇年頃に北極圏に進出したことによって、過去七〇〇年のあいだにヨーロッパの探検家の訪れを待つことになった無人地帯は、アゾレス諸島やセイシェル諸島などの大西洋とインド洋の最果ての離島と南極大陸を残すだけとなった。

こうして人類は、異なる時期に異なる大陸に住みはじめたわけだが、この差が人類のその後の歴史に影響をあたえているとすれば、それにはいったいどのような意味があるのだろうか。もし、現代の考古学者がタイムマシンに乗って紀元前一万一〇〇〇年頃の世界に行けたとしたら、彼はその当時の人類の生活ぶりを目のあたりにして、どの大陸の住民が鉄器・火器などの製造技術を発達させ、各種

疫病への免疫を発達させ、そして鉄鋼製造技術を発達させるかを予想できただろうか。つまり彼は、紀元前一万一〇〇〇年頃の人類の生活ぶりを見て、現在の人類社会を予想しえただろうか。

紀元前一万一〇〇〇年に、他の大陸より「一歩リードしていた」ことがすでに有利であったとするならば、初期人類(プロトヒューマン)は、他の大陸に先立って、少なくとも五〇〇万年以上もアフリカ大陸に存在していたのであるから、アフリカに暮らしていた人たちが恐ろしく有利なはずである。また、一〇万年前までに他の大陸の住民がどんなに有利な立場にいたとしても、現生人類が一〇万年前にアフリカで生まれ、その後、他の大陸に広がったのだとしたら、それだけでアフリカの住民が他の大陸の住民を一歩リードすることになったであろう。そして、人間の遺伝子はアフリカにおいてもっとも多様性に富むこととなり、それが多様な人間集団の誕生へとつながり、やがては多様な発明をもたらすことになったかもしれない。

しかし、「先にスタートを切り、一歩リードしていた」ことの意味を、この本の目的にそって解釈しようとした場合、一〇〇メートル競走のメタファーを文字どおりにもちいるわけにはいかない。ある大陸の人びとが先にスタートを切り、一歩リードしていたことで得られる利点を、先行スタートしていたことで人口増加に要する時間を稼げ、それが歴史の経路の有利な展開につながったと解釈すれば、最初に大陸に人類が住みついてから充分な人口増加を見るまでの時間は比較的短い。たとえば、アメリカ大陸は一〇〇〇年たらずで人でいっぱいとなる。また、先にスタートを切り、一歩リードしていたことで得られる利点を、先行スタートしていたことで土地の環境に順応する時間が稼げ、それが歴史の経路の有利な展開につながったと解釈すれば、たしかに極端な環境に順応するにはかなりの時間がかかると認めざるをえない。たとえば、極圏に人類が住みついたのは、北アメリカ全域に人類が住みついてから九〇〇〇年たってからである。しかし、現生人類の発明の才が発達したあとでは、その他のほとんどの地域をもっと短期間に探検し、順応しえていたはずである。たとえば、ニュージーランドに到着したマオリ族の祖先は、利用するに足る石の資源をすべて見つけるのに一〇〇年とかかっていない。また、世界でもっとも荒れ果てた土地からモア鳥を絶滅させるのに数百年とかかっていない。マオリ族の祖先は、数百年を要せずしてさまざまな社会形態に分化し、海辺の狩猟採集民になったグループもいれば、新しい食料貯蔵の方法を実践する農民になったグループもいる。

タイムマシンに乗って紀元前一万一〇〇〇年頃の世界に行った考古学者は、南北アメリカ大陸の住民の生活ぶりを目のあたりにして、明らかに先にスタートを切って他の大陸の人びとを一歩リードしていたアフリカの住民は、一〇〇〇年のうちに、初期のアメリカの住民に追い抜かれたと結論づける可能性もある。その後は、アフリカ大陸より五〇パーセント広い南北アメリカ大陸の大きさと、環境的な多様性がアメリカの住民により有利に作用したのかもしれない。

つぎに考古学者は、ユーラシア大陸に目をむけて、以下のように推論する可能性もある。ユーラシアは世界最大の大陸であり、アフリカを除けばもっとも長く人類が住んでいる。人類は、一〇〇万年前にユーラシアに住みつく前はアフリカに長く住んでいたが、初期人類が相当に原始的な段階にあったことを考えれば、この事実は意味がない。考古学者はまた、二万年前から一万二〇〇〇年前にヨーロッパ南西部で花開いた旧石器時代後期の文化を見て、その工芸品や複雑な道具の存在から、少なくとも局地的には、ユーラシア大陸の住民は他の大陸の住民よりも先にスタートを切り、一歩リードしていたと考えるかもしれない。

最後に、考古学者はオーストラリア・ニューギニアに目をむけて、まずその小ささ（もっとも小さな大陸である）を指摘するかもしれない。そして、ほとんどが人間の住めない砂漠で覆われた地域であることや、他の大陸から孤立していること、アフリカ大陸やユーラシア大陸よりあとに人類が住みついたことなどに注目し、オーストラリア・ニューギニアでは人類の発達が遅れたと考えるかもしれない。しかし、オーストラリア・ニューギニアの住民こそ、世界のどの地の人たちよりも早く舟を作りだしたのである。彼らが洞窟内に壁画を描いた時期も、ヨーロッパのクロマニヨン人と同じくらいに早い。

ジョナサン・キングダムとティム・フラナリーは、アジアの大陸棚にあった島々からオーストラリア・ニューギニアに移住するには、インドネシアの島々で出くわした新しい環境への対応を学習する必要があったことに注目している。移住者は、複雑に入り組んだ海岸線や豊かな海洋資源、珊瑚礁やマングローブなどをどう扱うかを学習しながら、島を隔てる海峡を東へと渡っていった。新しい島に順応して、そこが人でいっぱいになると、またつぎの島へと移っていった。この時代は、それまでに例を見ない爆発的な人口増加の時代であった。おそらくこの移住・順応・人口増加のサイクルこそが「大躍進」への淘汰の過程そのもので、この地域で発生した大躍進が、その後ユーラシアからアフリカへと西にむけて逆方向に広がっていった、と考えることもできる。そして、もしこのシナリオが正しいとすれば、オーストラリア・ニューギニアは、大躍進のあとも長いこと、人類の進化を促進したにちがいない巨大な第一歩を獲得したことになる。

このように、紀元前一万一〇〇〇年頃にタイムトラベルした考古学者は、どの大陸においても人間社会がもっとも早く発展しえたということはいえても、それがどの大陸であったかを特定することはできない。もちろん、現在という時代に生きるわれわれは、それがユーラシア大陸であることを知っている。しかし、ユーラシア大陸において人間社会が急速な発展をとげられた理由は、タイムトラベラーの考古学者が推測するような単純なものではなかった。第2章以降では、その真の理由が何であったかを探究していこう。

第2章

平和の民と戦う民の分かれ道

マオリ族とモリオリ族

一八三五年十一月十九日、ニュージーランドの東五〇〇マイル（約八〇〇キロ）のところにあるチャタム諸島に、銃や棍棒、斧で武装したマオリ族五〇〇人が突然、舟で現れた。十二月五日には、さらに四〇〇人がやってきた。彼らは「モリオリ族はもはやわれわれの奴隷であり、抵抗する者は殺す」と告げながら集落の中を歩きまわった。数のうえで二対一とまさっていたモリオリ族は、抵抗すれば勝てたかもしれない。しかし彼らは、もめごとはおだやかな方法で解決するという伝統にのっとって会合を開き、抵抗しないことに決め、友好関係と資源の分かち合いを基本とする和平案をマオリ族に対して申し出ることにした。

しかしマオリ族は、モリオリ族がその申し出を伝える前に、大挙して彼らを襲い、数日のうちに数百人を殺し、その多くを食べてしまった。生き残って奴隷にされた者も、数年のうちにマオリ族の気のむくままにほとんどが殺されてしまった。チャタム諸島で数世紀のあいだつづいたモリオリ族の独立は、一八三五年十二月に暴力的に終わりを告げたのである。モリオリ族の生き残りは、そのときの様子をこう話している。「(マオリ族は)われわれをまるで羊みたいに殺しはじめました。……(われわれは)恐れ、藪に逃げ込み、敵から逃れるために地べたの穴の中やいろいろな場所に身を隠しました。しかし、まったくだめでした。彼らはわれわれを見つけては、男も女も子供もみさかいなく殺したのです」。一方、マオリ族の兵士はこう説明する。「われわれは、自分たちの慣習にしたがって島を征服し、すべての住民を捕まえた。逃げのびた者は一人もいない。逃げた者は捕まえて殺した。残りの者も殺した。それがどうしたというのか。われわれは、自分たちの慣習にしたがって行動したまでである」

モリオリ族とマオリ族の衝突がこのような残忍な結果になることは容易に予想できたことである。モリオリ族は小さな孤立した狩猟採集民のグループであり、たいした技術も持っていなかった。武器も、もっとも簡単なものしか持っておらず、戦いにも不慣れであった。強力な指導力を持つ者もいなかったし、組織的にも統率されていなかった。一方、ニュージーランド北島から侵入してきたマオリ族は、人口の稠密なところに住んでいた農耕民で、残虐な戦闘に加わることも珍しくなかった。モリオリ族より技術面において進んでおり、武器も優れたものを持っていた。グループの統率力も強かった。二つの部族の衝突において、虐殺されたのがモリオリ族であって、その逆でなかったことは当然ともいえる。

モリオリ族の悲劇は、優れた装備の人びとが貧弱な装備の少数の人びとを襲った悲劇といえるが、似たことは歴史上、幾度となく起こっている。しかしマオリ族とモリオリ族の衝突を不気味なものにしているのは、彼らがいずれも一〇〇〇年ほど前に同じ祖先から枝分かれしたポリネシア人である、という点である。現代のマオリ族は、西暦一〇〇〇年頃にニュージーランドに植民したポリネシア農耕民の子孫である。この植民の直後、ニュージーランドのマオリ族の一部が今度はチャタム諸島に植民し、モリオリ族となった。その後、マオリ族とモリオリ族は数世紀のあいだに、技術面と政治面でまったく正反対の方向に進化した。ニュージーランド北島のマオリ族は技術と政治機構をより複雑化させる方向に進んだのに対して、モリオリ族はより単純化させる方向に進んでいった。モリオリ族は狩猟採集民へと後戻りし、マオリ族は集約型の農耕民となったのである。

この衝突の結果は、モリオリ族とマオリ族の対照的な進化の経路の当然の帰結といえる。つまり、この二島において異質な人間社会が形成されていった理由が理解できれば、人類の歴史が大陸ごとに異なる発展をしていったという、より大きな疑問を理解するためのモデルを持つことができるかもしれない。

ポリネシアでの自然の実験

モリオリ族とマオリ族の身に起きた出来事は、小規模で短期間ではあったが、環境が人類社会におよぼす影響についての自然の実験だったといえる。この本では、もっと大きな規模での実験、つまり過去一万三〇〇〇年のあいだに環境が世界じゅうの人間社会にあたえた影響について考察している。しかし読者が、この本をまるまる一冊読む前に、そうした影響が目に見えるものであることを、小規模な実験で確認しておきたいと思ったとしても当然であろう。そのように思った読者がラットの研究をしている科学者であれば、ラットのある群れを選んで、数匹ずつ別々の飼育ケージに入れて異なる環境のもとで繁殖し、数世代後にどのように変化するかを見ることで、環境がラットにあたえる影響を調べる実験をおこなうかもしれない。しかし、そうした実験を人間相手におこなうことはできない。科学者は、自然が人間相手におこなった、同じような実験の結果に目を向けなければならない。

人類がポリネシア域へ進出したのは、そのような実験が繰り広げられた時期でもある。ニューギニアとメラネシア以遠の太平洋には何千もの島が点在している（図2-1）。これらの島々は、広さ、隔絶度、海抜、気候、生産性、そして鉱物資源・生物資源の豊かさなどにおいて非常に異なっている。人類史上その大部分の長きにわたって、これらの島々は舟で行けない場所であった。これらの島々のいくつかに最初にやってきたのは、紀元前一二〇〇年頃にたどり着いた、ニューギニアの北に位置するビスマーク諸島の舟をあやつる農耕漁労民であった。彼らの子孫は、その後の数世紀のうちに、居住可能な太平洋域の島に植民している。そして西暦五〇〇年までには、ほぼすべての島々に人間が移り住み、無人であったいくつかの島々にも西暦一〇〇〇年頃には人間が移り住んでいる。

このように、きわめて短期間のうちに同じ祖先を持つ人びとが異なる環境の島々に移り住んだ。現代のポリネシア人のもともとの祖先は、本質的には同じ文化・言語・技術を持ち、同じ種類の動植物を育てていたのである。したがって、ポリネシアの歴史の変遷は、自然による実験の条件を備えているといえよう。環境への適応について理解しようとするときにしばしばさまたげになるような問題もなく、人間が異なる環境にどのように適応していったかを調べることができる。

モリオリ族の身に起こったことは、ポリネシア域における実験のうちの、より小規模な実験であった。チャタム諸島とニュージーランドの異なる環境がどのように影響して、彼らをちがった種族に形成していったのか。それを歴史的にひも解くのはさほどむずかしいことではない。チャタム諸島に最

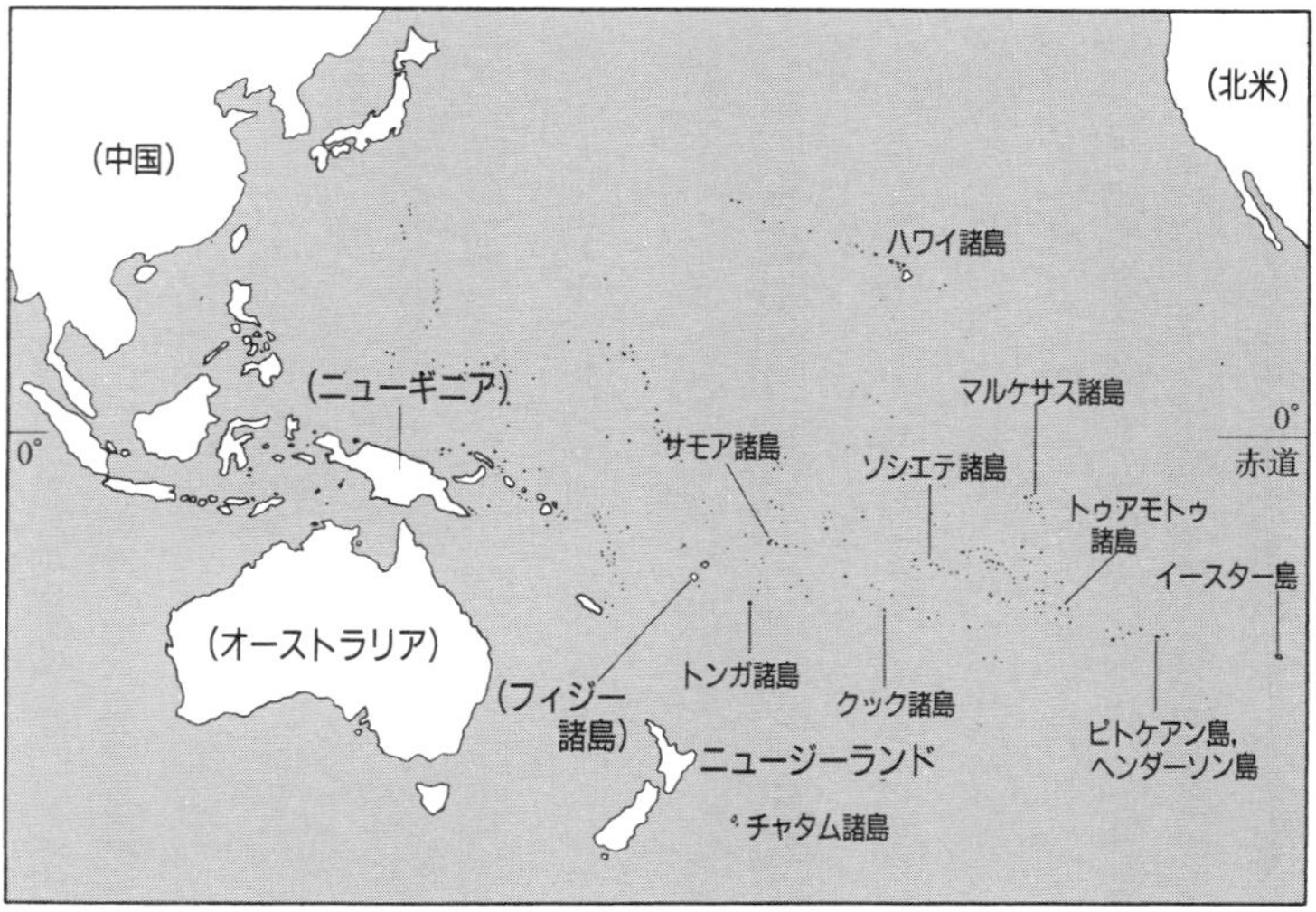

図2-1　ポリネシアの島々（カッコの地域はポリネシア以外の地域）

初に移住したマオリ族の人たちはおそらく農耕民であったろうが、熱帯気候に適したマオリ族の農作物はチャタム諸島の寒冷な気候ではうまく育たなかったかもしれない。だとすれば、彼らは狩猟採集生活に戻らざるをえなかったはずだ。そこで狩猟採集民となった彼らは、再分配したり貯蔵したりする余剰作物を持たなかったので、狩猟に従事しない物作りが専門の職人、軍人・兵士、役人、族長などを養うことができなかった。彼らの獲物は、アザラシや魚介類、営巣中の海鳥といった、手づかみが可能なものや、棍棒で捕まえることができるもの、あるいは捕まえるのに高度な技術を要さないものであった。くわえて、比較的小さな離島であったチャタム諸島は、最大でも二〇〇〇人程度の狩猟採集民しか暮らせなかった。移り住むことができるような島々が近くになかったので、モリオリ族はチャタム諸島にとどまり、互いに仲よく生活していくすべを学ばなくてはならなかった。

彼らは、人口過剰から起こりうる諍い(いさか)を減らすために戦いを放棄した。一部の男子を幼児期に去勢し、結局、簡素な技術と武器しか持たず、強力な統率力や組織力に欠ける非好戦的な少数部族となったのである。

チャタム諸島とは対照的に、ポリネシア最大の島であるニュージーランド北島は気候が温暖で、ポリネシア式の農業に適していた。そのため、ニュージーランドに残ったマオリ族は一〇万人を超えるまでに増えている。彼らは局地的に人口密度を高めるかたちで増えていき、近隣部族間の衝突もしばしば起こっている。自分たちで作物を育てて貯蔵することができた彼らは、物作りを専門とする職人や、族長や、平時は農耕に従事する兵士たちを養うことができた。彼らは、農耕に必要な種々の道具や、さまざまな武器や工芸品を発達させた。手の込んだ祭祀用の建物や、おびただしい数の砦も建造している。

モリオリ族とマオリ族は同じ祖先から出発して、まったく異なる社会を形成したのだった。しかし、二つの社会はやがて互いのことを忘れ、何世紀ものあいだ、おそらく五〇〇年の長きにわたって接触することはなかった。そのうち「魚介類が豊富で、湖にはウナギが群がっていて、カラカの実が鈴なりの島……しかも大勢いる島民は、戦うことを知らず、武器を持っていない」という知らせを、ニュージーランドにむかう途中でチャタム諸島に立ち寄ったオーストラリアのアザラシ漁の舟がもたらし、九〇〇人のマオリ族がチャタム諸島へむかって舟を出したのである。モリオリ族とマオリ族とが衝突にいたる過程は、短い期間であっても、環境が経済や技術、社会構成、そして戦闘技術に影響をおよぼしうることを如実に物語っている。

ポリネシアの島々の環境

すでに述べたように、マオリ族とモリオリ族の衝突は、ポリネシア域の中規模な実験のうちの、より小さな実験であった。だとすれば、環境が人間社会にあたえる影響について、ポリネシアの島々全体を舞台にした中規模な実験から何を学ぶことができるだろうか。それには、ポリネシアの島々にいくつも存在する人間社会の相違点を解明する必要がある。

ポリネシア全域では、ニュージーランドとチャタム諸島の対比で見られるよりも多様な環境のちがいが見られるが、なかでもチャタム諸島はポリネシア社会の極端な例であることはたしかである。ポリネシア人の生活形態は非常に多岐にわたっており、チャタム諸島の狩猟採集民から、焼畑農業をおこなう農民、さらには集約的な食料生産を実践しながら世界でもっとも高い人口密度のなかで生活している人たちにまでおよんでいる。ポリネシアでは、豚、犬、鶏などが食料用に多様なかたちで飼育されてきた。また、大規模な農業用灌漑施設の構築や、魚を養殖するための大きな池を作る労働に集団で従事している。経済的側面から見ると、ポリネシアの人たちは多かれ少なかれ家族単位で自給自足の生活をしているが、島々のなかには、農耕のかたわら物作りに従事する職人が、いわばギルド制度のように世襲で受け継がれているところもある。社会構成としては、ポリネシアには、きわめて平等な村社会がある一方で、族長階級と平民階級をふくむ階級に細分化された社会にあって同じ階級の者同士でしか結婚できないという、世界でもっとも階級化された社会もある。ポリネシアでは、あらゆる種類の社会構成が見られるのである。島によっては、複数の部族や集落に島全体が分割されているところもあれば、侵略征服用の軍隊を常駐させ、複数の島々を帝国風に支配しているところもある。

ポリネシアの島々の政治形態も多岐にわたっている。そして、ポリネシアの物質文化は、家庭用品を作るだけのところから、石の記念碑を建造するところまであるというように、多様化している。ポリネシア全域に見られるこの多様性は、どうすれば説明できるのだろうか。

こうしたポリネシア社会の多様性に貢献しているのは、少なくとも六種類の環境要因である。島ごとに異なるそれらの要因とは、気候、地質、海洋資源、面積、地形、隔絶度である。これらの要因がポリネシア社会にあたえた影響について考察する前に、要因ごとのバリエーションについて検討してみよう。

ポリネシアの気候はさまざまである。赤道近辺の島はほとんどが熱帯か亜熱帯に属している。ニュージーランドの大部分はおだやかな温帯気候である。ニュージーランド南島の南部やチャタム諸島は亜南極性の寒冷気候である。ハワイ諸島は北回帰線以南にあるにもかかわらず、高所においては高山植物が自生しているし、ときには降雪が見られる。降雨量は(ニュージーランドのフィヨードランド国立公園とハワイ・カウアイ島のアラカイ湿原のように)世界最高を記録したところがあるかと思えば、降雨量がその一〇分の一に満たず、乾燥しすぎていて農業をするのがやっとという島もある。

ポリネシアの島々には、珊瑚環礁、隆起石灰岩の島、火山島、もともと大陸の一部だったところ、それらがいくつか組み合わさったところなどがあり、地質的にもさまざまである。なかでもトゥアモトゥ諸島はいちばん極端な例で、ほとんど海抜ゼロの平坦な無数の小島によって構成されている。ヘンダーソン島やレンネル島は、かつては環礁であったところが海面より高く隆起して、いまでは堆積石灰岩の島となっている。トゥアモトゥ諸島も、ヘンダーソン島やレンネル島も、島全体がほとんど石灰岩でできている。地表面を覆っている土壌は薄く、入手可能な真水がいつも存在しない。これらは人間が住みつくうえで大きな問題となっている。もう一方の極端な例はニュージーランドである。このポリネシアでいちばん大きな島は、もともとゴンドワナ大陸の一部であった。ニュージーランドは地質的に多様で、商業価値のある鉄、石炭、金、軟玉などをふくむ鉱物資源を産出する。これら以外のポリネシアの島々は、海からせり上がった火山島がほとんどである。これらは大陸の一部であったことはなく、堆積石灰岩がある島もあれば、ない島もある。これらの太平洋の火山島は、地質的にニュージーランドほど豊かではないにしても、いろいろな種類の火山性の石を産出し、なかには石器作りに非常に適したものもあるという点で、ポリネシア人の目から見れば、少なくとも珊瑚環礁よりはましであった。

しかし、火山島もそれぞれに異なっている。高い山がある島では、雨が降るので風化が進み、地表面の土壌は豊かである。河川も存在する。ポリネシアでこういう特徴を有するのは、ソシエテ諸島やサモア諸島、マルケサス諸島などである。とくにハワイ諸島にはポリネシアでいちばん高い山々が存在する。海抜の低い平坦な島では、トンガ諸島と、ずっと小さいがイースター島とが火山からの降灰のおかげで豊かな土壌に恵まれている。しかし、ハワイ諸島のように大きな河川は流れていない。

海洋資源については、ポリネシアの島のほとんどが浅海と暗礁に囲まれている。そして、多くの島々は浅海にとりまかれているので魚や貝が豊富である。しかし、イースター島、ピトケアン島、マルケサス諸島は海岸が岩礁であり、珊瑚礁に囲まれていないうえ、島の周囲の海底が急傾斜で落ち込んでいる。これらの島々は、前記の島々ほど食料としての魚介類に恵まれていない。面積についても、定住民のいる最小の離島アヌータ島の一〇〇エーカー（約四〇万平方メートル）から、小さな大陸とも呼べるニュージーランドの一万三〇〇〇平方マイル（約三三万平方キロメートル）まで、ポリネシアの島々の面積はさまざまである。居住可能な部分の地形については、急傾斜の崖で遮られて分断されてしまっている島もある。この顕著な例がマルケサス諸島である。一方、トンガ諸島やイースター島のように、平坦な土地しかなく、行き来や連絡になんの障害もない島もある。

ポリネシアの島々の隔絶度であるが、イースター島やチャタム諸島は小さな離島である。いったん入植すると、太平洋域の他の島々から遠く離れているので、外界からまったく隔離されたまま社会的発展をとげてきている。ニュージーランド、ハワイ、マルケサスも同じように遠く離れているとはいえ、少なくとも後者の二つの島民は他島の人たちと接触していたことは明らかである。ニュージーランド、ハワイ、マルケサスの三島はいずれも相互に近接した島々から成り立っているため、同じ海域の島々の人たちのあいだでは定期的に接触することができた。これら以外のポリネシアの島々では、そのほとんどにおいて、多かれ少なかれ他の島々の人たちと定期的に接触している。とくにトンガ諸島は、フィジー、サモア、ウォリス諸島からそれほど遠くないので、トンガ諸島の人たちはこれらの島々のあいだを定期的にめぐることができた。このことがやがては、トンガ人のフィジー征服につながっていく。

ポリネシアの島々の暮らし

このようにポリネシアの環境はさまざまである。ここでは、この多様性がポリネシアの社会にあたえた影響について見ていくが、暮らし方のちがいは社会の諸側面にいろいろ影響しうるので、ポリネシア社会の生活形態の考察からはじめるのが適当だろう。

ポリネシアの人びとの生活は、漁労、野草や魚介類・甲殻類の採集、陸生の鳥の捕獲、営巣中の海鳥の捕獲、それに食料生産などがまざった形態をとっている。ポリネシアの島々の多くには肉食動物が生息していなかったため、飛べない鳥に進化した大型の鳥が棲んでいた。これらのなかでは、ニュージーランドのモアやハワイ諸島のハワイオカヨシガモなどがよく知られている。こうした鳥は、初期の定住者たちにとって、とくにニュージーランド南島の定住者たちにとって、重要な食物であった。しかし、あまりにも簡単に捕獲できたため、すぐに絶滅してしまった。営巣する海鳥の数もすぐに減少したが、いくつかの島々では大切な食料源でありつづけた。海洋資源も多くの島々において豊富であったが、イースター、ピトケアン、マルケサスではそれほどでもなく、これらの島々の住民は結果として、自分たちで作った食料に依存するようになっている。

ポリネシア人の祖先は、三種類の家畜（豚、鶏、犬）を連れてきた。そしてポリネシアに来てからは、他の動物を家畜化していない。この三種類の動物は、多くの島々で生きながらえている。しかし、近隣の島からの距離によっては、海上をカヌーで渡る長旅に耐えられず死んでしまったりしたため、一種類か二種類欠けているところもある。また離島であるため、死んだ代わりを長らく入手できなかったりして、三種類全部そろっていないところもある。たとえば、孤島のニュージーランドでは犬だけが、イースター島とティコピア島では鶏だけが残った。珊瑚礁や魚が豊富にとれる浅海がないイースター島では、捕まえやすい陸生の鳥がすぐ絶滅してしまったため、島民が養鶏用に鶏小屋を建てるようになっている。

これらの家畜はときたま食用に供されただけであり、食料の主体は農作物であった。しかしポリネシアの作物は、ポリネシア以外の地域で栽培されていたものを移住者が持ち込んだもので、もともと熱帯性の植物であったため、南極に近い高緯度地域で栽培することは不可能であった。そのため、チャタム諸島やニュージーランド南島の寒冷な地域に住みついた人たちは、自分たちの祖先が数千年かけて発展させてきた農法を捨て、狩猟採集生活に逆戻りしている。

その他のポリネシア地域では、タロイモ、ヤムイモ、サツマイモなどの乾燥地でとれる作物が栽培されていた。灌漑地ではおもにタロイモなどが栽培されている。パンノキ、バナナ、ココナツなどの樹木作物も栽培されている。これらの作物の生産性や重要度は島々の環境によってまちまちであった。かつては環礁であったヘンダーソン島やレンネル島、あるいはいまなお環礁地帯である島々は、人口密度はもっとも低かったが、それは土壌がやせているうえに、真水の供給に限界があったからである。温帯に属するニュージーランドでも、気候的に寒すぎてポリネシアの作物が育たず、人口密度が低かった。これらの島々や、いくつかの他の島々では、非集約的な焼畑農業がおこなわれている。

土壌は豊かでも高地のない島々では、大きな河川が存在せず、灌漑ができなかった。そうした島の人たちは、重労働が要求される集約的な乾地農業を発達させている。彼らは段々畑を作り、根覆いを施し、輪作をおこなって休閑期をできるだけ少なくし、作物の手入れに多大な労力を費やしている。乾地農業は、イースター島、小島であるアヌータ島、平坦な低地であるトンガ諸島などで盛んにおこなわれ、それらの島々では土地の大半が食料生産に使われるようになっている。

ポリネシアにおけるもっとも生産性の高い農業は、灌漑畑でのタロイモ栽培であった。比較的人口の多い熱帯の島々のうち、ほとんどが平坦な土地であるトンガ諸島では、これといった河川がなかったので、灌漑畑でのタロイモ栽培は無理であった。灌漑農業は、ハワイ諸島最西部のカウアイ、オアフ、モロカイなどの島々でもっとも盛んになっている。それらの島々は乾燥しておらず、大きな河川がいつも流れている。多くの人口を養えるだけの広さがあったため、土木作業に必要な人手を確保することができた。ハワイでは強制労役によって、一エーカー（約四〇〇〇平方メートル）あたり二四トンものタロイモを産出する灌漑施設が作られているが、この単位産出高はポリネシアのなかでは最高の数字である。ハワイではまた、収穫したタロイモを使って集約的な養豚がおこなわれ、多数の住民が協力して大きな池を作って、ボラやサバヒーを育てる養殖漁業もおこなわれている。この点においてハワイ諸島は、ポリネシアのなかで特異な存在である。

人口密度のちがいがもたらしたもの

環境のちがいによって島々の生活形態が異なった結果、ポリネシアでは島によって人口密度が大きく異なる。もっとも低いのは、一平方マイルあたり五人の狩猟採集民が暮らすチャタム諸島およびニュージーランド南島である（人口密度は、耕地一平方マイルあたりで計算している）。ニュージーランドの残りの地域の場合、住民のほとんどを占める農民の人口密度は二八人である。これらの地域とは対照的に、集約農業をおこなっている島々の多くでは、人口密度が一二〇人を超えている。たとえばトンガ、サモア、ソシエテ諸島では二一〇人から二五〇人、ハワイでは三〇〇人となっている。高地の多いアヌータ島は人口密度がもっとも高く一一〇〇人である。耕せる土地のほとんどが集約的な食料生産にむけられたアヌータ島では、一〇〇エーカー（四〇万平方メートル）の土地に一六〇人がひしめき合い、世界でもっとも人口密度の高い自給自足地域のひとつになっている。アヌータ島の人口密度は、現代のオランダよりも高く、バングラデシュに匹敵する。

人口の規模は（一平方マイルあたりの）人口密度と面積（平方マイル）から算出できる。ここでいう面積とは、島の地理的な広さのことではなく、政治的なまとまり（政治単位（ポリティカル・ユニット））のことであり、島全体の面積より大きいこともあれば、小さいこともある。たとえば、ひとつの政治単位が近接する島々をふくんで構成されていることもあるし、起伏の激しい広大な島が複数の政治単位に分割されていることもある。したがって、政治単位あたりの広さは、島全体の地理的な面積のみならず、その島が政治的に分割されているとか、他の島から孤立しているといった条件によっても異なる。

島全体で一六〇人しか住んでいないアヌータ島のように、自然の障壁が存在せず、島民同士の行き来がさまたげられないところでは、島全体がひとつの政治単位となっているが、より大きな島々では、全体が政治的に統一されることはなかった。チャタム諸島やニュージーランド南島の南部のように、狩猟採集民が数十人単位でばらばらに暮らしているところも統一されていない。ニュージーランドの他の地域のように、農民が広範囲に分散して居住しているところでもそうである。また、起伏に富んだ土地に農民が高い人口密度で住んでいるところも政治的に統一されていない。たとえば、深い渓谷によって島内が地理的に分断され、住民が孤立を余儀なくされているマルケサス諸島では、谷あいごとに数千人規模の集団が形成されていた。おもに海路づたいに近隣の住民と連絡をとっていたため、マルケサス諸島の大きな島々のほとんどは、そうしたいくつもの独立的な集団に分割されたままで、政治的に統一されることはなかった。

トンガ、サモア、ソシエテ、ハワイ諸島においては、地形が政治的統一のさまたげとはならなかったため、一万人以上の集団が島内に形成されている（ハワイ諸島では三万人の集団が形成されている）。トンガでは、諸島を構成する周囲の島々との距離も、また他の諸島からの距離もそれほど遠くなかったので、周辺域の複数の島々を支配する人口四万人規模の帝国が出現するにいたっている。このように、ポリネシアの政治単位は、数十人の規模から四万人の規模というように多岐にわたっているのだ。

　政治単位の人口規模は、人口密度とあいまって、ポリネシア社会の技術面、経済面、社会面、そして政治面に影響をあたえてきた。これについては一般的に、政治単位の人口規模が大きく人口密度が高いほど、技術面や社会構成においてより複雑で専門化された集団が形成されるといえる。どうしてそうなるかについては、あとの章で詳しく検証していくことにするが、簡単にいうと、人口の稠密なところでは、農業を営んでいない住民が農民を支援するかたちで彼らを集約的な食料生産に従事させた結果、非生産民を養うに充分な食料が生産された。この農民を食料生産に専従させる役割をになう非生産者たちは、族長、僧侶、役人、そして戦士などであるが、最大規模の政治単位を持つところでは、灌漑施設や養殖池の造成に集団で取り組むことができ、よりいっそう食料を増産することができた。こうした展開がとくに目立ったのはトンガ、サモア、ソシエテ諸島などであった。これらの島々は土壌が豊かで人口も多く、面積的にもポリネシアの平均よりやや大きかったからである。そしてこの傾向は、ポリネシア域中最大のハワイ諸島でもっとも顕著である。人口密度の高さと島の広さのおかげで、族長の一人ひとりがかなりの数の人間を自由に動かせたからである。

　ポリネシア社会における人口密度と人口規模の関係は、つぎのように要約できる。チャタム諸島の狩猟採集民などのように人口密度が低いところや、小さな環礁地帯のように総人口が少ないところ、そして総人口も少なく密度も低いところでは、経済面での変化はあまり起こっていない。そうした社会の人びとは、家族単位で自給自足の生活をおくっており、社会的な分業化はほとんど見られない。分業化は、より大きくかつ人口の稠密な島で進展し、サモアやソシエテ諸島、とくにトンガやハワイ諸島で頂点に達している。トンガやハワイ諸島では、カヌー作り、水先案内、石の加工、鳥の捕獲、入れ墨などをときどきおこなう、世襲の職人制が維持されてきた。

さきに見たように、社会構成の複雑さの度合いも島ごとに異なっているが、経済面と同様、チャタム諸島と環礁地帯においてもっとも単純で平等な社会が形成されている。ポリネシア本来の首長の伝統は、これらの島々においても受け継がれてきたが、首長が外観的にそれとわかるようなものを身につけることはなかった。彼らも平民と同じように質素な小屋に住み、平民たちと同じように食物の採集や収集に従事していた。首長を他の人たちと社会的に区別する習慣や、首長の権力の増大が目立つのは、政治単位が大きく、人口密度の高い島においてである。この傾向は、とくにトンガやソシエテ諸島において顕著であった。

社会構成の複雑さもまた、ハワイ諸島でピークに達している。首長の血族は八つの階級に分かれ、結婚も、ときには兄弟姉妹あるいは異父母の兄弟姉妹同士ですることはあっても、平民とのあいだでおこなわれることはなかった。平民は階級の高い首長たちの前で平伏することを要求され、首長、役人、そして一部の職人たちは食料生産のための労働に携らなくてもよいことになっていた。

政治面での複雑さの度合いも似たような傾向を示している。首長の支配できる資源がたいしてなかったチャタム諸島や環礁地帯では、島の会合がさまざまな決定の場になっていた。島の土地は首長ではなくコミュニティ全体に属していた。一方、より規模が大きく、人口の稠密な社会にあっては、首長に大きな権限が集中するようになっている。政治面でもっとも複雑であったのがトンガとハワイ諸島である。それらの島々では、代々の首長が、いわば国王に匹敵する権力を持つようになり、土地も首長によって管理されるようになっている。首長は、自分の代理人に任命した役人を使って平民たちから食料を調達したり、彼らを大がかりな建設事業に駆りだしている。これらの事業は島ごとに異なるが、ハワイ諸島では灌漑事業と養殖池の造成に平民が駆りだされている。マルケサス諸島では舞踊と祭祀用の建物の建設に、トンガ諸島では首長の墓の建設に、ハワイ諸島、ソシエテ諸島、イースター島では神殿などの建設に平民が徴集されていた。

たとえば、十八世紀にヨーロッパ人がトンガにやってきたとき、トンガの首長は複数の諸島にまたがる帝国を支配していた。トンガ諸島を構成する島々は、周囲の島と地理的に隣接していた。諸島内にいくつか存在していた、地形的に一様な大きな島々では、首長がそれぞれの島全体を統率するようになった。やがてこれらの島々をひとつのトンガにまとめあげたのが、いちばん大きな島（トンガタプ島）で代々首長をしていた一族である。彼らはトンガ諸島から五〇〇マイル（約八〇〇キロ）も離れた島まで征服するにいたっている。彼らはフィジーやサモア諸島と定期的に交易しながら、フィジー諸島にトンガ人移住地を作ったうえで、一部を侵略し征服している。トンガ人は一五〇人を運べる大型カヌーで構成された海軍を使って他島を征服し、海洋帝国を統治していたのである。

トンガと同じように、ハワイ諸島においても、人口の多い島々が統一支配されるようになっていく。しかし、太平洋域の他の島々との距離があまりにもかけ離れていたため、彼らの支配はハワイ諸島の外にはおよんでいない。ヨーロッパ人はハワイを一七七八年に「発見」している。その頃、すでに統一されていた島々のあいだでは、政治的に連合するところも出はじめていたが、ハワイ、マウイ、オアフ、カウアイといった大きな島々は依然として独立を保ちながら、ラナイ、モロカイ、カラウエ、ニハウといった小さい島々を支配しようとしていた（あるいは、支配するために他の三島を出し抜こうとしていた）。ヨーロッパ人が来てからは、ハワイ島の王カメハメハ一世が、彼らから購入した銃と船を使って、まずマウイ島を、ついでオアフ島を征服して急速に統一を進め、最後まで残っていたカウアイ島への侵攻を準備したが、カウアイ首長が最終的に交渉のテーブルについた時点でハワイの島々は統一されている。

ポリネシアの人間社会の発展経路を考察するにあたって、それぞれの島でどのような道具を使っていたか、どのようなものを作っていたかという、物質的な側面についても考慮する必要がある。ポリネシアでは、島ごとに入手可能な原材料が異なり、それがそれぞれの島の制約となっていた。たとえば古い珊瑚礁が隆起することで形成されたヘンダーソン島は、石灰岩以外の岩石がまったく存在しないという極端な例であるが、この島の住民は巨大な二枚貝の貝殻を使って手斧を作っていた。彼らとはまったく対照的に、小さな大陸とも呼べるニュージーランドのマオリ族は、多種類の原材料を手に入れることができた。なかでも軟玉を利用していたことはよく知られている。この両極端の中間に位置するのが、ポリネシアの火山島である。これらの島々には、花崗岩や火打ち石などの大陸に見られる岩石はなかったが、少なくとも火山岩はあったので、島の住民はそれらを磨いて開墾用の手斧を作ることができた。

手工品や建造物においては、チャタムの島民はアザラシや鳥類、そしてロブスターを殺すのに棍棒以上のものは必要としなかったが、他島の住民はさまざまな種類の釣り針や手斧、装身具などを作っている。環礁地帯では、チャタム諸島と同じように、比較的単純な小型の手工品が個人的に作られ所有されていた。建造物も簡単な小屋以上のものは作られていない。土地が広く、人口の多かった島々では、特殊な職人たちが王族用にさまざまな特権的な物品を作っていた。たとえばハワイでは、何万枚もの鳥の羽で作られたケープが首長のために作られている。

ポリネシアで作られた最大のものは巨大な石の建造物で、いくつかの島々で見られる。イースター島の巨大石像、トンガ王族の墓、マルケサス諸島の祭壇、ハワイやソシエテ諸島の神殿などがそうである。これらの建造物は明らかに、エジプト、メソポタミア、メキシコ、ペルーのピラミッドと同じ発展を示しているものの、規模のうえではとうていおよばない。しかし、この規模のちがいは、エジプトのファラオが、ポリネシアの首長よりも多くの労働力を徴集できたからにすぎない。それでもイースター島では、重さ三〇トンの石像が建てられている。総人口七〇〇〇人の島で、自分たちの手足以外の動力源を持たない人たちがそれをなしとげたのであるからたいしたものである。

環境のちがいと社会の分化

このように、ポリネシアは経済や社会、そして政治において非常に多様である。この多様性は、それらの島々の総人口や人口密度が島によって異なっていることに関係している。それらの島々の人口面での差異は、広さや地形、そして他の島々からの隔絶度が島によって異なるためである。そしてこれらの差異は、島民の生活形態のちがいや食料の集約生産の方法のちがいに関係している。これらの社会に見られるさまざまな相違点はすべて、地球規模で見ればポリネシアという比較的狭い地域で、比較的短い時間のうちに、同じ社会が環境のちがいによって異なる社会に分化した結果、発生したものである。

ポリネシアで発生した多様性は、世界の他の地域で見られるものと本質的に同じものである。もちろん、世界の他の地域の多様性のほうがポリネシアよりずっと変化に富んでいる。ポリネシアのように石器に頼る民族も世界じゅうの大陸で出現しているが、南米では貴金属の利用に熟達した社会も生まれている。ユーラシア大陸やアフリカ大陸では鉄器を使うようになっている。しかし、ポリネシアでは、ニュージーランド以外の島々には金属資源がなかったので、鉄器や貴金属の利用はもともと起こりえなかった。ユーラシア大陸には、ポリネシアに人が定住するようになる以前にいくつもの帝国がすでに出現している。後世には、南米や中米にも帝国が出現している。ポリネシアにも帝国の前身と呼べるようなものが二つ出現したが、そのうちのひとつであるハワイ諸島はヨーロッパ人が来てから統一されたものにすぎない。ユーラシア大陸と中米は独自の文字を発達させているが、ポリネシアでは文字が生まれることはなかった。イースター島の謎めいた文字も、島民とヨーロッパ人との接触のあとに生まれたものかもしれない。

つまり、ポリネシアの社会を見ても、世界じゅうの社会の多様性のすべてを見ることはできない。ここで見られるのは、そのほんの一部だけである。しかし、ポリネシアが世界の一角にすぎないことを考えれば、この結果はまったく驚くにあたらない。くわえて、ポリネシアに人類が住みついたのは遅く、最古のポリネシア社会でも三二〇〇年しかたっていない。これに対して他の大陸では、人類が住みついたのがもっとも遅い大陸（南北アメリカ大陸）でさえ一万三〇〇〇年前である。トンガやハワイの人びとにあと数千年という時間があったら、彼らはおそらく太平洋の支配をめぐって争う二大帝国になっていたかもしれない。帝国統治のために独自の文字を発達させていたかもしれない。ニュージーランドのマオリ族も、軟玉などを使った道具だけでなく、銅製や鉄製の道具を発達させていたかもしれない。

ポリネシアは、人間社会が環境によって多様化するという格好の例をあたえてくれたが、ここからいえるのは、ポリネシアの社会は環境のちがいによって変化したのだから、環境による多様化は起こりうる、ということだけである。つまりわれわれは、大陸においても同じような変化が起こったかを問わなければならない。そして、もし大陸で同じようなことが起こったのだとしたら、それを引き起こした環境的要因が何であったかを問わなければならない。また、その結果として、大陸社会がどのように多様化したかを問わなければならない。

第3章

スペイン人とインカ帝国の激突

ピサロと皇帝アタワルパ

近代において人口構成をもっとも大きく変化させたのは、ヨーロッパ人による新世界の植民地化である。ヨーロッパ人が新大陸を征服した結果、アメリカ先住民（アメリカ・インディアン）の人口が激変し、部族によっては滅亡してしまったものもある。しかし第1章で述べたように、新大陸に人間が移り住んだのはこれが初めてではない。人類は紀元前一万一〇〇〇年頃、あるいはそれより以前に、シベリア、ベーリング海峡、アラスカを経由してアメリカ大陸に移住し、それ以来アメリカ大陸では、その移住経路のはるか南方にいたるまで複雑な農耕社会が形成され、旧世界で誕生しつつあった複雑な社会とはまったく無関係に発展した。アジア大陸から人びとが移住したあとも、ベーリング海峡の両岸の狩猟採集民のあいだには接触があった。また、南米を経て海上ルートでポリネシアにサツマイモが伝えられたと思われる。新世界とアジア太平洋域との接触ではっきり検証されているのはこの二つだけである。

アメリカ大陸の原住民とヨーロッパ人との接触については、西暦九八六年から一五〇〇年頃までのあいだに古代スカンジナビア人がグリーンランドに少数住みついているが、とくに目に見える影響は残していない。むしろ、旧世界とアメリカ大陸に住む人びととの接触は、西暦一四九二年にクリストファー・コロンブスがアメリカ先住民が大勢住むカリブ海諸島を「発見」したときに、突然はじまったといえる。

ヨーロッパ人とアメリカ先住民との関係におけるもっとも劇的な瞬間は、一五三二年十一月十六日にスペインの征服者ピサロとインカ皇帝アタワルパがペルー北方の高地カハマルカで出会ったときである。アタワルパは、アメリカ大陸で最大かつもっとも進歩した国家の絶対君主であった。対するピサロは、ヨーロッパ最強の君主国であった神聖ローマ帝国カール五世の世界を代表していた（皇帝カール五世は、スペイン王カルロス一世としても知られている）。そのときピサロは、一六八人のならず者部隊を率いていたが、土地には不案内であり、地域住民のこともまったくわかっていなかった。いちばん近いスペイン人居留地（パナマ）から南方一〇〇〇マイル（約一六〇〇キロ）のところにいて、タイミングよく援軍を求めることもできない状況にあった。一方、アタワルパは何百万の臣民を抱える帝国の中心にいて、他のインディアン（インディオ）相手につい最近勝利したばかりの八万の兵士によって護られていた。それにもかかわらず、ピサロは、アタワルパと目をあわせたほんの数分後に彼を捕らえていた。そして、その後の八カ月間、アタワルパを人質に身代金交渉をおこない、彼の解放を餌に世界最高額の身代金をせしめている。しかもピサロは、縦二二フィート、横一七フィート、高さ八フィートの部屋を満たすほどの黄金をインディオたちに運ばせたあと、約束を反故（ほご）にしてアタワルパを処刑してしまった。

ヨーロッパ人によるインカ帝国の征服を決定づけたのは、ピサロが皇帝アタワルパを捕らえたことである。スペイン側は、アタワルパを捕らえなかったとしても、圧倒的に優れた武器によっていずれは勝利していただろう。しかし、彼らがアタワルパを捕虜にしたことで、征服はよりすみやかに、より容易になった。アタワルパはインカの人びとから太陽神と崇(あが)められ、臣民たちのあいだで絶大な権威を誇っていた。アタワルパの臣民たちは彼が捕虜となってしまったあとも、彼の命ずるところに従っている。これによって時間稼ぎができたおかげで、ピサロはアタワルパの死までの数カ月間、誰にも邪魔されることなく、兵士を派遣してインカ帝国各地を調査することができたし、パナマから援軍を呼ぶことができた。アタワルパが処刑されたあとで起こった戦闘でスペイン側が圧倒的な強さを見せたのはこのためである。

アタワルパが捕まった瞬間は、有史時代における最大の衝突の結果を決定的にした瞬間である。その意味において、われわれはアタワルパの捕獲に対して重大な関心を寄せている。しかし、移住者と原住民のあいだで同じような衝突が起こった場合、その成り行きを決定的にする要因はピサロがアタワルパを捕まえることのできた要因と本質的に同じである。われわれは、アタワルパが捕まった出来事を通じて人類史をより広い視野で見ることができる。その意味において、ピサロによるアタワルパの捕獲には、より普遍的な重要性がある。

カハマルカの惨劇

一五三二年十一月十六日、ペルーの高地カハマルカで何が起こったかはよく知られている。ピサロの随行者の何人もが、その日そこで起こったことについて書き残しているからである。エルナンドやペドロをふくむピサロの仲間六人の証言をもとに、その日の出来事を再現してみよう。

「慎み深さ、不屈の精神、規律、勤勉、危険な航海、そして戦闘は、われわれの真の王であり、主である、絶対無敵の神聖ローマ帝国皇帝の家臣であるスペイン人のものであり、信仰のある者には喜びを、異教徒には恐怖をあたえるものである。主の栄光と、皇帝陛下に仕える栄光のため、この物語を書きとめ、陛下に送り、ここで起こっていることをお伝えしたい。主の聖なるお導きによって、多くの異教徒を征服しカトリックへの忠誠を誓わせたことは神の栄光であり、皇帝陛下の偉大な力と強運によって、陛下の御世にこれがなせたことはひとえに陛下の名誉である。このような戦いに勝利をおさめ、新たなる土地を属州となし、王とその誠実な従者たちにかように莫大な富をもたらすことができ、異教徒たちのあいだに王への畏敬の念を広めることができたことは、王の誠実な従者たちにとってひとえに喜びである。

今昔を問わず、かくも多く大海原を渡り、かくも多くの山河を越え、かくも遠く離れて、かくも大勢の見知らぬ者たちに対して少数で戦い、勝利し、征服するという偉業をなしとげたものが、われわれスペイン人をおいてほかにあろうか。われわれのなしとげた偉業にくらべられるものがほかにあろうか。われわれは、総勢二〇〇〜三〇〇人、ときには一〇〇人足らずの少人数で、かつて知られたる土地よりはるかに広大で、キリスト教徒の王族および異教徒の王族があわせ持つ領地よりも多くの土地を征服した。ここでは、私は冗長にならぬよう多くは語らず、征服の過程で起きたことについてだけ書くことにする。

将軍ピサロは、情報を得ようとカハマルカ盆地から来たインディオたちに拷問をくわえた。すると彼らは、アタワルパはカハマルカで将軍を待っていると聞いたと白状したので、将軍はわれわれに前進を命じた。盆地の入口に着くと、約一レグア（約四キロ）離れたふもとのあたりにアタワルパの陣営が見えた。そこはとても美しい町のように見えたが、あまりにテントの数が多すぎて、恐怖心がわれわれを襲った。かつてそのような光景を目にしたことがなかったからである。われわれは恐れで頭がいっぱいになり、誰もが混乱のきわみにあった。しかし、それを態度に出すことはできなかった。恐れおののき引き返すこともできなかった。そんなことをすれば、インディオたちにわれわれの弱みを嗅ぎつけられ、案内役のインディオたちですらわれわれを殺しかねない。われわれは士気を鼓舞し、村やテントの様子を注意深く観察してから、谷を下ってカハマルカ盆地に入った。

そこでわれわれは、何をすべきかについてお互いに相談した。援軍を求められない奥地に、あまりにも少人数で踏み込んでしまったことが、われわれを恐怖心のかたまりにしていた。われわれは将軍に会い、明日すべきことについて全員で話し合った。その夜、眠った者はほとんどいない。われわれは、焚き火をしているインディオたちの姿を見つめながら、カハマルカの中央広場の監視を徹夜でつづけた。インディオの兵の多くは、傾斜地の斜面で、それぞれ隣のグループのすぐそばのところで焚き火をしていた。彼らの焚く火は夜空にきらめく星のように見えた。それはほんとうに恐ろしい光景だった。その夜は、身分の高い者も卑しい者も、歩兵も騎兵も、誰もが武装して歩哨に就いた。われらが将軍も、他の者と同じく歩哨に立ち、兵たちを励ましてまわった。将軍の弟であるエルナンド・ピサロはインディオの数を約四万と見積もったが、それはわれわれを勇気づけるための嘘であり、実際は八万人以上だった。

翌朝、将軍はアタワルパからの使者につぎのように伝えた。『いつでもご都合のいいときにおいでになるよう君主にお伝えいただきたい。どのようにおいでになろうとも、友人として兄弟としてお迎えする。とてもお会いしたいので、できれば早くおいでになることを願う。どんな侮辱も危害もくわえるつもりはない』

将軍は、アタワルパの到着を待つあいだに、分隊をカハマルカの中央広場の周囲に潜ませ、騎兵を二つに分け、一隊を弟のエルナンド・ピサロの指揮下に、もう一隊をエルナンド・デ・ソトの指揮下においた。歩兵も二つに分け、一隊を将軍自身の指揮下におき、もう一隊を弟のホアン・ピサロに託した。同時に将軍は、ペドロ・デ・カンディアに命じて、トランペットを持った数人の歩兵といっしょに広場の小さな砦のところに行き、小銃を構えてそこにとどまるよう告げた。このカンディアの部隊は、アタワルパがインディオたちとともに広場に現れたとき、将軍の号令で銃撃を開始し、トランペットを吹き鳴らす。それを合図に騎兵隊が中庭から飛びだす。これが将軍の作戦であった。

正午になると、アタワルパが家来を集め、近づいてきた。平原はすぐにインディオたちでいっぱいになった。先を行くインディオたちは、ときおり歩みを止めては、駐屯地から行軍にくわわる後方のインディオたちを待っていた。午後いっぱいをかけてアタワルパの行軍は分隊単位でどんどんふくれあがっていった。先頭がわれわれの駐屯地のすぐそばまできても、さらに多くのインディオたちが分隊単位でくわわってきた。二〇〇〇人のインディオがアタワルパの先導役をつとめ、それにつづいて、二つの隊列に分かれた戦士たちがアタワルパの輿（こし）をはさむように進んできた。

最初にやってきたのは、色とりどりに着飾ったインディオたちだった。地面の藁を拾い、道を掃き清めながら進んで来る彼らはあたかもチェスの駒のようだった。彼らにつづいて、それぞれちがう服で着飾った三分隊が歌い踊りながらやってきた。それから、甲冑（かっちゅう）、金属製の鎧（よろい）、金銀の冠をつけた男たちが大挙してやってきた。彼らはものすごい数の金銀細工を身につけていた。日の光がそれに反射してきらめき、その驚くべき光景のなかを、横木の端に銀細工がほどこされた美しい輿に乗ってアタワルパがやってきた。彼は、深い青色のそろいの服をまとった八〇人の首長に担がれていた。アタワルパその人も、美しく着飾っていた。冠をかぶり、巨大なエメラルドの首飾りをつけて、鞍型の椅子の柔らかそうなクッションに腰掛けていた。金銀の細工で飾られた輿には、さまざまな色のオウムの羽が敷きつめられていた。

アタワルパの後ろには、二つの輿と二台の吊り寝台がつづき、身分の高い者が乗っていた。金銀の冠をかぶったインディオの分隊もいくつかつづいていた。そのインディオたちが大声で歌いながら広場に入ってくると、広場はどこもかしこもインディオたちでいっぱいになった。その間、われわれは準備を整え、中庭に身を隠し、彼らを待ちかまえていたが、あまりの恐ろしさに思わず失禁してしまった者も多かった。アタワルパは、広場の中心に到着したあとも、高く掲げられた輿の中にとどまっていた。そして彼の兵士たちが、輿の後方に続々と集結してきた。

将軍ピサロは、ビセンテ・デ・バルベルデ神父を遣わし、アタワルパに、神とスペイン王の名において主イエス・キリストの教えに従い、スペイン王陛下に仕えることを求めた。バルベルデ神父は、片手に十字架、片手に聖書をふりかざしながら、インディオのなかをアタワルパのところまで進むと、つぎのように話しかけた——『神に祈りを捧げる者であり、キリストを信じる人びとに神の御業(みわざ)を宣べ伝える者である私は、あなたに神の教えを授けるためにやってきた。私の教えは、神が聖書の中でわれわれに告げられていらっしゃることである。よって私は、神とキリストを信じる者の一人として、友とならんことをあなたに乞う。それが神のご意志であり、そうすることがあなたのためでもある』

するとアタワルパが、聖書を見せるように命じたので、バルベルデは閉じたままそれを渡した。アタワルパはどうやってそれを開くのかがすぐにわからなかった。そこで神父が開いてやろうとして手をのばした。それを見てアタワルパは激怒し、神父の腕を振り払い、聖書を開かせようとしなかった。やがて彼は自分で聖書を開いた。しかし、聖書の紙や文字に驚くどころか、少し離れたところに投げ捨ててしまった。そのとき彼の顔面は真っ赤に紅潮していた。

バルベルデ神父はピサロのところに引き返し、つぎのように叫んだ。『クリスチャンたちよ！　出てくるのだ！　出てきて、神の御業をしりぞけた犬どもと戦うのだ！　あの暴君は私の、聖なる教えの本を地面に投げ捨てた。あなたたちは何が起きたか見たであろう。平原がインディオでいっぱいのときに、この思いあがった犬に礼儀正しくふるまう必要もなければ、卑屈になる必要もない。出てきて戦うことを私が許す！』

すぐさま将軍がカンディアに合図を送り、それを見てカンディアが銃を撃ちはじめた。と同時に、トランペットが吹き鳴らされ、歩兵と騎兵が飛びだしてきて、『サンティアゴ！（訳註　キリスト十二弟子の一人、聖ヤコブのスペイン名。スペイン国民の守護聖人）』と大声で叫びながら、広場の武装していないインディオたちめがけて突進していった。いきなり轟きはじめた銃声、トランペットの音、馬につけてあった鳴り物、これらがインディオたちをびっくりさせ、あたりは大混乱におちいった。われわれは、あわてふためくインディオたちに飛びかかり、めった斬りにした。あまりの恐ろしさに彼らは逃げまどい、勝手にぶつかりあってはつまずき転び、下敷きになった仲間につまずき、折り重なるようにして多くの者が窒息してしまった。これらのインディオたちは武装していなかったので、われわれクリスチャンはまったく安全に彼らを攻撃できた。騎兵は彼らを踏みつぶしてまわった。逃げまどう彼らを追いかけては殺し、大怪我を負わせた。歩兵は巧みに突撃して、その場に残っていたほとんどのインディオたちをすぐさま刺し殺してしまった。

将軍ピサロも剣とナイフをとり、従う兵士たちとともにインディオのなかに分けいった。そして勇敢にも、アタワルパの輿にたどり着くと、恐れを知らぬ勢いでアタワルパの左腕をつかみ、『サンティアゴ！』と叫んだが、輿があまりにも高く掲げられていたので、彼を引きずりおろせなかった。輿を担いでいたインディオたちは、殺されても殺されてもすぐに代わりの者が割って入り、ふたたび輿を高く掲げる。ついに七、八人の騎兵が輿のインディオめがけて突っ込み、片側から輿を思いっきりひっくり返した。こうして将軍はアタワルパを捕まえ、自分の陣営に連れかえった。輿を担いでいた者、アタワルパに付き添っていた者、彼らは誰一人としてアタワルパを残して逃げることはなかった。彼らはアタワルパを守ろうとして一人残らず彼のまわりで死んでいった。

広場に残ったインディオたちは、鳴り響く銃声に大混乱におちいり、それまで見たことのなかった馬におびえ、平原に逃げだそうとして広場の囲いを押し倒した。われわれの騎兵は、『着飾ったやつらを追え！　逃がすな！　刺し殺せ！』と叫びながら、囲いを飛び越え、平原へむかって突進した。アタワルパがカハマルカから一マイル離れたところに残してきていた兵士たちは、戦闘準備ができていた。しかし、この騒ぎのあいだ、誰一人として動く者はなかった。われわれスペイン人にむかって武器をむけた者も一人としていなかった。町の外の平原に残っていた兵士たちもまた、他の兵士たちが逃げまどうのを見て、大混乱におちいり逃げだしてしまった。幅一五マイルか二〇マイルの盆地全体がインディオで埋め尽くされた。それは驚くべき光景だった。あたりは夕闇で暗くなりかけていたが、われわれの騎兵はまだインディオを刺し殺していた。そして、やがてトランペットが鳴らされ、われわれは陣営に戻った。

六〇〇〇から七〇〇〇人のインディオが死体となって転がっていた。もっと多くのインディオが腕を切り落とされるなどの大怪我を負っていた。もしも夜が来なかったら、四万人のインディオの兵士のうち、生き残った者はほとんどいなかっただろう。アタワルパ自身も、スペイン側はこの戦いで七〇〇〇人を殺したと認めていた。アタワルパの寵臣であった大臣のチンチャも、輿の中で殺された一人だった。アタワルパの輿を捧げていたのは、全員身分の高い首長や参議であったが、彼らも全員殺された。輿や吊り寝台の中にいた者も全員殺された。カハマルカ卿も殺されてしまった。他の参議も殺されてしまった。アタワルパに付き添っていた者が身分の高い者だったので一人残らず殺されてしまったのである。しかし、いったい何人が殺されたかは、あまりにも多すぎて数えることができなかった。アタワルパほどの権力者が、これほど強力な軍隊を引き連れていたにもかかわらず、これほどの短時間で捕虜になってしまったのは、じつに驚くべきことだった。ほんの少人数のわれわれだけの力でこれが成しとげられるはずがなかった。まさにこれは、神の偉大なるご加護によるものだった。

アタワルパの衣装は、輿から引きずりおろされたときに引き裂かれていた。将軍ピサロは誰かに命じて服を持ってこさせた。将軍は、着替えをすませたアタワルパを近くに座らせ、高い地位からあっという間に滑り落ちてしまったと思っている彼の怒りと動揺を鎮めるかのように、こう語りかけた。『敗北し囚われの身となったことを恥じることはない。われわれは少人数であるが、ともに来たキリストを信じる者たちといっしょに、あなたの王国よりももっと大きな王国を征服したことがある。あなたの重臣たちよりももっと強い者を打ち破り、われわれの仕えるスペインと全世界の王なる皇帝陛下の支配に従わせてきている。われわれは、神と聖なるカトリックの信仰の教えるところによって、皇帝陛下の命によりこの地を征服しにきたのである。また、天と地とすべての創造主である神は、われわれの使命のために、このことをわれわれに許され、あなたに野蛮な獣のごとき生活を改めさせ、神を知らせたもうたのである。それゆえ、われわれは少人数ながらこれほど多くの者を征服できたのである。これまで犯してきた自分の過ちがわかれば、スペイン王陛下の命によってわれわれがあなたの地へやってきたことの幸せがわかるだろう。われわれの主は、あなたの高慢を抑えよ、とおっしゃっていた。いかなるインディオもキリスト教者を害してはならぬ、とおっしゃっていた』」

ピサロはなぜ勝利できたか

では、この比類なき対決にいたる一連の出来事を、因果の連鎖のいちばん最後の出来事から順に考えてみよう。将軍ピサロと皇帝アタワルパがペルー北方の高地カハマルカで出会ったとき、アタワルパには八万の兵士がいたが、ピサロにはたった六〇人の騎兵と一〇六人の歩兵しかいなかった。それなのになぜ、ピサロ側がアタワルパの家臣の多くを殺し、彼を捕虜にできたのか。ピサロよりもはるかに多くの兵士を擁していたアタワルパが逆にピサロを捕らえ、殺すことにならなかったのはなぜか。この出会いに先立ち、アタワルパはどうしてカハマルカにやってきたのか。なぜ、ピサロがペルーにやってきてアタワルパを捕虜にしたのか。なぜ、アタワルパがスペインにやってきて、スペイン王カルロス一世を捕虜にすることにはならなかったのか。いまから見れば、見えすいた罠だとわかるような場所に、なぜアタワルパは入っていったのか。アタワルパとピサロの出会いの結果に影響をあたえた要因は、旧世界の人びとと新世界の人びととの出会いの結果を大きく左右したのだろうか。異なる民族の出会いにおいて、結果を大きく左右するものだったのだろうか。

まず、「ピサロがアタワルパを捕らえることができたのはなぜか」という疑問から考えてみよう。

ピサロ側が有利だったのは、スペイン製の鉄剣などの武器を持っていたことである。鉄製の甲冑、銃器、そして馬を持っていたのもピサロ側である。それに対してアタワルパ側は、騎乗して戦場に乗り込んでいく動物を持っていなかった。武器にしても、石の棍棒や青銅製の棍棒、あるいは木製の棍棒で戦わなければならなかった。槌、矛（ほこ）、手斧、投石器、刺し子の鎧で立ちむかわなければならなかった。このように、ヨーロッパ人がアメリカ先住民や他民族と対決する際、ヨーロッパ側が圧倒的に有利な武器を持ち合わせていたことが、その結果を左右する大きな要因となった。

もちろん、数世紀にわたってヨーロッパ人に抵抗できたアメリカ先住民もいたが、それは馬と銃器の両方を入手してその扱いに熟達することができ、それによって軍事的に不利な状況を改善できた部族だけである。ところで「インディアン」という言葉は、われわれのような平均的アメリカ人にとって、馬に乗ってライフル銃を振りまわす平原のインディアンというイメージを彷彿させる。つまり、一八七六年のあの有名なリトルビッグホーンの戦いで、ジョージ・カスター将軍の率いる部隊を全滅させたスー族のようなイメージだ。そのためわれわれは、アメリカ先住民がもともと銃器や馬を持っていなかったことをともすれば忘れてしまう。銃器や馬はヨーロッパ人によってアメリカ大陸にもたらされ、インディアン部族の社会を変容させた。それらの扱いに熟達することができたことで、北アメリカ大陸の平原インディアン、南米チリのアラウカノ族、南米アルゼンチンのパンパス地方のインディオなどは、他のアメリカ・インディアンよりずっと長いあいだ白人たちの侵略に対抗できた。一八七〇年代から八〇年代にかけて白人政府が大規模な掃討作戦を展開するまで、彼らが敗北することはなかったのである。

スペイン側の装備はどのくらい優勢だったのだろうか。今日、われわれがそれを数字として把握するのはむずかしいが、カハマルカの戦いでは、たった一六八人のスペイン軍が一人の犠牲者も出さずに何千人という敵を殺し、自分たちの五〇〇倍もの数のインディオを壊滅状態に追い込んでいる。何十人かの馬に乗ったスペイン兵が何千人ものインディオを惨殺したことは、ピサロのその後のインカ帝国との戦いを伝える話のなかで幾度となく語られている。コルテスによるアステカ帝国の征服や、他のアメリカ先住民との戦いを伝える話のなかでも述べられている。たとえばピサロは、皇帝アタワルパの死後、カハマルカからインカの首都クスコへと進軍しているが、その間にも、ハウハ、ビルカスワマン、ビルカコンガ、そしてクスコで、同じような戦いを四度経験している。これらの戦いでスペイン側は、それぞれ八〇人、三〇人、一一〇人、そして四〇人の騎兵で数千人から数万人のインディオを相手にしているのだ。

こうした戦いでのスペイン側の勝利は、たんにアメリカ先住民側からスペイン側と同盟する者が出たからというだけでは説明しきれない。あるいは、スペインの武器や馬を初めて見たことでインカ側に心理的動揺があったからという説明や、よくいわれるように、インカ人がスペイン人をビラコチャ神の再来と間違えたからということでは説明することができない。たしかに、先住民側に協力する者が出てきたのは、ピサロとコルテスが緒戦に勝利したからである。彼らの多くは、スペイン側が自力で圧倒的な勝利をおさめたのを見たからこそ、無駄な抵抗はやめて勝ちそうな側についたのだろう。馬や鉄製の武器や銃器を初めて見たことでの心理的動揺については、たしかにカハマルカの戦いではそれらの光景がインカ側を震撼させたが、カハマルカ以降の戦いでは、すでにスペインの武器や馬を目にして徹底抗戦を誓ったインカ軍を相手にスペイン側は戦っているのだ。インカ側は最初の征服から六年のうちにスペイン側に対して大規模な反乱を二度起こしているが、死にもの狂いで戦う覚悟で準備をととのえたこれらの抗戦においても、やはりスペイン側のはるかに優れた軍事力の前に敗れ去っている。

一七〇〇年代になると、アメリカ大陸や他の地域の先住民を侵略するヨーロッパ人は、それまでの剣にかわって銃器を主たる武器とするようになった。たとえば、照準性能のよいマスケット銃を片手に、一八〇八年にフィジー島に上陸した英国の水兵チャーリー・サベージは、まさにサベージ（野蛮人）というその名にふさわしく、たった一人でフィジーの権力をひっくり返してしまった。カヌーで川をカサブー村までさかのぼっていった彼は、ピストルの弾が届く距離の村の囲いの外から無防備の村人めがけて発砲した。殺された村人はあまりにも多く、生き残った者たちは死体を積みあげ、その後ろに隠れたほどである。村の横を流れる川は、死者の血で真っ赤に染まった。銃を持たない先住民に対する銃の威力を示すこの種の例は枚挙にいとまがない。

ところが、スペイン人のインカ征服では、銃器はたいした役割を果たしていない。火縄銃と呼ばれていた時代の銃は、装塡して発射するのに手間がかかった。しかもピサロ側が持っていた銃はたった一二丁だった。たしかに発砲したときには、すさまじい心理的効果はあっただろう。しかし、スペイン人のインカ征服において銃器よりもずっと重要だったのは、スペイン側が鉄製の剣や槍や短剣などを持っていて、ほとんど武装していなかったインディオたちをそれらの武器で惨殺できたことである。スペイン側の鉄製の武器とは対照的に、インディオ側の武器である棍棒は、スペイン側の兵士や馬を殴って怪我を負わせることはできても、殺すにはいたらなかった。スペイン側は、鉄鎧や鎖かたびら、それになんといっても鉄兜で棍棒の殴打から効果的に身を守ることができた。これに対して、インディオ側の着用していた刺し子の鎧は、鉄製の武器の攻撃から身を守ることができなかった。

目撃者の話には、騎馬隊を持っていたことがどんなにスペイン側を有利にしたかという記述が目につく。スペイン側の騎兵は、インディオの斥候が後方の部隊に敵の存在を通報する前に馬で追いついて殺すことができた。馬による攻撃は速く、機動性があった。高いところから戦う馬上の騎兵に、歩兵たちはほとんど手も足も出なかった。騎馬による突撃は、インディオたちにとって非常な脅威であった。騎馬は、初めて戦うインカの兵士たちを恐れさせはした。しかし、それだけでスペイン側が有利になったわけではない。インカ側も一五三六年の大反乱の頃までには騎兵から身を守る最上の術を身につけ、小道で待ち伏せてはスペイン騎兵を殺したりしている。しかしインカ側は、開けた戦場での対決においては、騎兵相手に戦う歩兵集団の常として、敵を打ち負かすことができなかった。その証拠に、アタワルパの跡を継いだインカ皇帝マンコのもっとも優秀な将軍であったユパンキが、一五三六年にリマでスペイン軍を包囲し、町を急襲しようとしたときも、二部隊の騎兵に平原で攻撃され、最初の突撃でユパンキと配下の指揮官が殺されてしまい、敗退を余儀なくされている。同様に、クスコでスペイン軍を包囲した皇帝マンコと彼の最強の軍隊も、二六人の騎兵によって打ち負かされている。

馬は、紀元前四〇〇〇年頃、黒海北部の大草原で飼いならされるのとほぼ時を同じくして、それまでの戦いのあり方を一変させている。人びとは馬を持つことによって、自分の足だけが頼りだったときよりもはるか彼方まで移動できるようになった。奇襲攻撃も可能になったし、敵方の精鋭部隊の反撃の前に引き揚げることができるようにもなった。馬は黒海周辺で最初に導入されてから、あらゆる大陸に広がっていった。そして馬は、二十世紀初頭にいたるまでの六〇〇〇年のあいだ、戦場における有効な武器であった。カハマルカの戦いで果たした馬の役割は、まさにこのことを如実に物語っている。第一次世界大戦まで、騎馬は陸軍の中心的な戦力であった。馬を所有していたこと、鉄製の武器や甲冑を所有していたこと、これらの利点を考慮に入れれば、金属製の武器を持たない歩兵相手の戦いにおいて、スペイン側が圧倒的な数の敵に勝ちつづけたことはさほど驚くべきことではない。

つぎに「将軍ピサロとの出会いに先立ち、アタワルパはどうしてカハマルカにやってきたのか」という疑問について考えてみよう。アタワルパと彼が率いる軍隊は、インカ帝国の内部対立によって巻き起こった内戦の行方を決する戦いに勝利したあと、敵方の拠点であったクスコを占領していた仲間に合流する途中で、カハマルカでピサロに率いられたスペインの征服者たちと遭遇した。インカ帝国はこの内戦で分裂し、全土は混沌としていた。ピサロはすぐにそれを察知して利用したのである。この内戦の原因は、パナマとコロンビアに移住してきたスペイン人が持ち込んだ天然痘にある。当時、天然痘が南アメリカ先住民（インディオ）のあいだに大流行し、一五二六年にインカ皇帝ワイナ・カパックや廷臣たちの大部分もそれがもとで死んでいる。後継者に任命されたニナン・クヨチもまたすぐに天然痘で死んでしまったため、王位をめぐる争いがアタワルパと異母兄弟のワスカルのあいだで起き、それが内戦に発展したのである。つまり、もし天然痘の大流行がなかったらインカ帝国の分裂は起こらず、スペイン側は一致団結したインカ軍を相手にしなければならなかったのである。

したがって、アタワルパがカハマルカに居合わせたことは、世界史の流れを変えた重要な出来事のひとつである。世界史では、いくつかのポイントにおいて、疫病に免疫のある人たちが免疫のない人たちに病気をうつしたことが、その後の歴史の流れを決定的に変えてしまっている。天然痘をはじめとしてインフルエンザ、チフス、腺ペスト、その他の伝染病によって、ヨーロッパ人が侵略した大陸の先住民の多くが死んでいるのだ。たとえば、アステカ帝国は一五二〇年のスペイン軍の最初の侵攻には耐えているが、その後に大流行した天然痘によって徹底的に打ちのめされた。皇帝モンテスマを継いだばかりの皇帝クイトラワクも、やはり天然痘で死んでいる。ヨーロッパからの移住者たちが持ち込んだ疫病は、彼らが移住地域を拡大するより速い速度で南北アメリカ大陸の先住民部族のあいだに広まり、コロンブスの大陸発見以前の人口の九五パーセントを葬り去ってしまった。北アメリカ大陸でもっとも人口が多く、もっとも高度な社会組織を有していたミシシッピ首長社会も疫病の犠牲となり、一四九二年から一六〇〇年代後半にかけて消滅してしまったが、それはヨーロッパ人がミシシッピ川流域に住みはじめる以前のことである。ヨーロッパからの移民にともなう南アフリカ先住民のサン族の崩壊の原因はいくつかあるが、その最大の原因は一七一三年の天然痘の大流行である。オーストラリア先住民の人口を減少させることになった最初の天然痘の大流行は、英国人がシドニーに住みはじめてまもない一七八八年に起こっている。太平洋諸島での記録の残っている事例では、一八〇六年にフィジー諸島を襲った疫病の大流行がある。これは、難破船アルゴ号から逃れた数人のヨーロッパ人が持ち込んだ疫病がもとになっている。同様の流行は、トンガ諸島やハワイ諸島をはじめとする太平洋の島々でも起こっている。

断っておくが、私は、疫病がヨーロッパ勢の勢力拡大を常に容易にしたといっているわけではない。疫病は、熱帯地域に移住するヨーロッパ人のさまたげにもなった。アフリカ、インド、東南アジア、ニューギニアなどでは、マラリアや黄熱病などの病気が、ヨーロッパ人がそれらの地域を植民地化するうえでの最大の障害だったのである。

つぎに「なぜピサロがカハマルカにやってきたのか。なぜアタワルパがスペインに行って、征服しようとしなかったのか」という疑問について考えてみよう。ピサロがカハマルカにやってきたのは、ヨーロッパの航海術と造船術を駆使できたからである。大西洋を渡りスペインからパナマへ、パナマから太平洋をペルーへと航海できる船を建造できたからである。アタワルパはそのような技術を持っていなかったので、南米から海を越えて出ていくことはできなかった。

くわえて、ピサロがペルーにやってこれたのは、スペインに集権的な政治機構があったからである。政治機構の存在が、ピサロの船の建造資金や乗組員を集めたり、船の設備をととのえることを可能にしたのである。もちろん、インカ帝国にも集権的な政治機構はあった。しかし、ピサロがアタワルパを捕らえた時点で、指揮系統が完全に掌握されてしまい、集権的であったことがかえって不利にはたらいた。インカ帝国の官僚組織は、神聖視された絶対君主とあまりにも一体視されていたため、絶対君主のアタワルパの死後に崩壊してしまった。集権的な政治機構と航海技術は、ヨーロッパ人が他大陸に進出するための不可欠な要件だったのである。このことは、ヨーロッパ人以外にとっても他の大陸に進出するための不可欠な要件だった。

スペイン人がペルーにやってくることができた要因のひとつは、インカ帝国になかった文字を彼らが持っていたことである。情報は記述されることによって、口承よりもはるかに広範囲に、はるかに正確に、より詳細に伝えられる。コロンブスの航海やコルテスのメキシコ征服についての知らせがスペインに伝えられたおかげで、多くのスペイン人が新世界へやってきた。人びとは、コロンブスやコルテスについて書かれた手紙や小冊子を読んで、ペルーへの道順を学び、実際に行くことを思いたった。ピサロの功績にかかわる出版は、彼の部下クリストバル・デ・メナ船長によるものが最初であるが、アタワルパの処刑からわずか九カ月後の、一五三四年四月にセビリアで出版されている。この本はたちまちベストセラーとなり、すぐにいくつものヨーロッパ語に翻訳されている。この本の出版と翻訳とによって、より多くのスペイン人が移民としてペルーに流れ込み、それがピサロのペルー掌握をさらに堅固なものにしたのである。

つぎに「なぜアタワルパは、見えすいた罠だとわかるような場所に入っていったのか」という疑問について考えてみよう。カハマルカでアタワルパがピサロの明々白々な罠に進んで入っていったのは、じつに驚くべきことである。アタワルパを捕まえた者たちでさえ、どうしてうまくいったのかが信じられないくらいであった。この疑問に対する答えは、文字を読み書きする能力とのかかわりでとらえることができる。

端的にいえば、アタワルパがスペイン側の軍事力や意図についてほとんど情報を持っていなかったということである。アタワルパは、海岸から内陸にむかう途中のピサロを二日間訪れた彼の使節から口伝えで少しばかりの情報を得ているが、その使節にしても、いちばん混乱しているときのスペイン側を見ただけで、彼らは戦士とはいえないとアタワルパに報告している。二〇〇人の兵士を出してもらえれば、スペイン側の全員を縛りあげられるとアタワルパに告げているのだ。このような報告を受けていたため、アタワルパは、スペイン側が恐るべき力を持っていることをまったく理解しておらず、挑発さえしなければ彼らは攻撃してこないと思い込んでいたのである。

新世界では、インカ帝国よりずっと北のいまのメキシコのあたりと、それに隣接する地域に居住していた民族のごく限られたエリートだけが文字を書けた。スペイン人の侵略は一五一〇年にインカ国境から北にたった六〇〇マイル（約九六〇キロ）のパナマではじまっている。にもかかわらずインカ人はピサロたちがペルーの海岸に上陸する一五二七年になるまでスペイン人の存在をまったく知らなかった。そのときまで皇帝アタワルパは、中央アメリカの最強最大の先住民社会（アステカ帝国）がスペイン人によって征服されたことなど知るよしもなかったのだ。

われわれには、捕らえられたあとのアタワルパの行動も信じがたいものである。彼は身代金さえ払えば解放してもらえるものと愚直にも信じ込み、かの有名な身代金をスペイン側に差しだしている。アタワルパは、ピサロたちが一時的な侵略者としてではなく、永続的な征服の先鋒としてやってきたことにはまったく気づいていないのだ。

こうした致命的な誤算をしたのはアタワルパ一人だけではない。たとえば、アタワルパが捕らえられたあと、アタワルパ側の将軍チャルクチマは、フランシスコ・ピサロの弟エルナンドにだまされて、大軍を率いてみずからスペイン軍に投降している。チャルクチマのこの誤算は、皇帝アタワルパその人が捕まえられたときと同じくらい、インカ側の反抗を壊滅状態におとしいれた。アステカ皇帝モンテスマは、もっとひどい誤算をしてしまい、コルテスを神の再来だと思い込み、彼と彼の率いる部隊を首都テノチティトランに招き入れてしまった。その結果、コルテスは首都を陥落させ、モンテスマを捕らえ、アステカ帝国を征服してしまった。

ありふれた言い方になるが、アタワルパやチャルクチマ、そしてモンテスマをはじめとする数多くのアメリカ先住民の指導者たちがヨーロッパ人にだまされてしまったのは、スペイン人に関する詳細な情報を得ることができなかったからである。スペイン人が新大陸にやってくるまで、新世界から旧世界を訪れた者が一人もおらず、そのためヨーロッパ人に関する詳細な情報を得ることができなかったのである。そうした事情を充分考慮に入れても、われわれの結論は、もしアタワルパの属していた社会がもっとさまざまな人間の行動パターンというものを経験していたなら、アタワルパはピサロ側をもう少し疑ってかかっていた「はずだ」ということにならざるをえない。ピサロ側もまた、カハマルカに来たときには、一五二七年と一五三一年にインカの民を尋問して得た情報しか持ち合わせていなかったからである。ところが、ピサロ自身は文字が読めなかったとはいえ、読み書きの伝統を持つスペイン側は、書物などから情報を入手して、ヨーロッパから遠く離れた場所の同時代の異文化や、何千年間のヨーロッパの歴史について知っていた。ピサロは明らかに、コルテスの成功した戦略を学んでアタワルパを襲撃しているのだ。

要するに、読み書きのできたスペイン側は、人間の行動や歴史について膨大な知識を継承していた。それとは対照的に、読み書きのできなかったアタワルパ側は、スペイン人自体に関する知識を持ち合わせていなかったし、海外からの侵略者についての経験も持ち合わせていなかった。それまでの人類の歴史で、どこかの民族がどこかの土地で同じような脅威にさらされたことについて聞いたこともなければ読んだこともなかった。この経験の差が、ピサロに罠を仕掛けさせ、アタワルパをそこへはまり込ませたのである。

銃・病原菌・鉄

結論をまとめると、ピサロが皇帝アタワルパを捕虜にできた要因こそ、まさにヨーロッパ人が新世界を植民地化できた直接の要因である。アメリカ先住民がヨーロッパを植民地化したのではなく、ヨーロッパ人が新世界を植民地化したことの直接の要因がまさにそこにあったのである。ピサロを成功に導いた直接の要因は、銃器・鉄製の武器、そして騎馬などにもとづく軍事技術、ユーラシアの風土病・伝染病に対する免疫、ヨーロッパの航海技術、ヨーロッパ国家の集権的な政治機構、そして文字を持っていたことである。本書のタイトルの『銃・病原菌・鉄』は、ヨーロッパ人が他の大陸を征服できた直接の要因を凝縮して表現したものである。しかし、銃や鉄がヨーロッパで作られる以前においても、あとの章で見るように、非ヨーロッパ系の民族が同じ要因を背景に自分たちの勢力範囲を拡大していた。

この章では、ヨーロッパ人が他の大陸の人びとを征服できた直接の要因を考察したが、それらの要因が新世界ではなく、なぜヨーロッパで生まれたのかという根本的な疑問は依然として謎のままである。銃や鉄剣を発明したのは、なぜインカ人でなかったのか。なぜインカ人は、馬と同じくらい恐ろしい獣を乗りこなすようにならなかったのか。なぜインカ人は、ヨーロッパ人が耐性をもたない疫病に対する免疫を持ち合わせるようにならなかったのか。なぜ、大海を航海できる船を建造するようにならなかったのか。なぜ、進んだ政治機構を生みださなかったのか。なぜ、人類数千年の歴史を書きとめ、経験を身につけることができなかったのか。これらの疑問は依然として残されたままである。しかしこれらは、この章でとりあげた直接的な因果関係に関するものではない。第2部および第3部では、これらの根本的な因果関係に関する疑問について考察する。

第2部

食料生産にまつわる謎

第4章

食料生産と征服戦争

食料生産と植民

一九五六年、私はフレッド・ハーシーという老農夫のもとで働きながら、十代の夏をモンタナ州ですごした。ハーシーはスイスで生まれ、まだ十代の青年だった一八九〇年代にモンタナ南西部にやってきて、この地で農場をはじめた最初の移住者の一人となった。彼がヨーロッパからやってきた頃にはまだ、アメリカ先住民が狩猟採集生活をしながらこのあたりに大勢住んでいた。

私といっしょに農場の手伝いをしていた労働者の多くは、粗野な言葉遣いの白人の荒くれ男で、週末の酒場で一週間の稼ぎを使いはたすために働いているような連中だった。けれども、レヴィという名のブラックフット族のインディアンだけはまったくちがっていた。温和で礼儀正しく、責任感があり、まじめで言葉遣いもていねいだった。私にとって、インディアンと長い時間をいっしょにすごすのは彼が初めてであった。

彼のことをしだいに尊敬しつつあった私は、ある日曜の朝、とてもショッキングな光景に出くわした。レヴィが、どんちゃん騒ぎのあげく二日酔いになり、荒くれ男よろしく悪たれをつきながらよろよろ歩いていたのである。「ハーシーのくそったれ野郎。あんちくしょうをスイスから連れてきた船のくそったれ！」と彼が吐き捨てるようにいった姿を、私はいまでもはっきり憶えている。その言葉を耳にしたとき私は、西部開拓についてインディアンたちがどう思っているかをはっきりと知った。私たち白人の子供は学校で、西部開拓を勇敢な偉業と教えられていた。ハーシーの家族も彼のことを、困難に立ちむかい、開拓を進めたパイオニアとして誇りに思っていた。しかし勇猛果敢な戦士として知られ、狩猟民でもあったレヴィの部族の祖先は、白人入植者に自分たちの土地を奪われたのだった。白人入植者は、あの勇猛果敢な戦士たちを相手にどうやって勝利をおさめたのだろうか。

人類は、約七〇〇万年前に類人猿の系統から枝分かれして以来、大部分の時間を、野生動物を捕えたり野生植物を採集したりして暮らしてきた。そしてブラックフット族は、十九世紀にあってもいまだ狩猟採集の生活をしていた。われわれ人類のなかに食料生産に従事する者が現れ、野生動物を飼いならし、植物を栽培し、家畜や作物を食するようになったのは、いまからほんの一万一〇〇〇年前頃のことである。今日では、地球上の人類のほとんどが、自分で作ったものを食べるか、他人が作ったものを食べて生活している。この傾向がこのままつづけば、ここ一〇年で、すでに少数しか残っていない狩猟採集民はその生活形態を放棄してしまうだろう。そうなれば、狩猟採集という、人類が数百万年にわたって継承してきた生活形態も消滅してしまうだろう。

先史時代を通じて人類は食料生産の技術を身につけているが、いつから食料を生産するようになったかは民族によって異なる。オーストラリア先住民のように、食料生産の技術をまったく身につけることがなかった民族もいる。食料生産の技術を身につけた民族のなかには、たとえば古代中国人のように独自の技術を発展させていった人びともいる。また、古代エジプト人がそうであったように、近隣諸国から技術を習得した人びともいる。いずれにせよ、これから見ていくように、人類が銃器や製鉄の技術を発達させ、さまざまな疫病に対する免疫を発達させるうえで、食料生産は間接的な前提条件であった。つまり、それぞれの大陸において農耕や家畜の飼育が異なる時代にはじまったという、食料生産開始の地理的な時間差が、それらの大陸の人びとのその後の運命を非常に大きく左右しているのである。食料生産開始の地理的な時間差がどのように生まれたかについては第5章から第10章で論じることにして、この章では、食料生産が前の章で見たピサロとアタワルパの一件にどうつながるのかを、またハーシー一家のようなヨーロッパ系移民がレヴィの一族から土地を奪うことができたことにどうつながるのかを考察してみよう（図4－1を参照）。

　こうしたつながりのなかでもっとも直接的な関係は、摂取できるカロリーが多ければ多いほど人口が増えるということである。ところが野生の動植物には、狩猟採集して食用に供する価値のあるものは少ない。野生の動植物のほとんどは、つぎにあげる理由のうち少なくともひとつは該当するため、人間の食用に適していない。樹皮などのように人間が消化できないもの、オオカバマダラやテングタケのように毒があるもの、クラゲなどのように栄養価が低いもの、小さな木の実のように料理するのが面倒なもの、昆虫の幼虫のように集めるのがたいへんなもの、サイなどのように危険で捕まえられないもの。地球上の利用可能な生物資源（バイオマス）の多くは、われわれが消化できない樹木や木の葉として存在しているのだ。

　食用にすることのできる数少ない動植物を選んで育てれば、それらが一エーカー（約四〇〇〇平方メ

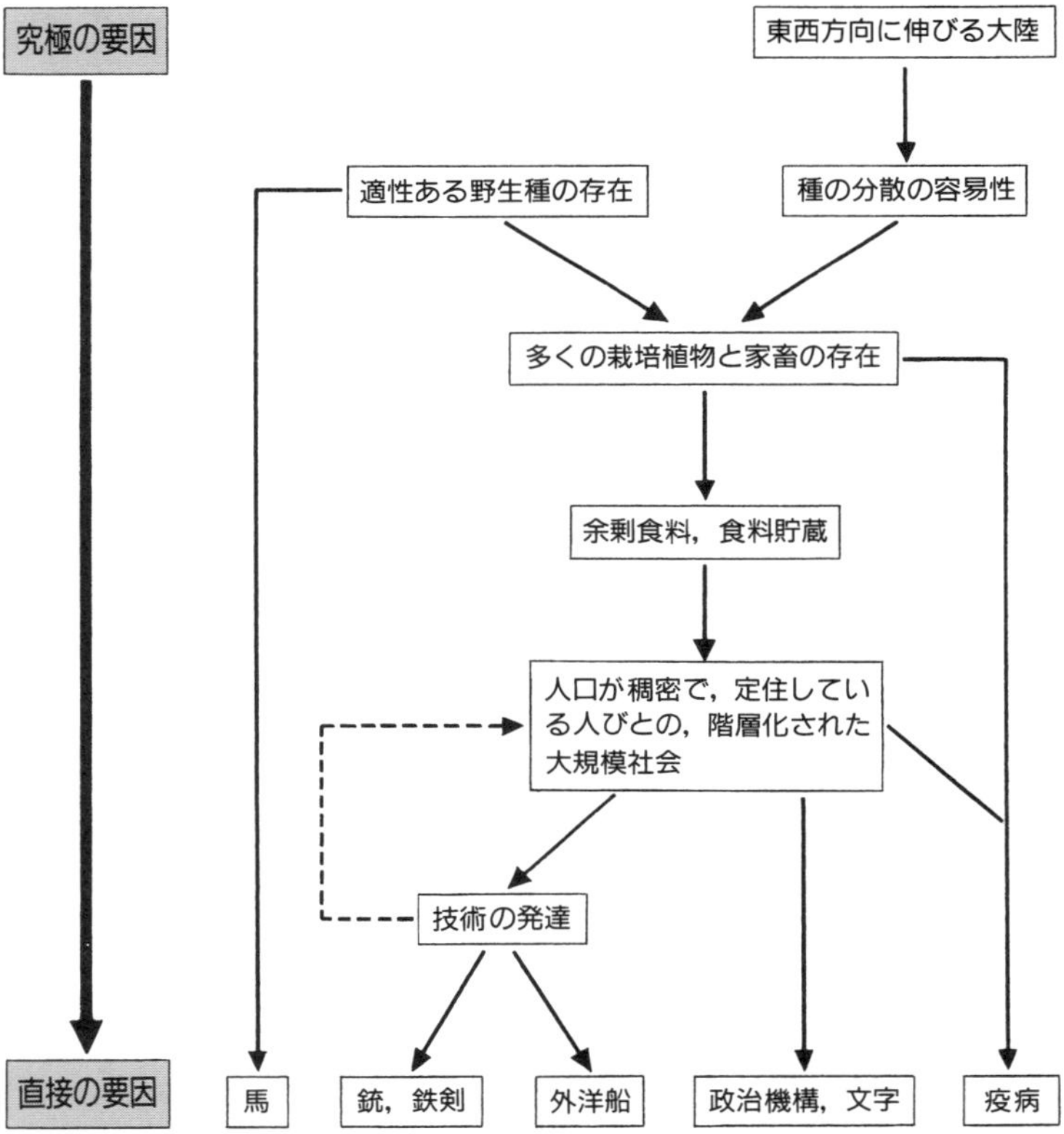

図4-1　広汎なパターンを生じさせた諸要因の因果連鎖

ある人間集団による他の人間集団の征服を可能にする究極の要因は、大陸の陸塊がどちらの方向に伸びているかである。この究極の要因からいくつかの因果関係を経由して、ある人間集団による他の人間集団の征服を可能にする直接の要因が発生した。それらの要因とは、銃、馬、病気などである。この図は、究極の要因と直接の要因とを結ぶ因果連鎖を図式的に示したものである。たとえば、栽培化ないし家畜化に適した野生の動植物が多かった場所では、人間に感染する疫病の病原菌が進化していった。そこでの収穫物や家畜が人口の稠密な社会の形成を可能にし、そのような社会でこそ、家畜性の細菌から進化した感染菌も潜みつづけることができた。

ートル）あたり〇・一パーセントではなく九〇パーセントを占めるようになり、結果的に一エーカーあたりの産出カロリーを高めることができる。したがって農耕民は、土地を耕し家畜を育てることによって、一エーカーあたり、狩猟採集民のほぼ一〇倍から一〇〇倍の人口を養うことができる。この数字は、食料を自分で生産できる人びとは、当初から狩猟採集民よりも人数面において軍事的に優位にあったことを示している。

家畜は肉や乳、肥料を提供し、また鋤（すき）を引くことで食料生産に貢献する。そのため、家畜を有する社会はそうでない社会よりも多くの人口を養うことができる。家畜の直接の貢献としてはまず第一に、野生の獲物にかわって、動物性タンパク質の供給源になることである。たとえば、現代のアメリカ人は動物性タンパク質のほとんどを牛、豚、羊、鶏などから摂取している。鹿肉などの野生動物の肉は珍味として口にするにすぎない。さらに、大型の哺乳動物は、家畜として乳やチーズ、ヨーグルト、バターなどの乳製品を供給する。人類は、牛、羊、山羊、馬、カモシカ、水牛、ヤク、それにヒトコブラクダやフタコブラクダなどから搾乳しているが、こうした家畜は一生にわたって乳を出しつづけることで、屠殺され肉となって食べられてしまう場合の何倍ものカロリーを提供できる。

大型の家畜は、つぎの二つの点において、栽培作物の生産増加に貢献している。まず第一に、園芸や農業に携わる人ならよく知っているように、作物の収穫量は大型動物の糞を肥料として利用することで大幅に増やすことができる。化学肥料が手に入る現代でも、多くの地域で動物の糞がいまだに肥料として使われている（とくに利用されているのは牛糞であるが、羊やヤクの糞も使われている）。また家畜の糞は、伝統的な生活を送る社会で、貴重な燃料源としても使われてきた。

さらに鋤を引くことのできる大型の家畜は、それまで農耕に不適であった土地の耕作を可能にし、食料増産に貢献する。人類は、牛、馬、水牛、バリ牛、ヤクと牛の混血種などを使役動物として使っている。これらの家畜の価値を示すよい例が、先史時代に中央ヨーロッパで最初に農耕をおこなった人たちの文化、つまり紀元前五〇〇〇年より少し前に出現したいわゆる線帯文(せんたいもん)土器文化である。この人たちは最初のうち、棒で耕せる軟らかい土壌の土地だけで農耕をおこなっていた。しかし、その一〇〇〇年後には、牛に鋤を引かせ、硬い土壌や雑草地などを広範囲にわたって耕すようになる。また、北アメリカの大平原地帯に住んでいた先住民も、川の流れる谷あいの土地で作物を育てていたが、十九世紀にヨーロッパ人が家畜に牽引させる鋤を持ち込んでからは、高台の雑草地を耕すようになった。

このように、動植物の栽培化および家畜化は人口の稠密化に直接的に貢献している。栽培化や家畜化は、より多くの食料を生みだすことによって、狩猟採集生活よりも多くの人口を養うことを可能にする。そして、食料が生産できるようになると、定住生活が定着する。これは栽培化や家畜化が社会におよぼす間接的な影響である。狩猟採集民の多くは、野生の食物を探して頻繁に移動するが、農耕民は、自分たちの畑や果樹林のそばにいなくてはならないからである。この定住生活は、出産の間隔を短くし、それがまた人口の稠密化につながっている。野営地から野営地へ移動しなければならない狩猟採集民の母親は、身のまわりのものを運びながらの行動を強いられ、幼児を一人しか連れて歩けない。つぎの子供は、先に生まれた子供がみんなの足手まといにならずに歩けるようになるまでは産めない。現実に、移住生活をしている狩猟採集民の女性は、授乳時の無月経や、禁欲、間引き、中絶などによって、つぎの子を産むまでに約四年の間隔をあけている。それにひきかえ定住生活をしている人びとは、子連れで移動する必要がないので、養えるかぎり多くの子供を産み育てることができる。多くの農耕社会において、出産間隔はおよそ二年で、狩猟採集民の半分である。この高い出生率は、一エーカーあたり、より多くの人びとに食料を供給できる能力とあいまって、食料生産をおこなう人びとが、狩猟民族よりもずっと高い人口密度を得ることを可能にしたのである。

また定住生活は、余剰食料の貯蔵と蓄積をも可能にする。いくら食料を貯蔵・蓄積しても、近くに定住してそれを守ることができなければ意味がないからである。移住生活をする狩猟採集民が、たまに数日分の食料を貯めることもあるが、近くで守れなければごちそうをとっておいても無駄である。食料の貯蔵・蓄積は、食料生産に携わらない人たちを養ったり、村や町で特別な仕事に従事する人たちを養ったりするのに不可欠なものである。そういう人たちは、移住生活をする狩猟採集民の社会にはほとんど存在せず、定住型の社会が登場してから初めて出現している。

そうした特別な仕事に従事する人たちといえば、まず王族と官僚がある。狩猟採集社会は、常勤の官僚や世襲制の王が存在しない比較的平等な社会で、集団単位や部族単位で小規模な政治機構を有していることが多い。身体が健全な者ならだれもが狩猟採集活動に従事し、一日の時間の大部分を食料獲得のために費やさなければならないからである。それにひきかえ食料の貯蔵・蓄積が可能な社会では、政治エリートが、他の人たちが生産した食料を自由にできる。税金を課すことができるし、食料生産に従事しなくてすむ。そして、自分の時間のすべてを政治活動に使えるようになる。その結果、中規模な農耕社会ではときとして首長が支配する集団が形成されるようになるが、王国が形成されるまでにはいたらない。王国が形成されるのは大規模な農耕社会だけである。農耕社会に見られる複雑な政治組織は、構成員の平等を基本とする狩猟採集民の社会よりも、征服戦争を継続させることができる。北アメリカの太平洋北西沿岸やエクアドル沿岸などでは、豊かな環境に居住する狩猟採集民が定住型の社会を発達させ、食料の貯蔵・蓄積を可能にし、初期の形態の族長支配を形成したが、そこからさらに進んで王国を作りだすまでにはいたっていない。

課税によって集められた食料は、王族や官僚以外にも食料生産以外の仕事を専門にこなす人たちを養うことを可能にした。貯蔵・蓄積された食料は職業軍人の存在も可能にするが、このことは征服戦争の遂行能力にもっとも直接的に関係している。たとえば、職業軍人を抱えていたことは、大英帝国が充分に武装したマオリ族を最終的に敗北に追い込むうえで決定的な要因となった。マオリ族も何度かめざましい勝利をあげはしたが、常時戦場に駐屯できる軍隊を維持することができず、一万八〇〇〇人の英国部隊の攻撃の前に、最後は疲弊し、敗れ去っている。食料の貯蔵・蓄積はまた、征服戦争に宗教的な正当性を与える僧侶の存在も可能にする。刀剣や銃器などの製造技術を開発する金属加工職人などの存在も可能にするし、人の記憶を上回る記録を書き残せる書記などの存在も可能にする。

馬の家畜化と征服戦争

ここまで私は、食料源としての家畜や作物の直接的・間接的な重要性を強調してきた。しかし、それらはまた、暖をとるためや、さまざまな原材料として使われたりもする。たとえば、作物や家畜からとれる天然繊維を使って服や毛布、網や綱を作ることができる。植物栽培でよく知られる地域では、食用作物だけでなく、ワタ、亜麻（茎から繊維をとる）、大麻などといった繊維植物が育てられている。家畜からは動物性繊維が得られる（羊、山羊、ラマ、アルパカからは毛糸、蚕からは絹がとれる）。また、冶金が発達するまでは、新石器時代の人類にとって家畜の骨は物作りの貴重な原材料であった。牛皮は革製品を作るのに使われた。南北アメリカ大陸の多くの地域で最初に栽培化された植物の一種ヒョウタンは、食用目的ではなく、液体を入れる容器を作る目的で育てられていた。

大型の家畜は陸路輸送に大きな変革をもたらし、十九世紀に汽車が登場するまで主要な輸送手段として活躍しつづけた。人類は家畜を飼うようになるまで、人の背だけを頼りに人や物を移動させていた。大型の家畜の登場がこの状況を一変させ、人類は歴史上初めて、陸路でたくさんの人や重い物を一度に遠くまで、速く運べるようになった。人間が乗り物として使った家畜には、馬、ロバ、ヤク、トナカイ、ヒトコブラクダ、フタコブラクダなどがあり、ラマとともに荷物の運搬用にも使われている。牛や馬は荷車を牽引している。北極圏地帯ではトナカイや犬がソリを引いている。馬はユーラシアのほぼ全域で長距離移動の主要な手段となっている。家畜化された三種のラクダも移動手段として使われている。北アフリカとアラビアではヒトコブラクダが、中央アジアではフタコブラクダが、そしてアンデスではラマが、それぞれ長距離移動の主要な交通手段の役割を担っている。

植物栽培と家畜飼育の開始が征服戦争に直接貢献した最大の例は、ユーラシア大陸で飼いはじめられた馬である。古代の戦争において馬は、戦闘車輛の役割を果たしている。第3章でふれたように、コルテスやピサロは馬を持っていたおかげで、少人数の軍隊でアステカ帝国やインカ帝国を打ち破ることができた。それ以前においても(紀元前四〇〇〇年頃)、まだ人びとが鞍を使わずに馬に乗っていた時代に、もともとウクライナ地方でインド＝ヨーロッパ言語を話していた人びとの居住地域が西方に広がっていった背景には、軍事的要素としての馬の存在が欠かせなかったのではないかと思われる。こうして広まっていったインド＝ヨーロッパ言語は、バスク語を除く初期の西ヨーロッパ言語のすべてにとってかわっている。紀元前一八〇〇年頃に馬に二輪車などを牽引させる戦車が考案されると、近東や地中海地方、そして中国では戦争のやり方が大きく変化している。たとえば紀元前一六七四年には、まだ馬を持たないエジプトを、遊牧民のヒクソスが馬のおかげで征服し、一時ファラオの地位に就いている。

その後、鞍や鐙(あぶみ)が発明されると、フン族などのアジアの遊牧民族が馬に乗って西方に押し寄せ、ローマ帝国やその後に興った国々を脅かしている。結局、十三世紀および十四世紀には、モンゴル人がアジア大陸の大部分とロシアを征服している。馬は、第一次世界大戦においてトラックや戦車が使われるようになるまで、敵を襲撃するための乗り物でありつづけた。戦いにおいて高速で移動するための手段だったのである。地域によっては、ヒトコブラクダやフタコブラクダが馬と同じ役割を果たしていた。馬あるいはラクダを家畜化し、その利用方法を編みだした人びとは、そうしなかった人びとにくらべて軍事的にはるかに有利な立場にあったのである。

病原菌と征服戦争

征服戦争において馬と同じく重要だったのは、家畜から人間にうつった病原菌の果たした役割である。天然痘、麻疹(はしか)、インフルエンザなどの伝染病は、人間だけが罹患する病原菌によって引き起こされるが、これらの病原菌は動物に感染した病原菌の突然変異種である(第11章を参照)。家畜を持った人びとは、新しく生まれた病原菌の最初の犠牲者となったものの、時間の経過とともに、これらの病原菌に対する抵抗力をしだいに身につけていった。すでに免疫を有する人びとが、それらの病原菌にまったくさらされたことのなかった人びとと接触したとき、疫病が大流行し、ひどいときには後者の九九パーセントが死亡している。このように、もともと家畜から人間にうつった病原菌は、ヨーロッパ人が南北アメリカ大陸やオーストラリア大陸、南アフリカ、そして太平洋諸島の先住民を征服するうえで、決定的な役割を果たしたのである。

植物栽培と家畜飼育の開始は、より多くの食料が手に入るようになることを意味した。そしてそれは、人口が稠密化することを意味した。植物栽培と家畜飼育の結果として生まれる余剰食料の存在、また地域によってはそれを運べる動物の存在が、定住的で、集権的であり、社会的に階層化された複雑な経済的構造を有する技術革新的な社会の誕生の前提条件だったのである。したがって、栽培できる植物や飼育できる家畜を手に入れることができたことが、帝国という政治形態がユーラシア大陸で最初に出現したことの根本的な要因である。また、読み書きの能力や鉄器の製造技術がユーラシア大陸で最初に発達したことの根本的な要因である。他の大陸では、帝国も読み書きの能力も、そして鉄器の製造技術も、その後になるまで発達しなかった。あるいはまったく発達しなかった。その根本的な要因もまたここにある。次章以降では、食料生産と征服の関係において、馬やラクダの軍事的利用と、家畜から人間にうつった病原菌の殺傷力について考察していく。

第5章

持てるものと持たざるものの歴史

食料生産の地域差

人類史の大部分を占めるのは、「持てるもの（Haves）」と「持たざるもの（Have-nots）」とのあいだで繰り広げられた衝突の数々である。しかも、この衝突は、対等に争われたものではなかった。つまり、人類史とは、その大部分において、農耕民として力を得た「持てるもの」が、その力を「持たざるもの」や、その力を後追い的に得たものたちに対して展開してきた不平等な争いの歴史であった。

地球上には、食料生産がまったくおこなわれたことのない広大な地域が複数存在するが、この事実は驚くにあたらない。今日でも環境的な理由によって、食料生産が困難であったり、不可能であったりする地域が存在するように、たとえば北アメリカ大陸の極北地方では、農耕や動物の家畜化が先史時代にはじまることはなかった。ユーラシア大陸の極北地方ではじまったのは、唯一、トナカイの飼育だけである。また、オーストラリア大陸の中央部やアメリカ西部の砂漠地帯のように灌漑用の水源から遠く離れた場所では、食料生産が自然発生的にはじまることはなかった。

　不思議なのは、環境は非常に適しているのに、近世になるまで食料生産がおこなわれなかった地域が複数存在することである。そして、そのうちのいくつかの地域が、いまでは世界有数の農耕地帯になっていたり、牧畜地帯になっていたりするのだ。こうした地域のなかで、ヨーロッパ人が移住してくるまで先住民が狩猟採集生活を営んでいたところは、カリフォルニア州をはじめとするアメリカ合衆国太平洋岸に位置する各州、南米アルゼンチンの大草原地方（パンパス）、オーストラリア南西部および南東部、南アフリカのケープ地方などである。驚くべきことに、いまや世界の穀倉地帯となっている地域のうちのいくつかは、人類が食料生産をはじめてから数千年を経た紀元前四〇〇〇年頃になっても農耕は開始されていないのである。アメリカ合衆国の太平洋沿岸以外の地域、英国やフランスの大部分、インドネシア、アフリカ大陸の赤道付近の地域などである。さらに驚くべきことに、食料生産の起源を調べてみると、人類はイラクやイラン、メキシコ、アンデス、中国の一部、アフリカのサヘル地域（サハラ砂漠の南縁）の草原地帯など、今日では乾燥地帯に属していたり、環境的に農耕に適していない地域で食料生産をはじめている。人類はなぜ、こうした農耕に適さない土地で食料生産を最初にはじめたのだろうか。そして、人類はなぜ後世になるまで、現代ではもっとも肥沃な耕地や草原とみなされている地域で食料生産をはじめなかったのだろうか。

　どのようにして食料生産がはじまったかについての地域によるちがいもまた謎である。いくつかの地域では、土着の動植物の野生種を飼育栽培化するかたちで食料生産がはじまった。それ以外の地域では、よその場所で飼育栽培されていた動植物が農作物や家畜として持ち込まれたときに食料生産がはじまっている。先史時代に食料生産を独自にはじめなかった地域でも、農作物や家畜が持ち込まれるとすぐさま食料を生産しはじめている。これらの地域に居住していた人びとは、なぜ、農作物や家畜が外部から持ち込まれるより前に、独自に土着の野生種を飼育栽培化することで食料の生産をはじめなかったのだろうか。

また、独自に食料生産をするようになった地域でも、その開始時期には大きな差があるが、それはなぜだろうか。たとえば、東アジアではアメリカ合衆国東部より数千年も早く、独自に食料生産がはじまっている。ところが、地理的に東アジアに近いオーストラリア大陸東部では食料生産が歴史上まったくおこなわれていない。食料の生産方法が先史時代によそから伝わった地域のあいだでも、たとえば南西ヨーロッパにはアメリカ西部よりも数千年早く伝わっているというように、伝播の年代に大きな開きがある。また、食料の生産方法がよそから伝わった地域では、合衆国南西部などのように、土着の狩猟採集民が近隣地域の住民から栽培種をもらいうけて農耕民になったところもある。しかし、インドネシアやアフリカの赤道地帯などの地域では、農耕民が土着の狩猟採集民を侵略するというすさまじい交代劇を経て食料生産がはじまっている。どうしてこのようなちがいが存在するのだろうか。これらはすべて、「持てるもの」と「持たざるもの」を登場させた歴史的展開にかかわる疑問である。

食料生産の年代を推定する

こうした疑問に答える前にはっきりさせなければならないのは、人類が食料生産を最初にはじめた場所がどこで、それがいつであったかということである。動植物がいつ、どこで飼育栽培化されるようになったか、そのもっとも確かな証拠となるのは、遺跡から出土する動植物類の遺物である。人間が飼育栽培化した動植物種は、自生の野生種と形態的に異なることが多い。たとえば、家畜化された牛や羊は野生種よりも小さく、鶏やリンゴは野生種よりも大きく、エンドウは種皮が薄くてなめらかになっている。山羊は角が三日月形というより螺旋状をしている。したがって、年代が判明している遺跡で発見された遺物が飼育栽培されていた動植物であれば、その時代にその場所で食料生産がおこなわれていたことを示す強力な証拠となりうる。ところが、野生種の出土遺物は、そこで狩猟採集がおこなわれていたことは明らかにしてくれるが、食料生産がおこなわれていた証拠とはならない。もちろん、食料生産が開始された初期には、野生種の動植物の狩猟採集もしていたので、彼らの遺跡からは、飼育栽培種といっしょに野生種がまじって出土することが多い。

考古学では、食料生産がおこなわれていた年代を推定するのに炭素14年代測定法をもちいている。この測定法は、あらゆる生命体を構成する普遍的な原子のひとつである炭素原子のなかの、ほんの一部の放射性炭素14が、生命体が死ぬと一定の曲線を描いて減少し、非放射性同位元素の窒素14に変化することを利用して、遺物に残存している放射性炭素14の量を計算することで年代を求めるというものである。大気中には、宇宙線の照射によって発生した炭素14が常に存在している。植物は大気中の炭素を取り入れるが、そこには炭素12と炭素14が一定の割合でふくまれている（この割合は、炭素12が一〇〇万個に対して炭素14が一個である）。植物の体内に取り込まれた炭素は、その植物を食べる草食動物の体内に取り込まれる。さらに、その草食動物を食べる肉食動物の体内に取り込まれる。動植物が死ぬと、体内の炭素14は五七〇〇年の半減期を経て炭素12に変化し、死後四万年で大気中の濃度とほぼ同じレベルにまで減少して測定不能になるか、あるいは人工物の中にふくまれる微量の炭素14との区別がむずかしくなる。このように、遺跡の出土物は、それに残っている炭素14と炭素12の量を測定し、その割合を算出することで、年代を求めることができる。

炭素14年代測定法は技術的な問題をいくつか抱えているが、ここではとくに注意すべき二つの問題をとりあげておく。そのひとつは、一九八〇年代まで利用されていた技術が、比較的多量（数グラム単位）の試料を必要としていたことである。数グラムという量は、小さな種子や骨から取りだせる量ではないので、科学者たちは、それらの遺物を直接測定するかわりに、それらと「かかわりがありそうなもの」、つまりそれらが出土した場所の近くで出土し、同時代のものと推定される遺物を測定することが多かった。「かかわりがありそうなもの」として利用された典型的なものは、炭化した燃えカスである。

しかし遺跡というものは、そこから出土するすべてが同時期に封印されたタイムカプセルであるとはかぎらない。別々の時代に残されたものが、たとえばミミズ、ネズミ、その他の動物によってほじくり返されて、混ざりあってしまうこともある。したがって、ある時代の燃えカスが、その時代より一〇〇〇年も離れた時代に死んだり食べられたりした動植物のすぐそばから出土することもありうるのだ。そこで今日では、考古学者は加速器質量分析法という新しい技術を使って、この問題を回避するようになりつつある。この方法では、ごくわずかの試料にふくまれる放射性炭素を測定できるので、小さな種子一個や、小さな骨や食べ物の残りでも、直接、年代を測定することができる。従来の間接測定法で年代を推定した遺物にこの新しい方法を適用してみて、両者の値に大きなちがいが認められたケースがいくつかある（直接測定法にもまた、特有の問題があるが）。その結果、新たな問題がいくつか提起された。まだ結論が出ていない問題もあるが、本書では、南北アメリカ大陸で食料生産がはじまった時代に関する測定差の問題がもっとも重要と思われる。すなわち、一九六〇年代および七〇年代におこなわれた間接測定では、紀元前七〇〇〇年頃という早い時期に食料生産がはじまったとされていたが、直接測定で求められた最近の結果では、紀元前三五〇〇年より前の年代は出ていないのである。

炭素14年代測定法のもうひとつの問題は、過去の大気中の炭素14と炭素12の割合が一定でなく、年代とともにゆらいでいるため、測定誤差が生じるということである。しかしこの誤差の大きさは、樹齢の長い木の年輪を数える年輪年代測定法で求めることができる。これによって木の年齢の絶対的な年表(カレンダー)ができると、その木の炭素の試料から、ある年代の炭素14と炭素12の割合が求められるので、炭素14年代測定法で求められた年代は、大気中の炭素14の割合のゆらぎを考慮した正確な年代に修正できるのである。誤差無修正で、ほぼ紀元前六〇〇〇年から紀元前一〇〇〇年のあいだと測定された遺物に対して誤差を修正してみると、じつはそれより数世紀から数千年も前にさかのぼるものだったりすることもある。最近では、いくぶん古い時代だと思われる遺物に対しては、炭素14年代測定法とは別の放射性年代測定法がもちいられるようになった。その結果、これまで紀元前九〇〇〇年頃のものとされていた遺物が、紀元前一万一〇〇〇年頃のものであったと結論づけられたことがある。

考古学者は、誤差を修正した年代を「3000BC」というように大文字で表記し、修正されていない年代は「3000bc」と小文字で表記することで、両者を区別する傾向にある。しかし、考古学の文献のなかには、誤差を修正していない年代をBCというように大文字で記述しながら、その旨を明記しないものが多く、混乱をまねくことがしばしばある。この本では、過去一万五〇〇〇年のあいだに起こった出来事についてには誤差を修正した年代をもちいている。食料生産がいつはじまったかについて、この本でとりあげた年代と一般の参考文献が掲げる年代のいくつかにくいちがいがあるのはそのためである。

ところで、飼育栽培されていた動植物の古い遺物を見つけ、その年代を測定した場合、それが発掘遺跡の近辺で初めて飼育栽培化されたものであり、よそから伝播してきたものではないと決めるにはどうしたらよいだろうか。ひとつの方法は、その動植物の野生種の分布図を作成し、その野生種の祖先が分布する地域で飼育栽培がはじまったと推定するやり方である。たとえばヒヨコマメは、地中海地方およびエチオピアから、東はインドにおよぶ広範な地域で昔から栽培されてきたが、今日では、世界全体の生産量の八〇パーセントがインドで生産されている。そのため、われわれはヒヨコマメがインドで最初に栽培化されたと推測しがちだが、実際には、その野生種の祖先はトルコ南東部にしか見られない。栽培されていたと思われる最古のヒヨコマメは、トルコ南東部と、そこから地理的に遠くないシリア北部にある紀元前八〇〇〇年頃の新石器時代の遺跡で発見されている。インド亜大陸にヒヨコマメが存在していたことを示す考古学的な証拠が登場するのは紀元前三〇〇〇年以降のことである。この事実は、ヒヨコマメの最初の栽培地をトルコ南東部とする解釈を裏づけるものである。

動植物の最初の飼育栽培地を同定するもうひとつの方法は、いろいろな地域で飼育栽培種が初めて現れた年代を地図上に書き込んでいく方法である。この地図上でもっとも古い年代を示す地域が最初の飼育栽培地である可能性が高い。とくに野生種の祖先がそこに自生していて、かつそこから地理的に離れるにしたがい飼育栽培種の出現年代が若くなっている場合には、地図上でもっとも古い年代を示す地域から飼育栽培種が広がったと推測できる。たとえば現在知られている最古のエンマーコムギ（フタツブコムギ）の栽培種は紀元前八五〇〇年頃のものであるが、これはメソポタミアの肥沃三日月地帯で見つかっている。その後、エンマーコムギは肥沃三日月地帯の西で徐々に見られるようになり、紀元前六五〇〇年頃にはギリシアに、紀元前五〇〇〇年頃にはドイツに到達している。この事実は、エンマーコムギの栽培がメソポタミアの肥沃三日月地帯で最初にはじまったことを示唆している。エンマーコムギの野生祖先種はイスラエルからイラン西部およびトルコにまたがる地域にしか自生していないという事実も、この結論を裏づけている。

しかし、多くの場合、動植物の最初の飼育栽培地を同定するのはそれほど単純ではない。同じ動植物が複数の地域でそれぞれ独自に飼育栽培化されたというケースがよくあるからだ。こうした場合は、動植物の形態的分析や、遺伝子や染色体のちがいについての分析を地域ごとにおこなう方法がとられる。たとえばインドのコブ牛は、ユーラシアの牛にはないコブを持っている。また、現在のインドの牛と西ユーラシアの牛は、遺伝子の分析によって、数十万年前にすでに枝分かれしていたことがわかっている。これは人類が動物を家畜化するずっと前のことである。つまり、インドと西ユーラシアでは、数十万年前に分枝した牛の近縁種が、ここ一万年ぐらいのあいだに、それぞれ独自に家畜化されたということである。

野生種と飼育栽培種

さて、この章のはじめにとりあげた食料生産の起源の謎、つまり人類が食料生産をどこではじめたか、それはいつであったか、そしてそれがどのように進展していったかについて考えてみよう。

これらの疑問に対する説明としては、両極端のケースが考えられる。ひとつは、よそから農作物や家畜が伝わってくるのを待つことなく、野生種を栽培化する、場合によっては野生動物を家畜化する方法で、独自に食料生産をはじめたケースである。現在のところ詳細な確証がそろっているのは、メソポタミアの肥沃三日月地帯（近東としても知られる南西アジア）、中国、中米（メキシコ中部、南

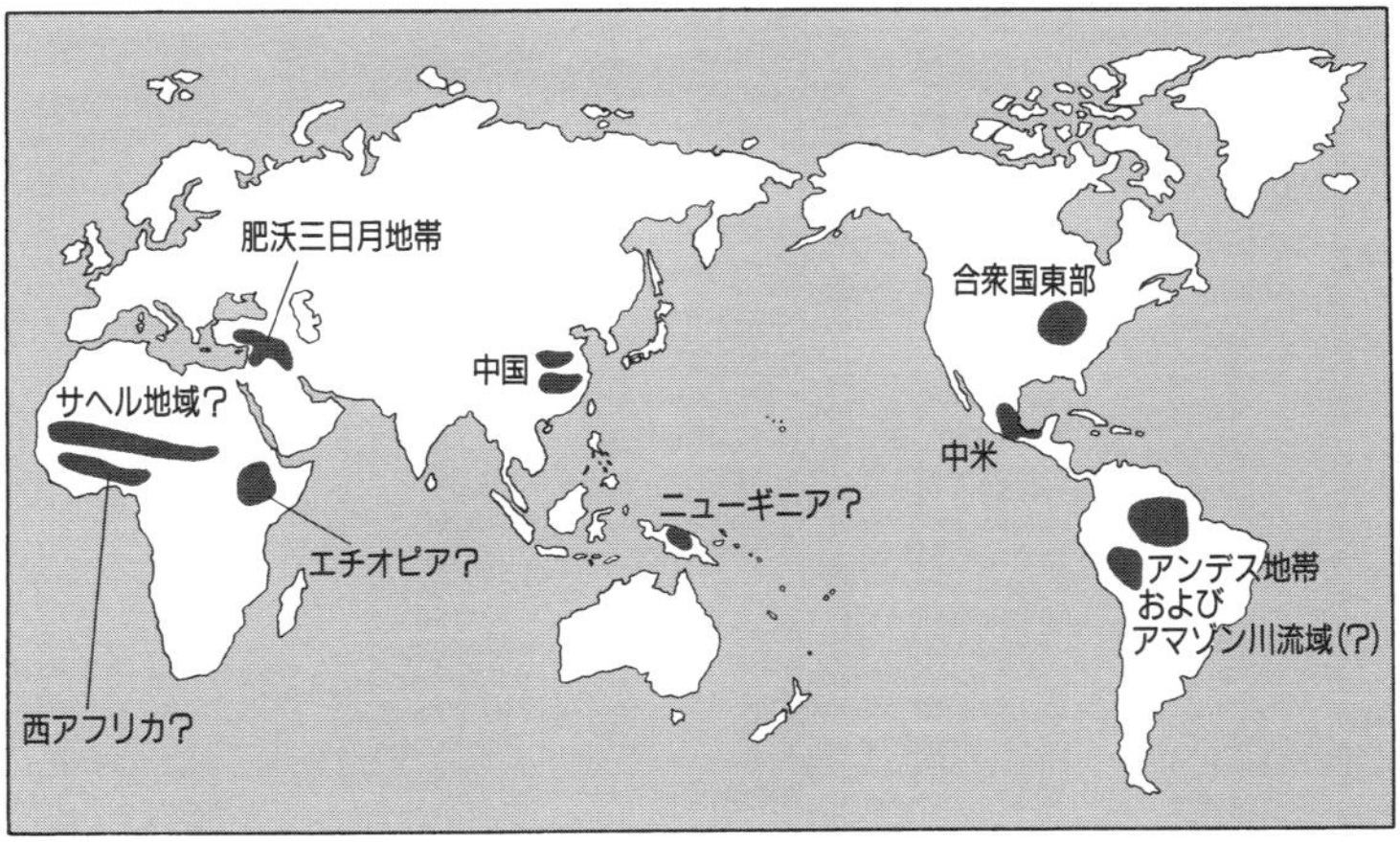

図5-1　食料の生産が独自にはじまった地域

疑問符「？」がついた地域は、食料生産がよそからの伝播に影響を受けずにおこなわれるようになったかどうかがはっきりしないことを示している。またニューギニアの場合のように、もっとも初期に何が栽培されていたかがはっきりしないことを示している。

部、およびその近辺をふくむ中央アメリカ）、南米のアンデス地帯（隣接のアマゾン川流域をふくむであろう）、そして、合衆国東部といった五つの地域である（図5-1を参照）。これらの地域は、起源となった場所がかならずしも一カ所だったわけではなく、たとえば中国北部の黄河流域や南部の揚子江流域などのように、実際には食料生産が独自にはじまった可能性のある地域を数カ所ふくんでいるところもある。

これらの五つの地域では、食料生産が独自にはじまったことは間違いない。アフリカのサヘル地域（サハラ砂漠の南縁）、熱帯西アフリカ、エチオピア、ニューギニアなども（図5-1を参照）独自に食料生産がはじまった可能性はあるものの、不確かな部分もあり、いずれも断言はできない。たとえばサヘル地域では、自生の野生種が栽培化されたことは間違いないが、農耕のはじまる以前に家畜の飼育がすでにおこなわれていた可能性がある。そして、その家畜化がサヘル地域で独自におこなわれたものだったのか、それともメソポタミアの肥沃三日月地帯から家畜が伝わったことが引き金となってこの地域で野生の植物の栽培化がはじまったのかは、はっきりしていない。同じように、サヘル地域で栽培されていた農作物が熱帯西アフリカに伝わり、それが引き金となって熱帯西アフリカで野生種の栽培化がはじまったのかどうかもはっきりとはわかっていない。また、エチオピアで野生種の栽培化がはじまったのは、南西アジアの農作物が当地に伝わったことがきっかけであったかどうかもはっきりしていない。ニューギニアについては、考古学の研究によって、近隣地帯のどこよりも早く食料生産がはじまった証拠が明らかにされているが、実際に何が栽培されていたかは明確ではない。

表5－1は、よく知られている作物や家畜の飼育栽培化がおこなわれた地域と、そのもっとも古い年代をまとめたものである。これら九つの候補地のうち、南西アジア（メソポタミア）では農作物の栽培は紀元前八五〇〇年頃、家畜の飼育は紀元前八〇〇〇年頃にはじまっており、現在わかっているかぎりではもっとも古い。南西アジアはまた、食料生産がおこなわれていた年代が炭素年代測定法で正確に測定され、古い時代に食料生産がおこなわれていたと推定される件数が群を抜いて多い地域でもある。中国で食料生産がはじまった年代もメソポタミアとほぼ同じくらい古い。しかしアメリカ合衆国東部では、これらの地域より明らかに六〇〇〇年ほど遅い。残りの六地域については、もっとも古いとされている年代でも、南西アジアほど古くはない。ただし、それらの地域では、年代測定された初期遺跡の数があまりにも少ないため、食料生産がはじまったのが南西アジアより遅く、もしそうだとしたら、どのくらい遅かったかを確実に知ることはできない。少なくとも二、三の土着の野生種を独自に飼育栽培化したものの、よそで飼育栽培された動植物に依存するかたちで食料生産を開始し

表5-1　飼育栽培化された動植物の例

地域	動植物		検証されている最古の年代
	植物	動物	
●野生種から独自に出発した地域			
1.南西アジア	小麦、エンドウ、オリーブ	羊、山羊	紀元前8500年
2.中国	米、雑穀（アワ・コーリャン）	豚、蚕	紀元前7500年までには
3.中央アメリカ	トウモロコシ、インゲンマメ、カボチャ類	七面鳥	紀元前3500年までには
4.アンデスおよびアマゾン川流域	ジャガイモ、キャッサバ	ラマ、テンジクネズミ	紀元前3500年までには
5.アメリカ合衆国東部	ヒマワリ、アカザ	——	紀元前2500年
？6.サヘル地域	モロコシ、アフリカイネ	ホロホロチョウ	紀元前5000年までには
？7.熱帯西アフリカ	アフリカヤムイモ、アブラヤシ	——	紀元前3000年までには
？8.エチオピア	コーヒー、テフ	——	？
？9.ニューギニア	サトウキビ、バナナ	——	紀元前7000年
●よそから持ち込まれた家畜や農作物が、その土地の野生種の飼育栽培化の「基盤」となった地域			
10.西ヨーロッパ	ケシ、エンバク	——	紀元前6000年から紀元前3500年
11.インダス川流域	ゴマ、ナス	コブ牛	紀元前7000年
12.エジプト	エジプトイチジク、ショクヨウガヤツリ	ロバ、猫	紀元前6000年

た地域も一つのグループを形成する。そうした地域では、よそから持ち込まれた家畜や農作物が、食料生産が自前でおこなわれるための「基盤」となった。つまり、まずこれらの飼育栽培種の到来が人びとの定住化を可能にした。人びとが定住生活に入っていたので、採集された野生種の実が居住地の近くでたまたまこぼれ落ち、発芽することも起こりえた。人びとが故意にまいたりすることも起こりえた。こうして発芽した実りを採集（収穫）することで、近辺に自生していた野生種が栽培化される可能性が高まったのである。

このグループに属する三カ所ないし四カ所の地域では、南西アジアから伝播してきた動植物種が「基盤」となって食料生産がはじまっている。たとえばヨーロッパ西部や中央部では、紀元前六〇〇〇年から三五〇〇年のあいだに南西アジアから家畜や農作物が伝わったときに食料生産がはじまっているが、少なくとも一種の植物は現地で独自に栽培化されている（この一種類とは、ケシか、エンバクやその他の植物であろう）。野生のケシの分布は地中海地方西部の沿岸地帯に限られている。しかもヨーロッパ東部や南西アジアの最古の農耕遺跡からは発掘されておらず、それが遺物として出土するようになるのはヨーロッパ西部の初期農耕遺跡からである。ケシとは対照的に、南西アジアの作物と動物の野生種の祖先は、ヨーロッパ西部からはまったく出土していない。これらの事実から明らかに考えられるのは、ヨーロッパ西部では食料生産が独自にはじまることはなかったということである。そこでは、南西アジアから家畜や農作物がもたらされたのを契機に食料生産がはじまっている。その後にヨーロッパ西部で農耕社会が出現し、野生種のケシを栽培化し、それが農作物として徐々に東に広がっていったのである。

インダス川流域においても、南西アジアから農作物が持ち込まれたのが引き金となって、土着の野生種が独自に栽培化されるようになったと思われる。この地域で最初に農耕がおこなわれたのは紀元前七〇〇〇年頃であるが、そこでは明らかにイラン経由で肥沃三日月地帯からもたらされた小麦や大麦などの作物が利用されていた。その後インダス川流域で、土着の野生種をもとにコブ牛などが家畜化され、ゴマなどが栽培されるようになるが、それはしばらくたってからのことである。エジプトにおいても、南西アジアから持ち込まれた飼育栽培種をもとに紀元前六〇〇〇年頃に食料生産がはじまっている。その後しばらくして、土着の野生種をもとにエジプトイチジクやショクヨウガヤツリが栽培化されるようになった。

エチオピアでどのように食料の生産がはじまったかについても同様の説明があてはまる。この地域では長期にわたって小麦や大麦をはじめとする南西アジア系の農作物が栽培されていた。エチオピア人はまた、自生の野生種をもとに多くの種類の農作物を栽培するようになっている。それらの農作物の多くは、世界じゅうに広まったコーヒー豆を除いて、いまだにエチオピアだけで栽培されている。しかし、この地に固有の種が、南西アジアからエチオピアに農作物が持ち込まれる前に栽培されていたかどうかについてはまだわかっていない。

これらの地域をはじめとする、よそから飼育栽培種が持ち込まれたのを契機に食料生産をはじめた地域では、もともとそこで狩猟採集生活を営んでいた住民が、近隣地域の農耕民から飼育栽培種をもらいうけるかたちで自分たちも農耕民になったのだろうか。それとも、食料生産の契機となった飼育栽培種がまず侵略民によってもたらされ、農耕民であった彼らが土着の狩猟採集民を殺したり追放したりして数を増しながら、この土地で農耕を営むようになったのだろうか。

エジプトでは、土着の狩猟採集民が近隣地域の農耕民から飼育栽培種をもらいうけるかたちで自分たちも農耕民になったようである。狩猟採集生活を営んでいた人たちが、野生の動植物中心の食生活のなかで、南西アジアの栽培技術、農耕技術、飼育技術を利用するようになり、徐々に狩猟採集生活から農耕生活に移行したのである。食料生産の引き金となったのは、よそからやってきた動植物であって、よそからやってきた人びとではなかった。ヨーロッパの大西洋沿岸でも、エジプトと同じ経緯で農耕がはじまっている。土着の狩猟採集民が、南西アジアの羊と雑穀類を数世紀にわたって取り入れながら農耕生活に移行していった。南アフリカのケープ地方でも、土着の狩猟採集民のコイ族が、北部アフリカの農耕民から、おおもとは南西アジアから伝わった羊や牛を手に入れて牧畜民になっているが、農耕はおこなっていない。同様に、アメリカ合衆国南西部で狩猟採集生活を営んでいた先住民のインディアンは、メキシコ原産の作物を取り入れることで徐々に農耕民に移行していった。これらの四つの地域では、食料生産の開始と、その地に固有の動植物の飼育栽培化とを結びつける証拠も、食料生産の開始によってそれぞれの地域の人口構成が入れ替わったという証拠も、まったくといっていいほど見あたらない。

これらの地域とは逆の理由で食料の生産がはじまった例もある。それらの地域では、飼育栽培種を持った人びとが突然やってきたのを契機に食料生産がはじまったことがはっきりしている。はっきりそうだと断定できる理由は、それが起こったのが近世であり、文字という手段を持つヨーロッパ人によってさまざまな書物にその経緯が書き残されているからである。カリフォルニア、北アメリカ大陸北西部の太平洋岸、アルゼンチンの大草原、オーストラリア、シベリアなどがそうしたケースに該当する。これらの地域では、数世紀前まで、アメリカ先住民、オーストラリア先住民、シベリア先住民などの狩猟採集民が暮らしていた。彼らは、ヨーロッパからやってきた農耕民や牧畜民によって殺されたり追放されている。また、伝染病にかかって死んだりもしている。その結果、土地の人口構成が大幅に入れ替わっている。自分たちの飼育栽培種を持ち込んだヨーロッパ人は、オーストラリアのマカデミアナッツを除くと、土着の野生種の飼育栽培化はいっさいしていない。南アフリカのケープ地方では、ヨーロッパからやってきた人びとが、家畜を飼育していたが農耕はしていない狩猟採集民のコイ族に出会っている。この地域も、よそから持ち込まれた農作物をもとに農耕がはじまり、土着の野生種が栽培化されることなく、人口構成が大幅に入れ替わった例である。

先史時代においても、よそからの飼育栽培種が持ち込まれたことが引き金となって食料生産がはじまったり、人口構成が大幅に入れ替わったりするというパターンが繰り返された事例はたくさんあったであろう。しかしそれについては、書き残された記録がないので、考古学的な証拠や言語学的な証拠を探すしかない。そのもっとも確かな事例は、よそから新たにやってきて、もともとその土地に住んでいた狩猟採集民にとってかわった食料生産者たちの骨格が、先住民の骨格と形態的に明らかに異なっているというケースである。また、食料生産者たちが、家畜や農作物以外に土器類を持ち込んでいるようなケースもそうである。そのなかでも、もっともはっきりしているのは、中国南方からフィリピン、インドネシアへのオーストロネシア人(オーストロネシア語族の人びと)の拡散、あるいはアフリカ赤道地帯一帯のバンツー族の拡散であるが、これについては第17章および第19章でそれぞれとりあげることにする。

ヨーロッパ南東部と中央部においても、南西アジアからの飼育栽培種の到来を引き金に食料生産が突然はじまるとともに、土器を製作するようになっている。人口構成も、フィリピンやインドネシアやアフリカ赤道地帯付近で先住民が新住民にその座を譲ったのと同じように、おそらく旧ギリシア人や旧ドイツ人が新ギリシア人や新ドイツ人にとってかわられたと思われる。しかし、ヨーロッパで見られる骨格の差異は、フィリピン、インドネシア、アフリカ赤道地帯で認められるほど顕著ではない。ヨーロッパでの人口構成の入れ替わりは、フィリピン、インドネシア、アフリカ赤道地帯におけるほど激しいものではなかったか、あるいは直接的なものではなかったといえる。

一歩の差が大きな差へ

簡単にまとめると、食料生産を独自にはじめた地域は世界にほんの数カ所しかない。それらの地域においても、同じ時代に食料生産がはじまったわけではない。食料生産は、それを独自に開始した地域を中核として、そこから近隣の狩猟採集民のあいだに広まっていった。その過程で、中核となる地域からやってきた農耕民に近隣の狩猟採集民が侵略され、一掃されてしまうこともあった。この過程もまた多くの時代にわたって起こったことである。最後に、環境的には非常に適しているのに、先史時代に農耕を発展させたり実践したりすることがなかった地域が世界には複数存在する。そうした地域の住民は、近世になるまで狩猟採集生活を営んでいた。つまり食料生産を他の地域に先んじてはじめた人びとは、他の地域の人たちより一歩先に銃器や鉄鋼製造の技術を発達させ、各種疫病に対する免疫を発達させる過程へと歩みだしたのであり、この一歩の差が、持てるものと持たざるものを誕生させ、その後の歴史における両者間の絶えざる衝突につながっているのである。

では、食料生産がいつ、どのようにしてはじまったかについての地域差はどう説明すべきなのだろうか。これは先史時代に関するさまざまな問題のなかでももっとも重要な問題のひとつである。第6章から第10章では、この問題について考察しよう。

第6章

農耕を始めた人と始めなかった人

農耕民の登場

かつて、地球上のすべての人びとは狩猟採集者だったが、そのなかのある人たちは、やがて自分たちの手で食料生産をはじめた。それはなぜだろうか。紀元前八五〇〇年頃には、メソポタミアの肥沃三日月地帯で食料生産がはじまっていたが、気候的にも地形的にも似ているヨーロッパ西部では、その三〇〇〇年後の紀元前五五〇〇年頃になるまではじまっていない。それはなぜだろうか。また、同じ地中海性気候のカリフォルニアやオーストラリア南西部、そして南アフリカのケープ地方では、食料生産が自発的にはじまることがなかった。それはなぜだろうか。紀元前八五〇〇年頃に食料生産をはじめたメソポタミアの肥沃三日月地帯にしても、なぜそれ以前に、たとえば紀元前一万八五〇〇年や二万八五〇〇年頃に食料生産をはじめなかったのだろうか。

これらの疑問は、狩猟採集生活にはいろいろな問題があって当然だと思っている現代人にとって、いわずもがなとも思えるものだろう。かつて科学者たちは、狩猟採集者の生活様式を特徴づけるとき、「汚くて、野蛮で、ひもじい」というイギリスの哲学者トマス・ホッブズの言葉をよく引き合いにだした。それは、狩猟採集民がその日その日の糧を求め、ときに飢え死にしそうになりながら働きつづけなければならなかったと思えるからである。ろくに衣服もなければ柔らかい寝床もなく、生活を快適にする基本的なものをいっさい持たないでひたすら働き、そして早死にしていったと思われているからだ。

しかし実際には、すべての食料生産者が狩猟採集民より快適な生活を送っているわけではない。今日、狩猟採集民より快適な生活を送っている食料生産者は、裕福な先進国にしか存在しない。彼らは、遠くはなれたところに土地を所有し、そこで人を使って農業をするというビジネスを展開することで、自分は農業労働に従事することなく食料を生産している。この方法によって彼らは、狩猟採集民よりも少ない肉体労働で、より快適な生活を送りながら、飢えの恐怖に怯えることなく、より長い寿命をまっとうしている。しかし、世界の食料生産者の大部分は、貧しい農民や牧畜民によって占められているのだ。彼らは、かならずしも狩猟採集民より楽な生活を送っているわけではない。一日あたりの労働時間を調べてみると、貧しい農民や牧畜民のほうが狩猟採集民より少ないどころか、場合によってはより長い時間を働いているのだ。考古学の研究によれば、多くの地域において最初に農耕民になった人びとは、狩猟採集民より身体のサイズが小さかった。栄養状態もよくなかった。ひどい病気にもかかりやすく、平均寿命も短かった。これがみずからの手で食料を生産するものの運命だと知っていたら、最初に農耕民になった人びとは、その道を選ばなかったかもしれない。それなのに、なぜ彼らは農耕民となる道を選んだのだろうか。

狩猟採集民のなかには、近隣の住民が食料生産をおこなっている姿を見ていながら、その恩恵にあずかろうとはせず、狩猟採集生活をつづけた人びとも多い。たとえば、オーストラリア北東部の先住民は何千年ものあいだ、オーストラリア大陸とニューギニア島のあいだに位置するトレス海峡諸島の農耕民と交易していたにもかかわらず、みずから農耕をおこなうことなく狩猟採集生活をつづけていた。カリフォルニアのアメリカ先住民は狩猟採集生活をつづけながら、コロラド渓谷で農耕をおこなっていたアメリカ先住民と交易していた。さらに、南アフリカのフィッシュ川西岸に居住していたコイ族の牧畜民は、東岸の農耕民のバンツー族と交易していたが、いずれの場合も自分たちで農耕をおこなうことはなかった。それはなぜだろうか。

これとは対照的に、農耕民との接触を契機に農耕をはじめた狩猟採集民もいる。しかし、そうなるまでには恐ろしく長い時間を要している。たとえば、ドイツ北部には線帯文土器文化圏の人びとによって農耕が伝えられているが、そこからわずか一二五マイル（約二〇〇キロ）北に行った海沿いの居住民たちが食料生産をはじめたのは、ドイツ北部に農耕が伝わってからじつに一三〇〇年たってからのことである。そんなに長いあいだ、彼らはなぜ待っていたのだろうか。そして、それだけ待ったあげく、彼らはなぜ気持ちを変えたのだろうか。

食料生産の発祥

これらの疑問に答える前に、人類が食料生産をどのようにはじめたかについてもう一度考えてみよう。というのも、人類の食料生産の起源については、間違った思い込みがいくつかあり、それらを一掃したうえで、前記の疑問を別のかたちで問いかけてみたいからである。まず、人類が食料を生産する方法を「発見した」とか「発明した」とかいうのはわれわれの思い込みであって、事実ではない。狩猟採集生活をつづけるか、それともそれはやめにして食料の生産をはじめるかという二者択一で、農耕民になることを意識的に選択した例は、現実にはほとんどない。食料の生産を最初に自発的にはじめた人びとは、地球上のどの地域においても、誰かが農耕をしている様子をそれまで見たこともなければ、農耕とはなんであるかもまったく知らなかった。だから、彼らが意識的に農耕民になろうとすることなどできるはずがない。人類による食料の生産は、これからわれわれが考察していくように、こうするとどんなことが起こるかを意識することなしに、さまざまな決定を下していった結果の副産物としてもたらされたものである。したがって、われわれが問うべき問題は、人類による食料生産がどのようにはじまり発展してきたかということであり、食料生産がはじまった場所とはじまらなかった場所があるのはなぜかということであり、食料生産がなぜもっと早い時期にはじまったり、もっと遅い時期にはじまったりしなかったかということである。

もうひとつの間違った思い込みは、移動しながら狩猟採集生活を営む人たちと、定住して食料生産に従事する人たちとははっきりと区別されるものだ、という考え方である。われわれはこの二つのグループを対比させて考えることが多いが、自然の恵みが豊かな地域の狩猟採集民のなかには、定住生活には入ったものの、食料を生産する民とはならなかった人びともいる。北アメリカの太平洋岸北西部の狩猟採集民などはその例であるし、おそらくオーストラリア南西部の狩猟採集民もそうだろう。パレスチナ、ペルー沿岸、そして日本に居住していた狩猟採集民も、食料を生産するようになったのは、定住生活をはじめてから相当の時間がたってからのことである。現在、世界には生産性の低い地域で移動しながら狩猟採集生活を送ることを余儀なくされている部族が若干残されているが、一万五〇〇〇年前には、もっとも生産性の高い地域をふくむ居住可能な地域に定住していた人たちは、相当の割合で狩猟採集民であっただろうと推測される。

定住しながら狩猟採集生活を営む人びととは逆に、定住せずに移動しながら食料生産をおこなう人たちもいる。たとえば、現在もニューギニアの湖（レイク）平野に暮らす部族のいくつかは、密林地帯を移動しながら農耕をおこなっている。彼らは密林の中で畑を作り、バナナやパパイアを植え、しばらく狩猟採集生活を送り、何カ月後かに戻ってきて作物の生育状況を調べる。そのとき下草や雑草が茂っていればそれを取り除き、また狩猟採集生活に戻り、何カ月かあとにまた同じ場所に帰ってきて、収穫した作物を食べながら畑のそばで暮らすという生活をしばらく営み、やがて別の場所に移動する。また、アメリカ合衆国南西部に居住していたアパッチ・インディアンは、夏になると北の高地で定住しながら農耕生活を送り、冬になると南の低地で移動しながら狩猟採集生活を送っていた。アフリカやアジアの遊牧民の多くは、決まったルートで野営地を移動させ、季節ごとに最適の牧草地の近辺に野営しながら家畜を飼育している。このように、狩猟採集民から食料生産者への転換は、かならずしも移動生活から定住生活への転換を意味するものではない。

土地を自分たちで管理するかどうかも、食料生産者と狩猟採集民を区別する特徴だと思われているが、現実にはこの点で両者をはっきりと分けることはできない。狩猟採集民のなかには積極的に土地を管理する人びともいる。だから、土地を管理するのは食料生産者であり、狩猟採集民はたんに土地の恵みを収穫するだけだというのも、やはりわれわれの思い込みにすぎない。たとえばニューギニア人は、サゴヤシやタコノキを栽培したことはないが、自生地のまわりの雑草をとりはらったり、湿地帯に流れ込む水路を確保したり、あるいはサゴヤシの新芽が成長しやすいように老木を切り倒したりして採集量を増やしている。またオーストラリア先住民も、ヤムイモを栽培したり作物を植えたりするという段階には達していなかったものの、いくつかの点では農作業と呼べることをおこなっていた。たとえば彼らは、土地に火を放って、焼け跡に食用植物が成長しやすいようにしていた。野生のヤムイモを採集する際には、食用となる塊茎の部分だけを切りとって、茎や塊茎の先端は土に埋めもどし、ヤムイモがふたたび育つようにしていた。塊茎を引き抜くときには地面を掘り返して土の中に空気を入れ、埋めもどした部分が育ちやすいようにしていた。もし彼らが、食用部分だけでなく残りの部分も野営地に持ち帰り、周囲の土地に埋めていたら、彼らはまさしく農業をしていたといえる。

時間と労力の配分

このようなことを実践しながら、狩猟採集民は食料生産の技術を段階的に発展させていった。したがって、農業に必要な技術は短期間のうちにすべてが完成したわけではない。その土地土地で育てられることになる動植物にしても、すべてがいっせいに飼育栽培化されたわけではない。狩猟採集生活から食料を生産する生活へもっとも早く移行した例でも、野生動植物が主体の食生活から飼育栽培食物が主体の食生活に変わるまでには数千年の時間を要している。人びとは、食料の生産をはじめると同時に野生動植物の狩猟採集をやめたわけではなく、食料作りをはじめた当初は狩猟採集を継続していた。狩猟採集を継続することの重要性は、飼育栽培食物への依存性が増すにしたがって徐々に減少していったのである。

狩猟採集生活から自分たちで食料を生産する生活への移行にこれほど時間がかかり、この変遷が徐々に進行した潜在的要因は、人が自由にできる時間と労力の絶対量が限られていることにある。時間と労力をどのように使うかについてさまざまな意思決定が下された結果として、人びとは狩猟採集生活から食料を生産する生活へと移行したのである。狩猟採集漁労民は、採餌行動をおこなう動物と同じように、いろいろな行動をするが、使える時間と労力が限られているため、どの行動にどれだけの時間と労力をかけるかが問題となる。誰よりも先に農耕をはじめた人が、朝起きて、今日一日何をしようかと考えている様子を想像してみよう。数カ月後に野菜がたくさんとれるように畑を耕そうか。今日は肉が少ないから魚介類を集めに行こうか。それとも、何もとれない可能性は大だが、もし獲れたら肉がたくさん手にはいるからシカ狩りに行ってみようか。人間も動物も、採餌行動をとるときは、いくつかの選択肢の優先度を考え、どの行動に時間と労力を費やすかを無意識のうちに決めている。好きな食べ物が得られる場合や最大の収穫が得られる場合をまず最優先し、それがうまくいかなかった場合には次善の食物を入手できるように、順次、優先度の低い行動を選択していくのである。

人はいろいろなことを考慮して実際に何をするかを決める。食べ物を探す場合にまず考えるのは、その食べ物で飢えが満たされ腹いっぱいになるかどうかである。また、タンパク質が豊富なもの、脂肪、塩分、甘い果物など、特定の食べ物を探す場合もある。たんに美味しい食べ物を探す場合もある。すべての条件が同じであれば、人は最小限の努力でもっとも手っ取り早くカロリーやタンパク質やその他の成分を最大限に得られる方法で食料を入手しようとする。また人は、飢えをできるだけ回避できる方法で食料を入手しようとする。一回あたりの収穫量は多いが、ばらつきがありすぎて飢え死にする危険性が高い生活よりも、一回あたりの収穫量はそれほどでなくとも確実に食料を手に入れられる生活を好むのはそのためである。人類が一万一〇〇〇年前に食料生産をはじめた目的として、野生の動植物を充分に狩猟採集できない場合に備えて食料を貯蔵しておくためだったともいわれている。

食料生産をはじめた人びとのこうした考え方に対して、狩猟採集民は、自分の評判を高められるか否かを行動選択の基準にすることが多い。たとえば、狩猟採集民の男は、木の実を毎日持ち帰り、月平均キリンの体重の二倍相当の食べ物を地道に確保する生活よりは、毎日キリン狩りに出かけ、月に一度キリンをしとめて持ち帰り、偉大な狩人と呼ばれる生活を選択するかもしれない。また、人の行動は、魚をごちそうと考えるかタブーと考えるかといった、一見根拠のない文化慣習上の好みによっても左右される。最終的にどの行動に時間と労力をかけるかは、今日においてもそうであるように、どのような生活様式に価値を見いだすかという相対的な価値観のちがいによって大きく影響される。たとえば、十九世紀のアメリカ合衆国西部においては、牛飼い、羊飼い、そして農民が、自分たちとはちがう生活様式の人たちを互いに軽蔑していた。同じように、人類の歴史を通じて、農耕民は狩猟採集民のことを原始的だと軽蔑していた。狩猟採集民は農耕民を無知だといって軽蔑していた。そして牧畜民は、農耕民と狩猟採集民の両者をばかにすることが多かった。人はこのようなこともすべて考慮したうえで、どのように行動するかを決め、食料を手に入れようとするのである。

農耕を始めた人と始めなかった人

すでに指摘したように、最初に農耕をはじめた人は、誰かが農耕をしているのを見て農耕民になったわけではない。しかし、いったん食料を生産する地域が大陸に登場してからは、その近隣の狩猟採集民は、農耕民が食料を収穫するのを見たうえで自分たちも農耕民になることを意識的に決定することができた。その結果、近隣の地域でおこなわれていた食料生産のやり方を、そっくりそのまま模倣して狩猟採集民から農耕民になった人びともいるし、それを部分的に取り入れた人びともいる。その一方で、食料生産をまったくはじめることなく、狩猟採集民のままでいることを選択した人たちもいる。

たとえば、南東ヨーロッパでは、紀元前六〇〇〇年頃に一部の狩猟採集民のあいだに南西アジアから穀類やマメ類の栽培や家畜の飼育が伝わり、南西アジアの農耕とまったく同じ方法が採用されて食料生産がはじまっている。穀類やマメ類の栽培や家畜の飼育は、紀元前五〇〇〇年までの数世紀を通じて、ヨーロッパ中央部全体にも急速に広がっていった。ヨーロッパ中央部と南東部に居住していた狩猟採集民のあいだに食料生産が広がっていったのは、食料生産を実践する生活と競合できるほど、この地における狩猟採集生活の生産性が高くなかったからである。ところが、南フランス、スペイン、イタリアなどの南西ヨーロッパでは、羊が伝えられてから穀物が伝えられたということもあって、食料を生産する生活様式はゆっくりと時間をかけて徐々に広まっていった。日本もまた、集約的食料生産をアジア大陸からゆっくりと時間をかけて少しずつ取り入れているが、それはおそらく、海産物や土着の植物が豊富であったため、狩猟採集生活の生産性が非常に高かったからであろう。

狩猟採集民が時間をかけて徐々に食料生産の生活様式へと移行していったように、食料生産のやり方も、あるものから別のものへと徐々に移行することがある。たとえばアメリカ合衆国東部のインディアンは、紀元前二五〇〇年頃に土着の野生種を栽培化していたが、トウモロコシ、カボチャ、マメ類を混作あるいは輪作する生産性の高い農法を実践していたメキシコ先住民との交易を通じてメキシコの作物を取り入れ、現地の作物の作付けを少しずつ減らしていった。独自に栽培化したカボチャを育てていた彼らが、西暦二〇〇年頃にメキシコから伝わったトウモロコシを主要作物として育てるようになるのは西暦九〇〇年以降である。その一〇〇年ないし二〇〇年後にはマメ類が伝わっている。

一方で、狩猟採集生活を実践するために食料生産が放棄された例もある。たとえば、スウェーデン南部に居住していた狩猟採集民は、紀元前三〇〇〇年頃に南西アジアの作物を育てる農耕をいったん身につけていたが、紀元前二七〇〇年頃には狩猟採集民に戻ってしまい、四〇〇年後に農耕を再開するまで狩猟採集生活をつづけていた。

食料生産への移行をうながしたもの

これまでの考察から明らかなように、農耕をはじめた人たちは、食物を得る方法がほかになかったために突然はじめたわけではない。狩猟採集生活と食料生産生活は、二者択一的に選ばれたわけではなく、食料獲得戦略のひとつとして、いくつかの生活様式のなかから選ばれたのである。食料採集と食料生産が併存する生活は、食料採集だけの生活や食料生産だけの生活と優劣を競い合う関係にあった。しかし、食料の採集と生産が併存する生活様式のなかにもさまざまな様式があり、生産性の面で互いに競合していた。とはいえ、この一万年間に見られる大きな傾向は、狩猟採集生活から食料生産生活への移行である。したがって、つぎに問うべきは、狩猟採集生活から食料生産生活へと移行させた要因は何であったか、ということである。

この問題は、これまで考古学者や人類学者のあいだでいろいろ議論されてきているが、いまだ結論は出ていない。その理由のひとつは、人びとを狩猟採集生活から食料生産生活へと移行させた要因が世界的に同一ではなく、土地によって問題となる要因が異なるからだと思われる。もうひとつの理由は、何が原因で何が結果であったかの切りわけがむずかしいということである。しかしながらこの問題は、おもに五つの要因の相対的な重要性をめぐって議論されており、それらの要因がどういうものであったかは同定することができる。

その一つの要因は、この一万三〇〇〇年のあいだに、入手可能な自然資源（とくに動物資源）が徐々に減少し、狩猟採集生活に必要な動植物の確保がしだいにむずかしくなったということである。第1章で見たように、更新世の末期には、南北アメリカの大型哺乳類の大部分が絶滅してしまっている。ユーラシア大陸やアフリカ大陸でも、いくつかの種が絶滅している。この絶滅の原因を気候の変化に求める説もあれば、狩猟技術の向上と狩猟者の増加とする説もある。それまで獲得可能であった野生動物が絶滅したことが、古代のアメリカ大陸、ユーラシア大陸、そしてアフリカ大陸の人びとを、長い時間をかけて食料生産へと駆りたてていったとするのは議論の余地のあるところだが、比較的最近の時代に野生動物が絶滅してしまった島々で起こった変化を見ると、野生動物の絶滅と食料生産の開始に因果関係があることを示す例は多い。たとえば、ポリネシアからニュージーランドに渡った初期の移住民が食料生産に励みだしたのは、モア鳥を絶滅させ、アザラシの数を減少させ、ポリネシア諸島域の海鳥や陸生の鳥を絶滅または減少させたのちのことだった。西暦五〇〇年頃にイースター島に移り住んだポリネシア人は、野鳥やネズミイルカを食料として容易に入手できなくなった時点で初めて、移住の際に持ち込んでいた鶏を主食にくわえている。同じように、メソポタミアの肥沃三日月地帯の狩猟採集民が野生動物を家畜化するようになったのは、野生のガゼルの数が減少し、肉の主要供給源を失ったからだという説がある。

食料生産への移行をうながした第二の要因は、獲物となる野生動物がいなくなり、狩猟採集がむずかしくなったまさにその時期に、栽培化可能な野生種が増えたことで作物の栽培がより見返りのあるものになったことである。たとえば、更新世の終わりに気候が変化したため、肥沃三日月地帯では、短時間で大きな収穫が得られる野生の穀類の自生範囲が大幅に拡大した。肥沃三日月地帯では、まずこれらの野生種が収穫され、その収穫物にまじっていた種子が徐々に栽培化される過程を経て、大麦や小麦が農作物として栽培されるようになったのである。

食料生産への移行をうながした第三の要因は、食料生産に必要な技術、つまり自然の実りを刈り入れ、加工し、貯蔵する技術がしだいに発達し、食料生産のノウハウとして蓄積されていったことである。もし刈り入れや脱穀や貯蔵について何もわからなかったら、農民となって一トンの麦穂を抱えこんでも利用価値はまったくない。肥沃三日月地帯では、紀元前一万一〇〇〇年以降になると、新たに多量に採集可能となった野生の穀類を利用するのに必要な手段、道具、設備が発明され、その知識が急速に発達していった。野生の穀類を収穫するための鎌も当時発明された道具のひとつであるが、これは、木や骨でできた柄の部分に堅い石の刃を埋め込んだものである。収穫物を家に持ち帰るための籠、脱穀に使う磨り臼、あるいは搗き臼と杵、収穫した籾粒を炒って発芽させずに貯蔵する技術、地下の貯蔵穴（防水加工されたものもある）なども当時発明されたものである。これらの手段、道具、設備が、紀元前一万一〇〇〇年頃を境に肥沃三日月地帯の遺跡から多数出土するようになる。これらの技術は、野生の穀類を採集し利用するために編みだされ、しだいにそれらの穀類を農作物として栽培化するための下地となっていった。これらの技術を発達させノウハウを蓄積することで、人びとは知らず知らずのうちに野生植物を栽培化する方向に歩みはじめていたのである。

食料生産への移行をうながした第四の要因は、人口密度の増加と食料生産の増加との関係である。考古学の調査においては、食料生産がおこなわれていた証拠が見つかると、その場所の人口が稠密化した証拠もかならず見つかる。そのような場所では、人口が稠密化したので食料を生産するようになったのか、それとも、食料を生産するようになったので人口が稠密化したのか。どちらが原因でどちらが結果であるかについては、長いあいだ議論されてきているが、結局は鶏が先か卵が先かといったたぐいの話である。

因果関係のつながりは、双方向にはたらき、原因が結果であり、結果が原因であるのが一般的である。すでに指摘したように、食料を生産しはじめると、狩猟採集よりも一エーカーあたりの産出カロリーを高めることができ、より多くの人口を養うことが可能となり、それが人口密度の増加へとつながる傾向にある。人口密度だけをとっても、更新世末期を通じて野生植物の採集加工技術が向上したおかげで、徐々にではあるが右肩上がりの傾向にあった。そして人口密度が上昇するにつれて、それに見合う食料を確保する手段として、食料の生産がますます加速されるようになったのである。

人びとが食料生産の生活様式へと移行していく過程(プロセス)で見られるのは、自己触媒と呼ばれる作用になぞらえることができる。自己触媒的過程においては、結果そのものがその過程の促進をさらに早める正のフィードバックとして作用する。人口密度の増加は、知らず知らずのうちに野生植物を栽培化する方向に歩みはじめた地域において自己触媒的に作用し、ますます人びとを食料生産に駆りたて、その結果、地域の人口密度はさらに増加したのである。やがて人びとが定住して食料を作りだすようになると、出産間隔が短くなり、その結果、より多くの子供が生まれ、より多くの食料が必要になった。食料生産と人口密度の増加の因果関係が双方向的に作用していることが、一エーカーあたりの産出カロリーの増加にもかかわらず、栄養状態においては農耕民のほうが狩猟採集民よりも劣っているという矛盾を解き明かしてくれる。この矛盾は、入手可能な食料の増加率より、人口増加率のほうがわずかばかり高かったことによって生じているのだ。

以上の四つの要因を考察することで、メソポタミアの肥沃三日月地帯で食料生産がはじまったのが紀元前八五〇〇年頃であって、なぜ紀元前一万八五〇〇年や二万八五〇〇年頃ではなかったのかが理解できるだろう。紀元前一万八五〇〇年や二万八五〇〇年頃のメソポタミアには、狩猟可能な野生の哺乳類がまだたくさん生息していた。一方、野生の穀類はまだあまり豊富ではなかった。野生の穀類を効果的に収集、加工、貯蔵する技術も発明されていなかった。人口密度も、一エーカーあたりの産出カロリーを増加させなければならないほど高くはなく、狩猟採集生活のほうが食料生産生活より見返りが多かったのである。

さて、食料生産への移行をうながした最後の要因は、狩猟採集民と食料生産者が接触する地域で、もっとも決定的な役割を果たしたものである。食料生産者は狩猟採集民より数のうえで圧倒的に多かったため、それを武器に狩猟採集民を追い払ったり殺すことができた(技術的により発達し、各種疫病への免疫を持ち、職業軍人を有していたことが、彼らに有利にはたらいたことはいうまでもない)。ちなみに、土着の狩猟採集民が食料生産の方法をよそから習得して農耕民になった地域では、農耕民にならずにいた人たちが、出生数で農耕民に圧倒されている。

この結果、食料生産に適した地域ではほとんどの場合、土着の狩猟採集民は、近隣地域の食料生産者によって追いだされてしまうか、食料を生産する生活に移行することによって生き延びるかのいずれかの運命をたどっている。農耕民として生き延びることができた狩猟採集民は、すでに充分な人口を擁していた集団か、地理的な理由で近隣の食料生産者が簡単に移住してこれず、時間的猶予をあたえられた地域の集団である。この時間的猶予によって彼らは、先史時代に農耕を身につけ、農耕民として生き延びることができた。これが起こったであろう地域としては、アメリカ合衆国南西部、地中海地方西部、ヨーロッパの大西洋沿岸、日本列島の一部などが考えられる。しかし、インドネシア、アジア南東部の熱帯地域、アフリカ赤道地帯の大部分、そしておそらくヨーロッパの一部では、先史時代の狩猟採集民は食料生産者にとってかわられてしまった。同じことは、オーストラリアやアメリカ合衆国西部で近代に起こっている。

食料生産に適したところでありながら、狩猟採集民が近代にいたるまで生き延びることができた地域は、地理的な理由や環境的な理由で食料生産者の移住が困難であったり、食料を生産するための技術の普及がむずかしかった地域である。とくによく知られているのは、アリゾナで農耕を営んでいたアメリカ先住民と砂漠で隔絶されていたカリフォルニアの狩猟採集民、近隣のバンツー族が栽培していた熱帯性農作物の育成に不適であった地中海性気候の南アフリカのケープ地方に居住していたコイ族の狩猟採集民、狭い海峡越しにインドネシアやニューギニアの食料生産者から隔てられていたオーストラリアの狩猟採集民である。ちなみに、砂漠地帯や北極地帯などの狩猟採集民が少数ではありながら二十世紀にいたるまで狩猟採集生活をつづけてこれたのは、食料生産に不適な地域に離れて暮らしていたので、食料生産者による入れ替わりを免れたからである。しかし、彼らにしても、ここ一〇年のうちに、都市文明の誘惑に負けてしまう可能性がある。政府の政策や宣教師の指導によって定住生活をはじめてしまうか、各種疫病の犠牲となってしまうかもしれない。

第7章

毒のないアーモンドのつくり方

なぜ「栽培」を思いついたか

農家で栽培された作物に食欲をそそられなくなったハイカーにとっての楽しみは、山道で食用植物を見つけて食べることである。野イチゴや野生のブルーベリーなどは食べて安全なだけでなく、味もいい。野イチゴは、栽培種のイチゴよりずいぶん小さいが、われわれが見慣れている種類に姿かたちが似ており、簡単に見分けることができる。しかし野生のキノコには、食べたら死んでしまうものもある。だから、どんなに冒険好きなハイカーでも、野生のキノコを食べるときは非常に慎重になる。そして、おそらくどんなに冒険好きで木の実の好きな人でも食べないのが、野生のアーモンドである。野生のアーモンドには数十個で致死量となる青酸カリ（ナチスがガス室で使ったのと同じシアン系毒物）に分解する性質のある物質がふくまれている。森は食べると危険な植物であふれている。

とはいえ、人類の栽培する作物の出発点はすべて野生種にある。たくさんある野生植物のうち、特定の種類だけがどうして人に栽培されるようになったのだろうか。とくに不思議に感じられるのは、アーモンドのように野生種は有毒なのに栽培種は無毒なものがあったり、野生種の味が栽培種にくらべてひどいものだったり、トウモロコシのように野生種と栽培種の形態がきわめて異なるものがあることだ。原始人は、どのようにして植物の「栽培」を思いついたのだろうか。彼らはどのようにしてそれを達成したのだろうか。

人類による植物の栽培化の過程は、もとになる野生の植物を育て、意識的に、あるいは知らず知らずのうちに遺伝子に変化を起こさせ、自分たちの利用しやすいものにするという継続的行為の積み重ねであると定義できる。今日においては、科学者が高度の専門知識を駆使して植物の改良に取り組んでいる。彼らはすでに何百種類の農作物についての知識を持っており、その知識を使って新種の作物を作りだす試みを重ねる。その目的を達成するために、多くの種子をまき、苗木を植え、つぎの新種の原種になりそうなものを見つけては選択し、それを育てる。また、良質の改良種を作りだすために遺伝学の知識を応用している。有用な遺伝子を取りだして品種改良に利用するために、最先端の遺伝子工学の技術を用いる。カリフォルニア大学デイヴィス校には、リンゴだけについて研究する果樹園芸学部や、ブドウとワインだけについて研究するブドウ栽培およびブドウ醸造学部という専門学部があるほどである。

しかし、人類が農業をはじめたのは一万年以上も前のことである。当時、最初に植物を栽培化した人たちが、求める結果を得るために分子遺伝学の技術を使ったはずがない。彼らは、改良して新しい作物を生みだそうにも、そのもとになる原種すら持っていなかったし、自分たちがそういう状況に置かれていることすら自覚していなかった。しかし、そんな彼らが何かをおこなって、美味しいごちそうを味わえるようになったのである。

初期の農民たちは、どうやって知らず知らずのうちに植物を栽培化したのだろうか。彼らはアーモンドを育てたが、自分が何をしているかという自覚もなしに、どうして有毒なアーモンドを安全な品種に作り変えることができたのだろうか。有毒なものを無毒なものにしたり、実の小さいものを大きくしたりすること以外に、どんな改良を野生種に施したのだろうか。また、有益な農作物だけを見ても、たとえばエンドウは紀元前八〇〇〇年頃に、オリーブは紀元前四〇〇〇年頃に栽培化されたように、種類によって栽培化の時期に大きなへだたりがある。イチゴは中世になるまで栽培化されていないし、木の実が食用になるペカンは一八四六年になるまで栽培化されていない。このように、いまではふつうに育てられている植物が、その栽培化の時期に大きな差があるのはなぜだろうか。さらに、野生植物のなかには何百万人もの人びとに珍重される食べ物を提供できるものもある。しかしそれらの多くは、いまだに栽培化されていない。たとえば、世界の多くの地域でその実が食用ドングリとして利用されるオーク（カシ、ナラの類）は、価値ある植物なのに栽培化されていない。ある植物はどうして他の植物より栽培化しやすかったのだろうか。石器時代の農耕民がオリーブの木を栽培化できたのに、現代のもっとも優秀な農業科学をもってしてもオークを栽培化できないのはなぜだろうか。

排泄場は栽培実験場

植物の立場から見ると、種子をまいて彼らを育て栽培しているわれわれ人間も、知らず知らずのうちに彼らを「栽培している」多くの動物の一種にすぎない。

植物は、人間をふくむすべての動物と同様、遺伝子をつぎの世代に伝えて、子孫が繁栄できるように生息地を広げなければならない。動物のように歩いたり飛んだりできない彼らは、動物に種子をヒッチハイクしてもらって子孫を分布させようとする。もちろん種類によっては風や水に種子を運んでもらえるように進化した植物もある。しかし多くの植物は、種子を美味しい果肉でくるみ、それが熟したことを色や匂いで知らせることで動物をあざむき、この誘惑にはまった動物を使って自分の種子を遠くに運ばせる。腹をすかせた動物は、果物を食べたときに飲み込んだ種子を、親木から遠く離れた場所で吐きだしたり排泄したりする。このように植物の種子は、動物の手を借りて、ときとして何千マイルも遠くに運ばれる。

植物の種子の多くはわれわれ人間の体内で消化されずに排泄物にまじって出てきて、そこで発芽する。この事実に驚きをおぼえる読者は、不潔と思わなければ自分の体で簡単に確認できる。実際に、多くの野生植物の種子は、動物の消化器を「通過しなければ」発芽できない。たとえば、アフリカ産のメロンの一種は、種子がツチブタに食べられることを前提に進化していて、ツチブタの排泄場所で発芽し、成育することが多い。

植物が自分の種子を動物にヒッチハイクさせる例として、野イチゴを考えてみよう。種子が熟す前の実は緑色をしていて固く、味も酸っぱいが、種子が成熟してくるにつれて実の部分が赤くなり、柔らかみを増し、甘くなる。野イチゴは実の色を変化させることで、実が熟していることをツグミなどの鳥に知らせ、ついばんだ鳥がどこかに飛んでいって種子を吐きだしたり排泄するように仕向けている。

当然のことだが、イチゴはこうしたことを意識的におこなっているわけではない。種子が成熟したからといって、意識的に鳥を誘惑しているわけではないし、ツグミはツグミで、イチゴを栽培しようとして実をついばむわけではない。イチゴは自然淘汰の過程を通じて現在見られるものになったのである。未熟なときは緑色をしていて食べても酸っぱいイチゴほど、種子の部分が成熟しきらないうちに鳥に食べられてしまって子孫を残すチャンスを奪われることが少ない。熟したときは赤くて甘くなるイチゴほど、その実を多くの鳥についばんで種子をばらまいてもらい、子孫を残すチャンスが多い。

イチゴ以外にも、特定の種類の動物に食べられる植物はたくさんある。たとえば、ドングリはリス、マンゴーはコウモリ、ある種のスゲはアリなどによって種子をまき散らしてもらい、自然淘汰されたものが進化の過程で生き残っている。この進化の過程も、消費者に役立つように原種の遺伝子が変えられる過程であるから、定義的には、われわれの意味する栽培化にあてはまる。しかし、この過程を「植物の栽培化」と表現する者はいないだろう。消費者である鳥やコウモリやその他の動物が意図的に植物を育てているわけではなく、その点でほんとうの意味での栽培化ではないからである。野生の植物をもとに作物を作るようになった人間もまた、初期の頃は植物を食べ、その種子を意図的に育てるという意識などもたずにまき散らすことで、植物の自然淘汰に手を貸していたのである。最初に植物を育てはじめた人たちは、ツチブタよろしく自分たちの排泄場を農作物栽培実験場として知らず知らずに利用していたのかもしれない。

毒のあるアーモンドの栽培化

初期の農民たちは、排泄場以外にもさまざまな場所で、野生植物の種子を知らず知らずのうちに落としたりまき散らしたりしている。たとえば、彼らが植物の実を採集して持ち帰る途中で、その一部がこぼれてしまうこともあった。家に持ち帰ったはいいが腐らせてしまい、成熟した種子が入っている実をそのままゴミ捨て場に捨ててしまうこともあった。あるいは、果物を口にしたとき、イチゴのように種子が小さいものはそのまま飲み込んでしまったが、大きいものは吐きだすのがふつうだった。こうして、ゴミ捨て場や種子を吐きだす場所が農作物の栽培実験場として知らず知らずに利用されたのである。とはいえ、すべての食用植物の種子がそうした「実験場」に行き着いたわけではない。種子がそうした場所に行き着いた食用植物の多くは、ある特性に秀でており、初期の農民たちはそれに着目してその植物を採集して食べたのである。これはイチゴ狩りをするときを考えてみるとよくわかる。人は、手あたりしだいにイチゴを摘むのではなく、よさそうに見えるイチゴを集めたり、よさそうな茂みから摘みとったりする。大きなイチゴからは大きな実のなるイチゴが育つ。最初に農耕をはじめた人たちは、この遺伝学の法則を理解していなかったにせよ、意図的に種子をまくようになったとき、彼らは自分たちがそれまで選り分けて採集していた食用植物の種子を使っていたのである。

蒸し暑い日、棘(とげ)だらけの茂みでヤブ蚊を追い払いながらイチゴ狩りをするとき、人は無意識のうちにどの茂みに生えているイチゴが遺伝学的にいちばん見込みがあるかを判断している。では、われわれはどのような基準でイチゴの価値を見きわめているのだろうか。

ひとつはもちろん、粒の大小である。炎天下にヤブ蚊に襲われながら日焼け覚悟でイチゴ狩りをするのに、小さくてまずそうな実（個体）を集めるのは割にあわない。だから大きな個体をできるだけ集めようとする。野生種よりも栽培種の実のほうが大きい理由のひとつがここにある。その証拠に、スーパーマーケットで売られているイチゴやブルーベリーは、野生のものよりも巨大である。ただしイチゴの場合、この改良はここ数世紀のあいだにおこなわれたものである。

イチゴはこの何百年かで大きくなったのだが、他の植物の場合、その原種と栽培種の大きさのちがいは、農耕のまさに起源にまでさかのぼる。エンドウは、人間による選抜を通しての栽培の結果、野生種の一〇倍もの重さになっている。しかし狩猟採集民は、選抜栽培をいきなりはじめたわけではない。彼らは、ちょうど現代人のわれわれが野生のブルーベリーを摘むように野生の小さなエンドウを集める生活を何千年かつづける過程で、もっとも魅力的な個体を選抜し、その種子を植えるようになったのである。つまり、狩猟採集民が、大きい野生種の個体を選んで植え、収穫したもののなかから大きい個体をまた選抜して栽培する——農耕をするようになるまでには、何千年という時間がかかっているのだ。ちなみに、スーパーマーケットで売られているリンゴはふつう直径三インチ（七・五センチ）ぐらいであるが、野生のリンゴは一インチ（二・五センチ）ぐらいしかない。トウモロコシの最古の原種は、実のなる穂軸の部分がたった半インチしかなかったが、メキシコ先住民は西暦一五〇〇年頃に穂軸が六インチ（一五センチ）のものをすでに育てていた。現代においては、穂軸の長さが一八インチ（四五センチ）というものまで登場している。

野生種と栽培種は、種子の苦みにおいても大きく異なる。野生種の多くは種子が苦く、味が悪い。有毒なものすらある。これは、動物に種子を食べられてしまわないためである。自然淘汰は、種子と果肉が味の面でそれぞれ正反対の性質を持つように作用してきた。植物は、動物に自分の遺伝子をまき散らしてもらうために果肉の部分を美味しくし、果肉に包まれた種子の部分は味を悪くしている。種子の味をよくしてしまったら、動物に食べられてしまい、種子が発芽するチャンスを失ってしまうからである。

野生種の種子の味が苦いのに栽培種の種子は苦くない植物の格好の例がアーモンドである。野生のアーモンドの種子のほとんどは非常に苦い物質をふくんでいる。アミグダリンと呼ばれるこの物質は、この章の初めのところで指摘したように、シアン系毒物に分解する性質がある。アーモンドの実の苦みは、まさに毒であることを警告しており、愚かにもそれを無視して口にしたものには死の危険が待っている。しかし、集めた種子の一部を使って人類が栽培という行為を意識しないままにはじめたときのことを考えた場合、彼らはいったいどういう経過をたどって、アーモンドを栽培するようになったのだろうか。

この謎を解く鍵は、野生のアーモンドにたまたま発生する突然変異にある。この変種の遺伝子には、苦い味のもとになるアミグダリンの生成をさまたげるはたらきがある。こうした変種は、鳥が見つけて全部食べてしまうために、野生では子孫を残せない。ところが、初期の農民の子供のなかに、おなかを空かせたり好奇心旺盛の子供がいて、野生のアーモンドの実をかじっているうちに、苦くない実がなっている木を見つけたことが想像される（今日のヨーロッパの農民は、同じような方法で苦みのない甘いドングリのなるオーク〔ヨーロッパナラ〕を見つけている）。こうしてたまたま見つかった苦みのないアーモンドの木の実だけが採集され、最初のうちはゴミ捨て場に捨てられていたものが、やがて意識的に果樹園に植えられるようになったのだろう。野生のアーモンドは、紀元前八〇〇〇年頃のギリシアの遺跡から出土するようになる。紀元前三〇〇〇年頃には、地中海地方東部で栽培されるようになった。紀元前一三二五年にツタンカーメン王が死んだときには、死後の世界で王が楽しむ食べ物のひとつとして王の遺体といっしょに埋葬されている。ライマメ（アオイマメ）、スイカ、ジャガイモ、ナス、キャベツなども、野生祖先種は苦かったり毒があったりする植物だが、たまたま味のいいものが狩猟採集民の排泄場で芽をふいたために栽培されるようになったと考えられる。

大きさと味は、狩猟採集民が野生植物を選ぶ際のもっともわかりやすい基準であった。しかし彼らは、肉厚であるとか（多肉質であるとか）、種子が少ないこと、あるいは種子に油分が多いとか、繊維質が長いといったことも基準としていた。たとえば、野生のカボチャは、種子ばかりでほとんど果肉がないが、初期の農民たちは肉厚（多肉質）の個体を好んで選んでいる。バナナは、かなり以前に栽培種は種なしになっている。そして現代の農学者たちは、栽培バナナが種なしであることにヒントを得て、種なしオレンジ、種なしブドウ、そして種なしスイカを作った。このように、人間の選抜栽培は、種子のない果実を作ることで、子孫を広い範囲に分布させようとしてきた植物の進化の過程を完全に逆戻りさせてしまうこともあった。また、古代においては、多くの植物が種子や果肉に油分が多いかどうかを基準に選ばれている。紀元前四〇〇〇年頃に地中海地方で最初に栽培化された果樹のひとつであるオリーブも、油をとるためであった。農作物として育てられるオリーブの実は、野生のものより大きいだけでなく、油分も多い。古代の農民は、オリーブ以外にもゴマ、マスタード、ケシ、亜麻をこの基準によって選抜栽培している。現代の植物学者は、同じ基準でヒマワリやベニバナ、ワタを選抜栽培している。

ワタは、できるだけ多く油がとれるように品種改良される前は、布地の原料となる繊維をできるだけ多くとれるように選抜栽培されたことはよく知られている。リントと呼ばれるワタの繊維組織は、種子にふくまれる毛の部分からとれる。南北アメリカ大陸や旧世界の農民たちは、この繊維組織が長いことを基準に選抜栽培した。亜麻と大麻も、古代において繊維を採取するために育てられた植物だが、亜麻と大麻の繊維は種子ではなく茎の部分からとれる。そのため、できるだけ長くまっすぐな茎に成長するものが選抜栽培されている。われわれは、植物の多くは食料として育てられたと考えがちであるが、非食用であった亜麻はもっとも古い農作物のひとつである（紀元前七〇〇〇年頃から栽培されていた)。ヨーロッパでは亜麻から作る亜麻布が、産業革命で木綿や合成繊維にとってかわられるまで、織物の原料としてもっとも多く使われていた。

突然変異種の選択

食物を最初に作りはじめた狩猟採集民たちは、果実ができるだけ大きく、味に苦みがなく、果肉部分がたくさんあり、油分が多く、繊維組織が長いなどといった、実際に自分で検証できる特性に着目した。そして、それを基準として野生種のなかから選抜し、それらの好ましい特性に優れている個体を何世代か繰り返し収穫しつづけることで、意識しないままにその植物の分布を助けるとともに、野生種を栽培種に変化させてきたのである。

彼らが野生種から変化させた特性のなかには、自分で検証できないものもあった。その特性はつぎに述べるように少なくとも四つあるが、それらはたまたま手に入れやすい野生種の個体を採集しつづけたり、個体の選抜条件を変更した結果として栽培種の特性となったものである。

ひとつは、種子をばらまく仕掛けにかかわる野生種と栽培種のちがいである。多くの植物は種子をばらまく仕掛けを持っている。そのため、狩猟採集民は、植物の種子を効果的に集めることができなかった。彼らが効率よく手に入れることができたのは、そうした仕掛けを持たない突然変異種だけであり、そうした個体を採集しつづけた結果、種子をばらまく仕掛けを持たない個体が栽培種の原種となったのである。

わかりやすい例がエンドウである。われわれが食べるエンドウの種子(豆の部分)はサヤに包まれたままだが、野生のエンドウは種子をサヤからはじけさせる。エンドウは、種子をサヤからはじけさせて地面に放つ遺伝子を持っているのだが、この遺伝子に突然変異を起こした個体のサヤははじけない。野生の状態では、はじけない個体の種子はサヤのなかでしなびてしまい、はじける個体だけが遺伝子を残せる。しかし、この自然の摂理とは反対に、人間の手に入るのは、はじけることなくサヤの中に種子を宿している個体だけである。こうした突然変異を起こした個体を人間が持ち帰るようになって、それが栽培種の原種として選択されたというわけである。ヒラマメ（レンズマメ）、亜麻、ケシなども、エンドウと同じく、サヤや果皮のはじけない突然変異種が栽培種の原種として選ばれた。

野生の小麦や大麦の種子は、はじけるタイプのサヤに包まれていない。小麦や大麦は、穂先に実り、自然にまき散らされ、地面に落ちて発芽する。しかし、突然変異を起こした個体は、穂先の実（種子）をまき散らさない。野生の状態では、このような個体の種子は、穂先で宙ぶらりになったまま死に絶えるので、子孫を伝えたい植物にとっては致命的である。ところが、穂先からまき散らされない実ほど、人間が採集するのに好都合なものはなく、それを人間たちが持ち帰り、一部がこぼれたりばらまかれたりして栽培がはじまったと考えられる。こうして栽培された小麦や大麦のうちで収穫可能であった個体は、一世代前と同様、穂先に実をつけたままでいる突然変異種の個体であった。こうして収穫に好都合な突然変異を起こした個体の実（種子）を幾世代にもわたって栽培しつづけることで、人間は自然淘汰のベクトルを完全に反転させてしまった――それまで種の存続に必要とされた遺伝子が死を招くものとなり、死を招くものが存続の遺伝子となったのである。人類は、一万年以上前に、種子をまき散らさない小麦や大麦の穂を意識することなく選んだ。そして、それは明らかに、人類が植物に施した最初の重要な「改良」であった。肥沃三日月地帯の農業は、この改良の結果起きた変化に端を発している。

発芽のタイミングに関する特性も、狩猟採集民たちが野生種を採集し、その種子（実）を育成するようになったことがきっかけで変化した特性のひとつである。この変化は、種子をばらまく仕掛けの変化よりずっと検証しにくいものだった。一年生植物（一年草）の野生種は、予測不能の天候異変に対応するために、すべての種子を同じタイミングで発芽させない。さもないと、発芽した自分の子孫が干魃や結霜でやられてしまい、種の存続があやぶまれるからである。そのため、彼らの多くは発芽抑制メカニズムを発達させ、いかなる天候異変が発生しても生き延びられるようにリスクを分散させている。一年生植物の場合、この発芽抑制メカニズムによって、翌年いっせいに発芽するのではなく、何年かにわたって順ぐりに発芽させる。とんでもない天候異変があって、それまでに発芽した個体の大部分が死滅してしまったとしても、いくつかの種子は発芽せずに天候異変をやりすごし、やがて発芽し、種を残せるようになっているのである。

このような発芽抑制メカニズムのなかでもっとも一般的なのが、種子全体を厚い皮で包みこんでしまう方法で、小麦、大麦、エンドウ、亜麻、ヒマワリなどをふくむ多くの一年生植物に見られる。このメカニズムは、種子が生き延びるチャンスを増やすには効果的な方法であっても、農業を最初にはじめた狩猟採集民たちにとっては利益をもたらすものではなかった。試行錯誤を繰り返すことで、土壌を耕し水をやり、種子をまけば収穫物が得られることを発見した狩猟採集民たちは、すぐに芽を出し、実をみのらせ、収穫できる種子がほしかったからである。しかし、発芽抑制メカニズムが組み込まれている野生種の多くはすぐには発芽せず、なんの収穫ももたらさなかった。彼らにたまたま収穫をもたらしたのは、突然変異を起こして発芽抑制メカニズムを持たず、まくとすぐに発芽する個体であった。彼らが入手できたのはそのような個体の種子（実）だったのである。

発芽抑制メカニズムのちがいは、大きなイチゴと小さなイチゴのように目に見える特性ではない。おそらく初期の農民は、自分たちが発芽抑制メカニズムに突然変異を起こした個体の種子を使っていることに気づかなかったであろう。しかし、彼らが無意識に実践していた、種子をまき、育て、収穫し、また種子をまくというサイクルを考えるとき、選抜栽培されたのは突然変異を起こした個体であったと思われる。野生種と栽培種をくらべた場合、種子をばらまく仕掛けと同じように、発芽抑制メカニズムのちがいもまた、小麦、大麦、エンドウをふくむ多くの農作物に見られる特徴となっている。

自殖か他殖かという植物の繁殖形態の変化も、初期の農民には検証しにくいものだった。農耕においては、偶発的に発生する突然変異個体のほうが、たとえば実が大きいとか、味が苦くないといった理由で通常個体よりも有用であることがある。しかし、突然変異個体は、通常個体と交配してしまうと、変異によってもたらされた有用な特性が薄れたり、消滅してしまう可能性がある。初期の農民たちが手にした突然変異個体は、どのような環境要因が作用したおかげで、そのような特性を失わずにすんだのだろうか。

根や塊茎といった栄養器官が分離して新しい個体をつくる栄養繁殖性の植物は自殖性なので、突然変異個体であっても遺伝子を保存することができる。また、雌雄同体（雄しべと雌しべのそろった両性花の被子植物）で自殖性の植物の場合も、突然変異個体は遺伝子を保存することができる（自分の花粉で結実できる性質を自家和合性という）。しかし野生植物の圧倒的多数は、自殖性ではない。彼らの多くは、同一個体の雌雄器官のあいだでは受粉できない他殖性の雌雄同体であるか、哺乳類のように雌器官と雄器官で個体が別々になっている雌雄異体である（自分の花粉で結実しない性質を自家不和合性という）。どちらの繁殖形態も、好ましい特性を有する突然変異個体がその遺伝子を存続させることはできない。それは、有用な突然変異個体を利用しつづけたかった農民にとって、なぜそれが不可能であるかの理由は理解できなかったにせよ、非常に都合の悪いことであった。

この問題を解決したのも、やはり突然変異という、狩猟採集民たちが自分たちで検証できない変化だった。植物の突然変異は、繁殖システムに影響する性質のものが多い。たとえば、種なしバナナ、種なしブドウ、種なしオレンジ、パイナップルなどは、受粉なしの結実を可能にする突然変異の結果としてもたらされたものである。自家不和合性の植物を自家和合性にしてしまい、自分の花粉で結実できるようにしてしまう突然変異もある。スモモやモモ、リンゴ、アンズ、サクランボなどはこの例である。ブドウのなかには、雄しべと雌しべが別々の個体を形成していたものが、突然変異によって、雌雄同体で自家和合性の両性花になったものもある。このような変化によって、初期の農民たちは、植物の繁殖システムがなぜそのように作用するかの理解はできなかったにせよ、見込みがありそうでも子孫が役立たずの突然変異種ではなく、ちゃんと種子をまけば芽を出し、結実する作物を手にすることができたのである。

つまり、初期の農民たちは、大きさや味という自分たちで検証可能な特性に着目して、育成する植物を選抜していた。また、種子をばらまく仕掛け、発芽抑制メカニズム、そして繁殖システムといった、自分たちでは検証できない特性にも着目して、植物を選抜していた。その結果、彼らはさまざまな植物をさまざまな特性によって選抜している。なかには、まったく反対の特性に優れていることを理由に選抜されたものもある。たとえば、ヒマワリなどは、種子ができるだけ大きい個体が選抜されているが、バナナなどは種子が小さかったりほとんど存在しない個体が好まれて選抜されている。レタスは、種子あるいは実ができるだけ小さく、葉ができるだけ大きいものが選抜されたのに対し、小麦やヒマワリは、葉ができるだけ小さく種子ができるだけ大きい個体が選抜された。カボチャは、葉の部分が少なく果肉がたくさんある個体が選ばれている。このようにいろいろある選抜方法のなかでとくに面白いのは、同一種類の植物が異なる特性に着目されて選抜され、その結果、見かけの異なる複数の農作物として育成されるようになった例である。ビート（サトウダイコン）は、バビロニア時代には葉を食べる目的で栽培されていた（カエンサイの一種であるフダンソウに似た形態をしていた）。その後、根を食べるために栽培され、やがて十八世紀になると、糖分を抽出する目的で栽培されるようになる。選抜栽培によってもっと大きく多様化していったのがキャベツである。そもそもキャベツの祖先は、種子から油をとるために栽培されていたと思われるが、葉の大きな個体から選抜栽培された系統から現在のキャベツとケールが生まれている。茎に着目された個体からは、肥大した茎を食べるコールラビが生まれているし、葉芽などに着目された個体からは、小さく結球した脇芽を食べる芽キャベツや、蕾と花茎を合わせた花蕾と呼ばれる部分を食べるブロッコリーやカリフラワーが生まれている。

これまでのところ、われわれは、野生種が農作物へと変化したのは、意識的にせよ意識しないままにせよ初期の農民が野生植物を選抜栽培したためであると説明してきた。つまり、初期の農民は、自生している野生植物の特定の個体を採集して持ち帰り、そのなかの特定の個体を選んで育成し、実ったもののなかから特定の個体を選んで収穫し、そのなかの特定の個体をさらに選んで育成する、というサイクルを毎年繰り返すことで、農作物の原種を作りだしたと説明してきた。しかしながら、野生種から栽培種への変化は、植物が自然に淘汰された結果として説明できる部分も多い。チャールズ・ダーウィンの「自然淘汰」という言葉は、同じ自然条件のもとで、同種の他の個体と競合しながら生き残ることや、より多く繁殖することを意味している。たしかに、生物は生存や繁殖の過程を通じて自然に淘汰されている。自然淘汰された個体とは、環境の変化にうまく順応し、そこで生き延びて繁殖した個体であり、その結果として特別の進化をとげた個体である。この典型的な例が、大気汚染に対応して特別の変化（工業暗化）をとげたオオシモフリエダシャクという蛾である。十九世紀のイギリスでは、工場からの煤煙が樹皮を覆っていた白ゴケを全滅させ、それまで白ゴケのなかに身を隠していたオオシモフリエダシャクがカモフラージュを失い、どんどん鳥に捕食されはじめたが、数年のうちに白ゴケ絶滅以前は少数派であった同種の黒い個体が大量に繁殖している。

十九世紀の産業革命がオオシモフリエダシャクの生存環境を変えたように、人類に育成されるようになった植物は、それを契機に、異なる環境に順応し、生存していくことになった。植物にとっての生育条件で比較した場合、耕作され、肥料を施され、散水され、除草される田畑は、丘の斜面の乾燥した痩せ地とは雲泥の差がある。この差が、栽培植物に多くの変化をもたらしている。たとえば、農民が自分の畑に種子をまくと、種子同士で猛烈な生存競争が起きる。大きな個体は、より恵まれた生育条件を利用して早く育つことができる。小さく貧弱な個体は、他の個体と競合することのない乾燥した痩せ地では生存できたが、個体間の競争が熾烈な畑では生き延びられない。このように個体間での競合が増したことが、野生種から栽培種への変遷の過程で、より種子が大きいことをはじめとするさまざまな特性を栽培種にもたらすことになったのである。

栽培化された植物とされなかった植物

野生種から栽培種への変遷を考えたとき、大昔に栽培化されるようになった植物がある一方で、中世になるまで栽培化されなかったものがあるのはなぜだろうか。また、現在にいたるまで、まったく栽培化されていない植物があるのはなぜだろうか。これらの疑問に対する答えは、メソポタミアの肥沃三日月地帯でどのような植物がどのような順序で栽培化されるようになったかを考察することで推測できる。

肥沃三日月地帯で最初に栽培化されたのは、約一万年前に育成されるようになった小麦や大麦やエンドウであるが、その祖先である野生植物を調べてみると、栽培化に有用な特性をすでにいくつも持ち合わせていた。それらは、自生していながら大量に採集が可能であり、種子をまいたり植えたりするだけで簡単に発芽した。成長するのも早く、種子をまいてから数カ月で収穫できた。これらの特性は、移動狩猟採集民と定住民の中間のような生活をしていた人びとにとって、農耕をはじめるうえで非常に大きな利点だったといえる。しかも、小麦や大麦やエンドウは、のちの時代に農作物として栽培されるようになったイチゴやレタスなどとちがって、簡単に貯蔵できた。また、これらのほとんどは自分の花粉で受粉する自家受粉タイプの植物であったので、有用な突然変異を起こしたものは望ましい遺伝子をそのまま子孫に伝えることができた。また、小麦や大麦やエンドウの祖先は、栽培種に移行する過程で、遺伝子上の変化をさほど必要としなかった。たとえば小麦では、穂先の実（種子）をまき散らさない遺伝子と、すべての種子を同じタイミングで素早く発芽させる遺伝子が出現するだけで、野生種から栽培種への移行が完了したのである。

肥沃三日月地帯でつぎに栽培化されたのは、紀元前四〇〇〇年頃に育成されるようになったオリーブ、イチジク、ナツメヤシ、ザクロ、ブドウなどの果樹類である。これらの植物は、穀類や野菜類にくらべると、すぐに収穫できないという欠点があった。それらは早くて三年、ときには一〇年待たないと収穫にいたらなかった。したがって、成長に時間のかかるこのような果樹類の育成は、すでに定住生活への移行を完了していた人びとだけに可能であったと考えられる。とはいえ、これらの果樹類は、後世に栽培されるようになった果樹とちがい、挿し木をしたり、種子をまくことで比較的簡単に栽培できた。とくに挿し木の技術は、収穫量の多いものを見つけたり育成できたりすれば、遺伝子的にその木とまったく同じ性質の子孫を手に入れることを確実にしたので、初期の農民にとっては非常に好都合であった。

肥沃三日月地帯で三番目に育成されるようになったのはリンゴ、ナシ、スモモ、サクランボなどであるが、これらの果樹類は先のオリーブ、イチジク、ナツメヤシ、ザクロ、ブドウなどにくらべて、栽培化がよりむずかしかった。まず、挿し木で育てることができなかった。種子をまいて育てる方法も、骨折り損になってしまうことが多かった。これらは、どんなに素晴らしい種子から発芽したものでも、特性にばらつきがあり、親木のようによい果実を実らせることがほとんどないのである。これらの果樹類の場合、優秀な個体と同じ特性を得るには、その個体の枝を接ぎ木しなければならない。接ぎ木は農耕時代に入ってかなりの時間を経てから中国で編みだされた技術であるが、非常にむずかしいだけでなく、原理自体も意図的に実験を繰り返すことで初めてそれが発見できるというたぐいのものであった。接ぎ木の技術は、排泄して戻ってきてみたら素敵な果物がなっていた、というような偶然による発明ではなかった。

これらの果樹の野生種の多くは、自己の花粉で受粉しない他殖性植物であった。そのため、初期の農民は、他家受粉を必要としない突然変異個体を見つけて、それを育成しなければならなかった。同じ場所に遺伝的に異なる株を何種類か意識的に植え、他家受粉ができるようにしてやらなければならなかった。あるいは、同じ場所に雄株と雌株を意識的に植えてやらなければならなかった。リンゴ、ナシ、スモモ、サクランボなどがギリシア・ローマ時代まで栽培化されなかったのは、これらの問題の解決に時間がかかったからである。なお、これほどの苦労なしにギリシア・ローマ時代に栽培化されるようになった植物もある。もともと雑草として畑にはびこっていたライムギ、エンバク、カブ、ラディッシュ、ビート、リーキ、レタスなどである。

食料生産システム

メソポタミアの肥沃三日月地帯で野生植物がどのような順番で栽培化されたかを紹介したが、似たような順番は世界のほかのところでも見られる。とくに肥沃三日月地帯の小麦と大麦は、穀類として育成されるようになったイネ科植物の農作物を代表し、エンドウやレンズマメは、インゲンマメをふくむマメ科植物を代表している。穀類は成長が早く、炭水化物を多くふくむ。作付け面積一ヘクタールあたり一トンもの食料を生みだすことができる。そのため、現代においては、地球上で消費される食物カロリーの半分以上が穀類によるものである。また、世界で生産されている農作物上位一二種のうちの五種は、小麦、トウモロコシ、米、大麦、モロコシといった穀類で占められている。穀類はタンパク質をあまりふくまないが、その不足分は一二パーセントのタンパク質をふくむマメ類で補われている（大豆の場合はタンパク質分が三八パーセントある）。穀類とマメ類を組み合わせることで、必要な栄養素のそろったバランスのある食生活ができあがるのである。

表7－1（一八六～一八七頁）は、世界のいくつかの地域で穀類とマメ類がどのような組み合わせで栽培されていたかを示している。もっともよく知られているのは、肥沃三日月地帯で実践されていた、

小麦や大麦の穀類とエンドウやヒラマメ（レンズマメ）とを組み合わせた栽培方法である。中米では、トウモロコシが数種類のマメ類と組み合わせて栽培されていた。中国では、米やアワが大豆をはじめとするマメ類との組み合わせで栽培されていた。これらの組み合わせほど知られていないが、アフリカではモロコシ類、アフリカイネ、トウジンビエがササゲやフタゴマメと組み合わせて栽培されており、アンデスでは穀類ではないキノアが数種類のマメ類と組み合わせて栽培されていた。

表7－1はまた、繊維をとる目的で亜麻が肥沃三日月地帯で栽培されていたことを示しているが、同じ表から、他の地域でも同じような栽培がおこなわれていたこともわかる。つまり、中国、中米、インド、エチオピア、サハラ砂漠周辺地域、南米などでは、大麻、四種類のワタ、ユッカ、そしてサイザルアサなどが栽培されていた。また、このうちいくつかの地域では、家畜から毛を採取して繊維として使っていた。食料生産を歴史上最初にはじめたといわれる地域のうち、繊維をとる目的で植物を栽培していなかったのはアメリカ合衆国東部とニューギニアだけである。

食料生産を歴史上最初にはじめたといわれる地域のあいだには、すでに指摘した類似点とともに、大きな相違点もいくつかある。まず、旧世界の地域では、種まきがなされ、単一栽培が実践されていたが、時代がたつにつれて、鋤を使って畑を耕すようになった。つまり、旧世界の地域の人びとは、手でつかんで種子をばらまき、畑全体に単一の農作物を植えていたが、牛や馬などの大型哺乳類が家畜化されると、鋤を動物にくくりつけて畑を耕すようになった。これに対して新世界では、鋤を引かせることのできる動物が家畜化されなかったため、人びとは棒とか鍬（くわ）で畑を耕し、種子をひとつひとつ手で植え、旧世界の地域の人びとがしていたように種子を手でばらまくことはしなかった。その結果、新世界では、単一栽培ではなく、いろいろな種類の植物を同一地域に混ぜて植える（混作）農法が実践されたのである。

もうひとつの相違点は、何を主要供給源としてカロリーと炭水化物を摂取したかという点である。すでに指摘したように、多くの地域ではカロリーと炭水化物を穀類から摂取していたが、ところによっては根菜類やイモ類がその役割を担っていた。これらの作物は、肥沃三日月地帯や中国ではあまり重要ではなかった。しかし南米の熱帯地域ではキャッサバ（別名マニオク）やサツマイモが主食として栽培されていた。アンデスではジャガイモとオカ（アンデスカタバミ）、アフリカではアフリカヤムイモ、アジア南東部とニューギニアではヤムイモとタロイモが主食として栽培されていた。またアジア南東部とニューギニアでは、バナナやパンノキといった樹木作物が炭水化物の主要供給源となっていた。

オークが栽培化されなかった理由

歴史を振り返ってみると、現在世界各地で作られている主要な農作物の多くは、古代ローマ時代までには、世界のどこかで栽培化されていたといえる。農耕の起源となるようなことをはじめた狩猟採集民は、どんな野生植物が自分たちの環境に生育しているかを熟知していた。第9章で紹介する野生動物の家畜化にいたる過程と同じように、彼らは自分たちに馴染みのあるもののなかから価値のありそうなものを見つけては栽培化していたのである。もちろん、初期の農民がすべての栽培種をもたらしたわけではない。イチゴやラズベリーは、中世の僧侶が栽培化したものである。また、現代において植物の交配を専門とする人たちが、古くからある農作物を改良し、ブルーベリー、クランベリー、キウィフルーツといったベリー類や、マカデミアナッツ、ペカン、カシューナッツといったナッツ類

	作物のタイプ	
繊維植物	根菜類、イモ類	ウリ類
亜麻	——	マスクメロン
大麻	——	〔マスクメロン〕
ワタ（リクチメン〈メキシコワタ〉）ユッカ、サイザルアサ	クズイモ	ペポカボチャなど
ワタ（カイトウメン）	キャッサバ、サツマイモ、ジャガイモ、オカ（アンデスカタバミ）（塊茎を食用にする）	セイヨウカボチャなど（クリカボチャ）
ワタ（シロバナワタ）	アフリカヤムイモ	スイカ、ヒョウタン
ワタ（キダチワタ、インドワタ）亜麻	——	キュウリ
〔亜麻〕	——	——
——	キクイモ	ペポカボチャ
——	ヤムイモ、タロイモ	——

ワタやマメ類、ニューギニアのサツマイモなどがそのような作物である。ワタはワタ属に属する４種が育成されているが、カボチャはカボチャ属に属する５種が栽培化されている。ちなみに、穀類、マメ類、そして繊維植物はほとんどの地域で農耕を開始させたが、根菜類、イモ類およびウリ類は一部の地域でのみ初期の農業において重要であった。

表7-1　古代の食料生産地の栽培作物

地域	作物のタイプ	
	穀類、擬穀類	マメ類
肥沃三日月地帯	エンマーコムギ（フタツブコムギ）、ヒトツブコムギ、大麦	エンドウ、ヒラマメ（レンズマメ）、ヒヨコマメ
中国	アワ、コーリャン、米	大豆、小豆、リョクトウ
中米	トウモロコシ	インゲンマメ、ヒロハインゲン、ベニバナインゲン
アンデス地方 アマゾン川流域	キノア、〔トウモロコシ〕	ライマメ、インゲンマメ、ピーナッツ
西アフリカ サハラ砂漠周辺地域	モロコシ、トウジンビエ、アフリカイネ	ササゲ、フタゴマメ
インド	〔小麦、大麦、米、モロコシ、キビ〕	フジマメ、リョクトウの近縁種、リョクトウ
エチオピア	テフ、シコクビエ、〔小麦、大麦〕	〔エンドウ、ヒラマメ〕
合衆国東部	クサヨシの一種、ミナトムギクサ、タデ類、アカザ類	——
ニューギニア	サトウキビ	——

この表は、食料生産を歴史上最初にはじめたといわれる地域で栽培されていた主要作物のタイプを５つに分類して示している。〔　〕で囲われた作物は、その栽培種がよそから持ち込まれたことを意味している。〔　〕に入っていない作物は、その土地で栽培化されるようになったものである。なお、この表には、後世になってから栽培されるようになったり、主作物としての重要性が増したものはふくまれていない。アフリカ地域のバナナ、アメリカ合衆国東部の

を作りだしたことはよく知られている。しかし、これらの栽培種は、小麦、トウモロコシ、米などといった古代に栽培化された植物にくらべた場合、主要食物としての重要性はさほど高くない。

そして、人類はこれだけ多くの野生植物を栽培化してきたというのに、食料として価値があるにもかかわらず栽培化されていない野生植物がまだたくさんあることも事実である。なかでも、その実のドングリが食用となるオークがいまだに栽培化されていないことは注目に値する。栄養価が高く、デンプン質と油分を多量にふくんでいるドングリは、カリフォルニアや合衆国東部のアメリカ先住民のあいだで主食として利用されていた。ヨーロッパの農民のあいだでは、不作による飢饉のときの非常用の予備食料となっていた。ドングリには、多くの野生植物と同じように、食べると苦いタンニンがふくまれているが、ドングリを食用にした人たちは、アーモンドをはじめとする野生植物に対したのと同じ方法でこの問題に対処していた。つまり、つぶして白い中身を粉にして水にさらしてアク抜きをするか、タンニンをあまりふくまない突然変異体を見つけて採取していたのである。

このようにドングリは素晴らしい食料供給源となりうるのだが、いまだに栽培化されていない。それはなぜだろうか。また、イチゴやラズベリーは、中世になって初めて育成されるようになっているが、栽培化までにどうしてそれほど時間がかかったのだろうか。接ぎ木というむずかしい技術をマスターできたほどの昔の農民をしても、これらの植物を栽培化できなかった理由は何だったのだろうか。

オークの場合を考えてみると、三球三振で栽培化に失敗してしまう理由がそろっている。まず第一に問題になるのが、オークの成長の遅さである。小麦はまいて数カ月で収穫できる。アーモンドは三、四年で実をつける成木となる。しかしオークは、われわれの忍耐が尽きてしまうほど成長が遅く、一〇年以上たたないと実がならない。また、オークはリスむきではあっても、われわれ人間むきではない。リスがドングリを埋めたり掘りだしたり、食べているのをよく目にするのは、オークがリスむきの植物だからである。そして、野生のオークが、リスが掘りだすのをたまたま忘れたドングリから発芽することを考えると、新芽の数は森のあちこちにリスが好き勝手にまき散らしてしまうおびただしい数のドングリに比例する。そんなにたくさんのオークを相手にわれわれ人間が、希望する特性を有する個体を選抜栽培できる確率はおそろしく低い。同じような理由で、ヨーロッパ人やアメリカ先住民が木の実を採集していたブナやヒッコリーなども栽培化されなかったと思われる。

さらなる理由は、栽培化されたアーモンドとちがって、ドングリの苦みは、ひとつの遺伝子ではなく、複数の遺伝子によってコントロールされていることである。アーモンドの場合は、苦みのない突然変異体の種子を植えれば、遺伝の法則によって、植えた種子の半分は親木と同様に苦みのない実をみのらせる。ところが、複数の遺伝子によって苦みがコントロールされているオークの場合、遺伝の法則によって、植えた種子のほぼ全部に苦みのある実がみのる。このちがいだけで初期の農民がくじけてしまい、リスとの競争に勝って希望する特性を有する個体を選抜し、忍耐強く実のなるのを待つ気にならなかったとしても、それは充分に想像できる。

イチゴやラズベリーが後世になるまで栽培化されなかったのは、ツグミをはじめとするイチゴ好きな鳥と競争しなければならなかったことが大きく影響している。事実、イチゴはまったく栽培化されなかったわけではなく、古代ローマ時代には庭園で育成されていた。しかし、ヨーロッパツグミがローマ人の庭園をふくむ可能なかぎりあらゆる場所に野イチゴの種子を排泄しつづけたため、人間が望む大きな果実をみのらせる個体が淘汰選択される機会がなかった。イチゴやラズベリーをわれわれの希望する品種に作りだすことができたのは、防護網と温室が開発されて、有用個体の繁殖をコントロールできるようになってからのことである。

自然淘汰と人為的な淘汰

この章では、スーパーマーケットの店頭に並んでいる巨大なイチゴと野生の小さなイチゴのちがいを、栽培種と野生種を区別するさまざまな特性の一つとして説明した。このようなちがいは、まず最初に、野生の植物のあいだに突然変異個体の特徴として現れたものである。そして、そのような特性のいくつかは、初期の農民にとって、たとえばイチゴの大きさや木の実の苦さなどといったかたちで検証可能であったため、彼らの選抜栽培の基準となっていった。しかし、種子をばらまく仕掛けや発芽抑制メカニズムなどに関する特性は、近代植物学が登場するまで人間が意識的に検証可能な特性ではなかった。とはいえ、農耕の起源になるようなことをはじめた狩猟採集民は、意識的にせよ意識しないままにせよ、これらの特性を備えた食用植物を選抜栽培していた。そして、彼らがそのような選抜を意識せずに繰り返しつづけたことが、野生種から栽培種を派生させたのである。特定の特性を備えている野生種の個体を選抜採集していたことや、野生での生存に適した特性を有した個体とは異なる特性を有する個体が畑での生存競争を有利に展開できたことが、野生種から栽培種への移行を必然的にうながしたのである。

ダーウィンの偉大なる著書『種の起原』は、自然淘汰の説明からはじまっていないが、その理由はまさにここにある。『種の起原』の第一章は、人為的な淘汰を通じて家畜や植物がどのように栽培されるにいたったかの説明である。ダーウィンは、われわれがいつも彼と結びつけてしまうガラパゴス島についての記述はさておき、初期の農民がさまざまな種類のスグリをどう作りだしたかについて、つぎのように書きだしている。「私は園芸仕事で、かなり貧しい材料から素晴らしい結果を生みだす、庭師の素晴らしい技術に目を見張らされた。しかし、技術は単純で、最終的な結果に関する限り、ほとんど意識されることなく生まれたものだ。それは、常にいちばんよく知られている変種を栽培し、種子を植え、もし少しでもよい変種が偶然現れたら、それを選び、同様につづけることである」（八杉龍一訳、岩波文庫）

人為的な淘汰によって新しい品種が生みだされる原理は、われわれが種の起源と自然淘汰の関係を理解しようとするうえで、もっともわかりやすいひとつのモデルを提供している。

第8章

リンゴのせいか、インディアンのせいか

人間の問題なのか、植物の問題なのか

地球上のいくつかの地域においては、野生植物を農作物として栽培化し、食料の生産をはじめたことが、その地域の人びとやその子孫の生活様式を予期せぬ方向へとさまざまに変化させていった。このことは前章までの考察で明らかになったが、まだ依然として残っている謎がある。それは、作物を育てるのに適した場所であるにもかかわらず、農業がまったく自発的に起こらなかった地域が地球上に存在するという事実である。カリフォルニア、ヨーロッパ、オーストラリア大陸の温帯地域、そしてアフリカ大陸の赤道付近には、農耕に適した肥沃な土地が昔から広がっている。それなのになぜ、これらの地域では農業が自然発生的にはじまらなかったのだろうか。また、地域によって農業のはじまった時期に時間差があるのはなぜだろうか。

これらの疑問に対しては、二通りの考え方ができるだろう。ひとつは、その土地の住民に問題があ

って農業が起こらなかったという説明。もうひとつは、その土地で入手可能な野生植物に問題があって、農業をはじめることができなかったという説明である。温帯や熱帯の土地では、まったくの乾燥地でないかぎり、栽培化可能な野生植物は自生しているものである。したがって、この点を重視すれば、温帯や熱帯に属している場所で農業が自発的にはじまらなかったとすれば、それは人間の側に問題があったからだということになる。この考え方とは逆に、地球上のどの地域でも、適度な広さの場所では、野生植物を栽培化しようという試みが少なくともおこなわれたはずであると考えれば、食料生産を開始するのに見あう野生植物が存在しなかったことが、その地域で農業がはじまらなかったり、よそより遅れた理由だということになる。

ところで、野生動物の家畜化については次章で本格的にとりあげるが、大型の野生哺乳類は野生植物よりずっと種類が少なく、なぜ野生動物が家畜化されなかった地域が地球上にあるのかという疑問については、植物よりも簡単に答えることができる。まず、草食性または雑食性の哺乳類で、家畜化可能と思われるものは世界におよそ一四八種しか存在しない。さらに、対象となる哺乳類が家畜化可能かどうかは、いくつかの項目について考慮すれば判定できる。したがって、野生動物の家畜化については、人間の側に問題があったのか、適当な野生種がその地域に存在しなかったのかは、複雑な検証なしに説明できる。

しかし野生植物の栽培化については、それがきわめてむずかしい。われわれの農作物の大部分は顕花植物を祖先とするが、地球上の植物でいちばん多いのがその数二〇万種におよぶ顕花植物である。この種類の多さが、動物の家畜化と同じアプローチで植物の栽培化を検証することをむずかしくしている。カリフォルニアのように一つの範囲に仕切ることが可能な地域でも、そこに自生する野生植物を全部調査し、そのうちの何種類が栽培化可能であるかを判断するのは現実的にはほぼ不可能に近い。この問題に取り組むには、数の多さに振りまわされない考え方をしなければならない。

栽培化の地域差

そんなにたくさんの植物があるのなら、地球上どこでも、植物の育成をさまたげるほど気候が厳しくなければ、農作物として栽培化できる野生植物にこと欠かないはずだ。植物の種類の多さを耳にしたときのわれわれの反応は、大方そんなところだろう。

しかし、野生植物の多くは樹皮の部分が多いとか、人間が食べられる果実・葉・根茎を形成しないといった理由で食用に適していない。二〇万種ある顕花植物のうち人間が食べられるのはわずか数千種である。しかも、多少なりとも実際に栽培されているのは、そのうちの数百種にすぎない。そして、その数百種のうちの大半は、生産基盤として人間の食生活や文明を支えるに足る食物ではない。その証拠に、世界で一年間に消費される農作物の八〇パーセントは、小麦、トウモロコシ、米、大麦、モロコシといった穀類、大豆をはじめとするマメ類、ジャガイモ、キャッサバ、サツマイモといった根菜類、砂糖をとるためのサトウキビやテンサイ、バナナをはじめとする果物類など、わずか十数種の植物で占められている。穀類だけでも、世界じゅうで消費される食物カロリーの半分以上を提供している。世界じゅうを見渡しても、主要作物と呼べるものはこれほど少ないのである。そして、そのすべてが何千年も前に栽培化されていることを考えると、食料として有用な新種の野生植物がもうどこにも存在しないとしてもさほど驚くべきことではない。実際、新しい主要食物となるような植物は、近世以降ひとつも栽培化されていない。この事実は、古代人が有用な野生植物をほとんどすべて試し、育成する価値のあるものはすべて栽培化してしまったことを示唆している。

しかし、ある地域では栽培化されたのに、他の地域では栽培化に失敗してしまった野生植物もある。同じ植物から有用な農作物を誕生させることに成功した地域があるかと思えば、それに失敗してしまった地域もある。この理由を説明するのは簡単ではないが、なぜ同じ野生種がどこでも同じように栽培化されなかったのかをつきとめる必要がある。

アフリカ大陸のモロコシ類は、まさにそのような植物の典型である。モロコシ類の野生種は南アフリカ地域にまで大陸全体に広く分布している。サヘル地域（サハラ砂漠の南縁）では重要な穀物として栽培されているが、アフリカ南部でモロコシ類やその他の植物が栽培されるようになったのは、二〇〇〇年前にバンツー族が赤道の北側からやってきて農耕をはじめてからのことである。アフリカ南部の先住民たちは、なぜ自分たちの手でモロコシ類を栽培化できなかったのだろうか。

亜麻もまたヨーロッパ西部や北アフリカに野生種が広く分布しているが、アフリカ南部のモロコシ類と同じように、土着の先住民によって栽培化されなかった植物である。ヒトツブコムギの野生種は、バルカン半島の南部に広く分布しているが栽培化されなかった。これもまた不思議な話である。これらの植物は、メソポタミアの肥沃三日月地帯で栽培化された八種類の農作物のうちの二種類であり、その点から考えると、もっとも栽培しやすい野生植物であると思われる。しかも、その野生種が自生している地域では、肥沃三日月地帯から農耕が伝わるや、地元の先住民によってすぐに土着の野生種が栽培化されはじめている。それなのになぜ彼らは自発的に土着の野生種を栽培化しなかったのだろうか。

また、オリーブ、ブドウ、イチジク、ナツメヤシの四種類の野生種の分布は、肥沃三日月地帯から地中海東部をはるかに越えて広がっている。たとえば、オリーブ、ブドウ、イチジクはイタリアやスペイン南部、アフリカ北西部にかけて自生しているし、ナツメヤシは北アフリカとアラビア半島全体に分布している。しかし、地中海地方東部で最初に栽培化されたと思われるこれらの果物は、肥沃三日月地帯から農作物として伝えられるまで、その周辺の自生地では作物として育成されていなかった。肥沃三日月地帯の周辺地域の先住民たちは、明らかにもっとも栽培しやすい野生の果物であるこれらの植物を、地中海東部で栽培化されたものが肥沃三日月地帯経由で農作物として伝わってくるまでなぜ栽培化しなかったのだろうか。

さらに、各地で栽培化された植物であっても、食料生産が自発的に起こらなかった地域では、栽培化されたものの近縁種が周辺に自生しているにもかかわらず、栽培化がおこなわれなかったケースがある。たとえば、オリーブ（*Olea europea*）は地中海地方東部で栽培化された。しかし、アフリカ大陸の熱帯地域および南部、アジア南部、オーストラリア東部にはその近縁種が四〇種ほど分布しているのに、そのいずれもが栽培化されていない。リンゴやブドウも、ユーラシア大陸では栽培化されたが、その近縁種が何種類も自生している北米では、アメリカ先住民が自発的に栽培化することはなかった。近代になってからはユーラシア種との交配までおこなうほど有用なこの土着の野生種を、アメリカ先住民はなぜ自分たちで栽培化しなかったのだろうか。

このように、ある地域では栽培化されたのに、他の地域では栽培化に失敗してしまった野生植物の例は枚挙にいとまがない。しかし、ひとつの植物だけをとりあげて、なぜその栽培化に地域差があるのかを問うのは論理的に正しくない。植物の栽培化を考える場合、注意すべきなのは、一種類の植物の栽培化に成功することで、狩猟採集民が移動生活をやめて定住生活をはじめた、と考えてしまうことである。定住生活に入って野生リンゴを栽培化すれば、素晴らしい農作物を手にできるとしても、北米インディアンの狩猟採集民がそれだけのために伝統的な生活様式を手放すとは思えない。彼らは、定住して食料生産を開始したほうが得であると思えなければ、移動生活から定住生活に移行したりしない。リンゴ以外にも栽培化可能な植物が周囲にあるとか、家畜化可能な野生動物が生息していて、村をかまえて落ちついても生産性の面で狩猟採集生活に劣ることがないと思えて、はじめて彼らは定住生活に入るのである。

つまり、植物の栽培化の地域差について考える場合、土地土地の植物相全体をふまえたうえで、土地ごとの状況を考察しなければならない。どうしたらこの判断ができるのか。北アメリカで野生リンゴが栽培化されなかったのは、アメリカ先住民に原因があったからだろうか。それとも、野生リンゴに原因があったからだろうか。

この問いに答えるために、この章では、農耕が自発的に起こった三つの地域について考察してみる。両極端な性質を示すこれらの地域のひとつは、メソポタミアの肥沃三日月地帯である。これまで見てきたように、この地域では世界でもっとも早く食料生産が開始されている。世界の主要作物のいくつかもここで栽培化されているし、世界の主要な家畜の大半も生みだされている。あとの二つの地域は、ニューギニアとアメリカ合衆国東部である。これらの地域では、土着の野生植物が栽培化されているが、その種類はけっして多くない。しかも、世界的に重要な作物はたった一種類しか誕生していない。肥沃三日月地帯であったように、科学技術や社会組織を支えるに足る食料生産が展開されることもなかった。このようなちがいは、植物相や自然環境において、ニューギニアやアメリカ合衆国東部よりも肥沃三日月地帯のほうが恵まれていたためにもたらされたのだろうか。

図8-1　紀元前7000年より以前に食料生産がおこなわれていたメソポタミアの肥沃三日月地帯

肥沃三日月地帯での食料生産

地図上で見ると三日月形をしていることから肥沃三日月地帯と呼ばれるメソポタミア地方（図8-1）が、人類の歴史において中心的な役割を果たしたことはよく知られている。アジア南西部に位置するメソポタミアは、良きにつけ悪しきにつけ人類の文明が最初に登場し、都市、文字、帝国といったものが誕生した場所のひとつである。メソポタミア文明の出発点は、農耕や家畜の飼育にさかのぼる。この文明は、食料生産の実践が人口の稠密な人間集団の形成を可能にし、余剰食料の貯蔵・蓄積によって非生産者階級の専門職を社会的に養うゆとりができた結果として誕生した。肥沃三日月地帯を起源とする重要な発明はいくつかあるが、それらのなかで最初に登場したのが食料の生産技術であったといえる。現代文明の起源を知るためにはつぎのことを探らなければならない。つまり、メソポタミアの肥沃三日月地帯で農耕や家畜の飼育がはじまったことが、他の地域の人たちを一歩リードすることになるほどの結果をメソポタミア地方にもたらしたのだろうか、ということである。

幸いなことに、肥沃三日月地帯については、世界のどこよりも農耕の起源について詳しい研究がなされている。肥沃三日月地帯やその近辺の地域で栽培化された作物は、野生祖先種がほとんどすべて確認されており、遺伝子や染色体も詳しく研究され、野生祖先種と栽培種（作物）との関係が明らかになっている。野生祖先種が分布していた地理的範囲もわかっている。栽培化の過程で発生した品種的変化が、遺伝子レベルまで研究されているものも多い。遺跡からは、そうした変化を時代的に示す証拠が折り重なった地層から出土し、どの栽培種がいつどこで栽培されていたかがほぼ明らかになっている。もちろん、中国をはじめとする他の地域においても、歴史上の早い時期に作物の栽培が開始されたことは否定できない。しかし、肥沃三日月地帯については、さまざまな作物が生産されるようになったことで、どのような利点が人びとにもたらされたかが、地球上のどの地域よりも詳細に特定できている。

メソポタミアが農耕の開始に有利であったことの条件の一つとして、この地方が地中海性気候に属し、穏やかで湿潤な冬と、長くて暑く乾いた夏に恵まれていることがあげられる。地中海性気候は、長い乾期を生き延び、雨期が戻ってきたときに一気に成長する植物に適している。肥沃三日月地帯に分布する植物の多く、とくに穀類やマメ類は、この気候に順応し、人間に役立つ特性を有している――彼らは、乾期に枯れてしまう一年生植物（一年草）となって地中海性気候に順応し、人間が栽培しやすいようになっている。

一年草は寿命が一年しかないので、背丈ではなく種子をできるだけ大きく実らせ、子孫を残すためにエネルギーを費やす。一年草の種子は、乾期をやりすごし雨期になったところで発芽する。したがって一年草は、樹木や灌木のように人間が食べられない樹皮や繊維質の多い幹や茎にエネルギーを費やすことはない。とくに一年草の穀類やマメ類は、人間の食べられない部分を大きくすることにはエネルギーを使わず、人間が食べられる種子を大きく実らせる。そのため、一二種ある世界の主要作物のうち六種は穀類やマメ類である。これに対して、森林を形成する植物には、幹や葉の部分が目立つものが多い。森に茂っているのは、人間の食べられない幹や葉にエネルギーの大部分を使ってしまう樹木や灌木がほとんどである。もちろん湿潤な気候の地域には、人間が食べられる大きな実のなる樹木が繁殖している森林もある。しかし、そうした樹木の種子は、長い乾期を生き延びるように進化しておらず、人間による長期間の貯蔵に適していない。

肥沃三日月地帯が恵まれていた条件の二つめは、農作物として育成できるような野生種がこの地方には豊富に分布しており、しかも大量の採集を可能にするかたちで群生していたので、その種の植物を栽培化して農耕を開始するメリットが先住民の目に明らかだったことである。植物学者が、狩猟採集民が一万年以上前におこなったのと同じ方法で野生種を採集して実験したところでは、これらの植物からは一ヘクタールあたり年間一トン以上の穀物が収穫できる。ということは、一キロカロリー相当の労働量の投入に対して、五〇キロカロリーもの食物エネルギーが得られる計算になる。肥沃三日月地帯では、実りの時期に、自生している穀類を大量に採集貯蔵し、それを年間を通じての食料とする定住生活が、野生植物の栽培化が開始される前から実践されていたと思われる。

肥沃三日月地帯に分布していた野生種は、すでに収量の多い品種だったので、そのまま多収穫種として栽培化できた。また、前の章で指摘した農作物として育成するための改良も急速に進み、栽培化された品種は実った種子を地上にばらまかなくなった。種子の発芽のタイミングも一様になった。このように、あまり多くの特性を変化させることなく野生種から栽培種を作りだせた大麦や小麦は、現在でも姿かたちがほとんど昔のままであり、その野生の祖先が何であったかが問題になったことはない。実際、大きな実（穀粒）を実らせるこれらの穀類は栽培化が非常に容易であったため、メソポタミア地方のみならず、中国やサヘル地域（サハラ砂漠の南縁）でも農作物としてまず最初に栽培化されている。

大麦や小麦と同じように世界の主要穀物でありながら、野生祖先種との関係がまったく対照的なのが、南北アメリカ大陸で主食として育成されていたトウモロコシである。トウモロコシの野生祖先種は、メキシコ、グアテマラ、ホンジュラスなどに生えている雑草のテオシントであろうといわれているが、種子や花の構造がトウモロコシとはあまりにも異なっているため、テオシントを起源とすることについては、長いあいだ植物学者のあいだで白熱した論議が展開されている。テオシントは野生の小麦よりずっと生産性が低い。子実（雌花穂）あたりの実（粒）の量も、現在のトウモロコシよりずっと少なく、実（粒）を包む皮（種皮）は、食べられないほど堅い。したがって、テオシントを食用に栽培するメリットが先住民の目に明らかであったとは思えない。テオシントが有用な農作物となるためには、多収穫種になるように徹底的に改良される必要があった。岩のように堅い種皮をどうにかする必要があった。テオシントの子実は非常に小さかったため、それを栽培化によって親指大にするまでに要した時間ははかり知れない。何世紀、ことによっては何千年という時間が必要とされたと、考古学者は激しい議論をいまだに展開しているが、親指大から現在の大きさになるまでには、さらに何千年という時間が必要だったことは明らかである。つまり小麦や大麦の場合と異なり、トウモロコシの野生祖先種とされるものはすぐに栽培化して食せるようなものではなかった。このちがいによる影響は非常に大きく、ユーラシア大陸と南北アメリカ大陸の社会的・文化的発展の時間差の要因となったとも考えられる。

肥沃三日月地帯が恵まれていた条件の三つめは、植物相において、「自殖性植物」の占める割合が高かったことである。野生植物の大半は、雌雄同体の他家受粉植物か、雄花と雌花が別々の個体につく雌雄異体の他家受粉植物である。自殖性植物とは、雌雄同体の自家受粉植物でありながら、ときおり他家受粉をおこなう植物のことである。野生植物に多く見られる雌雄同体や雌雄異体の他家受粉植物は、農耕をはじめたばかりの原始人たちにとって悩みの種であった。多収穫の突然変異種を見つけても、すぐに他家受粉してしまい、有用な特性が一代かぎりで終わってしまったからである。その結果、当時の農作物のほとんどは、自然環境において少数派である自家受粉植物と、根や塊茎といった栄養器官が分離して新しい個体をつくる栄養繁殖性植物に限定されていた。ところが、肥沃三日月地帯においては、突然変異種の有用な特性を子孫に伝達することができる「自殖性植物」が高い割合で自生していたため、初期の農民がその利点を大いに活用することが可能であった。

また、自殖性植物がときおり他家受粉をおこない、それまでにない変種を作りだしてくれることも、初期の農民にとっては好都合だった。このような他家受粉は、同じ種のあいだだけでなく近縁種間でもおこなわれるので、自殖性植物からはときおり種間雑種が誕生する。ちなみにパンコムギは、肥沃三日月地帯で誕生し、のちに世界でもっとも重要な農作物になった種間雑種である。

肥沃三日月地帯では八種の植物が主要作物として栽培化されているが、それらの植物はみな自殖性植物である。これら八種のうち三つを占める穀類は、ヒトツブコムギ、エンマーコムギ、大麦である。八パーセントから一四パーセントのタンパク質をふくむこれらの麦類には、米やトウモロコシにない利点があった。米やトウモロコシは、アジア東部や新世界でもっとも重要な穀類として育成されていたものの、タンパク質をあまりふくまないということで栄養面で問題があった。

八種の「起源作物」

以上見てきたように、地中海性気候の肥沃三日月地帯には作物化することのできる野生種が豊富に分布していた。このことが有利な条件となって、この地帯で農耕がはじまったわけであるが、地中海性気候はメソポタミア地方の肥沃三日月地帯から西側へ、ヨーロッパ南部やアフリカ北西部にまで広がっている。また、カリフォルニア、チリ、オーストラリア南西部、南アフリカといったところも地中海性気候に属する地域である（図8-2）。しかし、これらの地域では、世界でもっとも早く食料の生産が開始された肥沃三日月地帯とちがって、農業が自発的に起こることはなかった。西ユーラシアに位置する肥沃三日月地帯の何が、農耕を開始するうえでそれほど有利に作用したのだろうか。

肥沃三日月地帯は、他の地中海性気候の地域にくらべて、少なくとも五つの条件に恵まれていた。まず、肥沃三日月地帯をふくむ西ユーラシアには、世界でもっとも大きな地中海性気候地帯が広がっている。その結果、野生動植物の種類は、オーストラリア南西部やチリの小規模な地中海性気候地域とはくらべものにならぬほど多い。つぎに、西ユーラシアには、季節ごとの気候が変化に富んでいる影響で、一年草が多様化し、植物相全体に占める一年草の割合が非常に高い。この種類の豊富さと、一年草の割合の高さのおかげで、西ユーラシアの地中海性気候の地域には、他の地中海性気候の地域

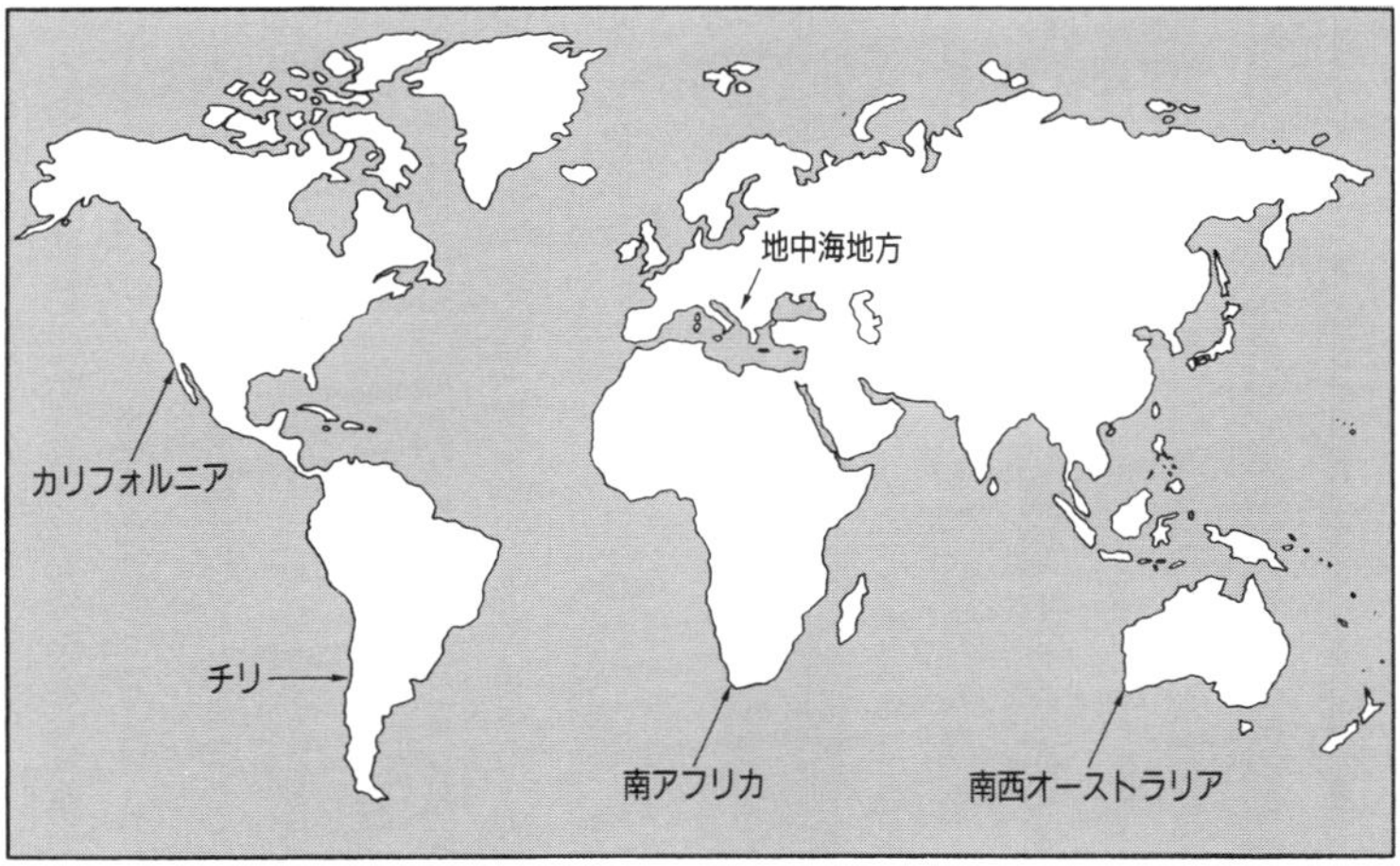

図8-2　地中海性気候の地域

よりもずっと多くの一年草が繁殖していた。

人間にとって作物化することのできる植物の種類の豊富さが重要であることを示したのが、地理学者マーク・ブルーマーのおこなった野生種のイネ科植物の分布についての研究である。ブルーマーは、世界じゅうに数千種ある野生種のイネ科植物のなかから、大きな種子を持つ五六種を「大自然のあたえた最優良種中の最優良種」とした（表8-1↓二〇七頁）。これらの五六種は、穀粒の重さが中央値より少なくとも一〇倍は重く、そのほとんどが地中海性気候か、乾期のある地域に自生している。しかもその圧倒的多数が、肥沃三日月地帯か西ユーラシアの地中海性気候地帯に集中している。この五六種のうちなんと三二種がこの地域に分布している事実は、肥沃三日月地帯の初期の農民にとってイネ科植物を栽培化するうえで選択の余地が大きかったことを意味している。たとえば穀粒の大きさで比較すると、肥沃三日月地帯の二大主要作物であった大麦とエンマーコムギは、上位五六種中それぞれ三位と一三位にランクされている。これに対して、チリの地中海性気候地域には五六種中たった二種が自生しているだけであり、カリフォルニアと南アフリカにはそれぞれ一種が自生しているだけである。そして、オーストラリア南西部には一種も自生していない。この事実だけをとっても、人類の歴史において肥沃三日月地帯と他の地域の果たした役割のちがいを説明することができよう。

肥沃三日月地帯の地形は起伏に富んでいる。これもまた、この地域が他の地中海性気候の地域にくらべて恵まれている点である。肥沃三日月地帯には、その狭い地理的範囲のなかに、地球上でもっとも海抜が低い場所（死海）から、テヘラン近郊の高度一万八〇〇〇フィート（約五四〇〇メートル）の山々まで、さまざまな地勢がある。植物の生育環境もこの地勢の複雑さに影響されて、肥沃三日月地帯にはさまざまな野生種が分布しており、作物化する植物にこと欠かない。ゆるやかな川が流れる低地、氾濫原、砂漠なども、灌漑可能な場所にあって農業に適している。これに対して、オーストラリア南西部の地中海性気候地域は、地形においても生物の生育環境においても、肥沃三日月地帯ほど多様ではない。南アフリカや西ヨーロッパの地中海性気候地域にしても、オーストラリア南西部ほどではないが、環境の多様性の面では肥沃三日月地帯におよばない。

地形が起伏に富んでいる肥沃三日月地帯では、すべての場所で植物がいっぺんに熟すことがなく、低地と高地のあいだで時期的にずれた収穫が可能である。高度が高くなればなるほど、そこに生える植物の熟する時期がいくらか遅くなるからである。そのため肥沃三日月地帯では、実りの時期がいっせいにきて採りきれなくなることがなかった。この地域の狩猟採集民は、野生植物が熟すのにあわせて低地から高地に移動していきながら、それぞれの場所で収穫をおこなうことができた。肥沃三日月地帯で最初に農耕をはじめた人たちは、斜面に生えていた野生種の種子を湿潤な低地にまき、いつ降

表8-1　大きな種子を持つイネ科植物の分布

地域		（数）
西アジア、ヨーロッパ、北アフリカ		33
うち地中海地方	32	
イギリス	1	
東アジア		6
サハラ以南のアフリカ		4
アメリカ大陸		11
うち北米	4	
中米	5	
南米	2	
北オーストラリア		2
合計		56

マーク・ブルーマーの学位論文「カリフォルニアとイスラエルの地中海性気候の草原における、種子の重量と環境」（カリフォルニア大学バークレー校、1992年）のなかの表12-1は、世界に分布する野生種の（竹を除く）イネ科植物のうち、もっとも穀粒の重い56種を載せている。これらの56種は穀粒の重さが10ミリグラムから40ミリグラムあり、世界に分布する全イネ科植物の中央値より少なくとも10倍は重い。これらの56種が全イネ科植物に占める割合は1パーセントにも満たない。この表は、上位野生種の圧倒的多数が地中海地方に集中していることを示している。

るかわからぬ雨を頼りにしなくても植え付けた作物が育つようにした。これが肥沃三日月地帯における栽培化のはじまりである。

狭い範囲の中に多様な生態系が存在した肥沃三日月地帯には、役に立つ作物ばかりでなく、家畜化可能な哺乳類も豊富に生息していた。これも、この地域が他の地中海性気候の地域にくらべて恵まれていた四つめの利点である。後述するように、家畜化に適した動物は、カリフォルニア、チリ、オーストラリア南西部、南アフリカなどの地中海性気候の地域にはほとんど生息していなかった。ところが肥沃三日月地帯では、この地方一円に分布していた野生種の山羊、羊、豚、牛がごく早い時期に家畜化されている。これは、犬を除けば、野生動物が飼育されるようになった時代としては世界でもっとも古い。そして今日でも、これらの大型哺乳類は世界の主要家畜五種のうち四種を占めている（第9章を参照）。しかも、山羊、羊、豚、牛は、同一の場所で家畜化されたわけではない。これらの哺乳類は肥沃三日月地帯一円に分布していた。その結果、羊はおそらく肥沃三日月地帯の中央部で家畜化されたと思われる。山羊は東部高地（イランのザーグロス山脈）か南西部（レバント地方）で、豚は中央部北方で、牛はトルコのアナトリアをふくむ西部で家畜化されたと思われる。このように、これらの大型哺乳類は肥沃三日月地帯内の異なる地域でそれぞれ家畜化されているが、野生祖先種が肥沃三日月地帯一円に分布していたことから、飼育種はすぐに肥沃三日月地帯一帯に伝播することとなった。

肥沃三日月地帯の農業は、八種の「起源作物」の栽培とともにはじまっている（これらの植物が「起源作物」と呼ばれるのは、これらの植物の栽培化が肥沃三日月地帯、そしておそらく世界の農業の基礎を築いたからである）。これら起源作物は、エンマーコムギ・ヒトツブコムギ・大麦の穀類、ヒラマメ・エンドウ・ヒヨコマメ・オオヤハズエンドウのマメ類、繊維植物の亜麻である。これらのうち、肥沃三日月地帯およびアナトリア以外の地域に野生種が分布していたのは亜麻と大麦だけである。ヒヨコマメはトルコ南東部にしか自生していなかった。またエンマーコムギの自生地は肥沃三日月地帯内に限定されていた。このように、八種の「起源作物」の野生種が自生していたため、肥沃三日月地帯の住民は、よそで栽培化された植物が農作物として伝わってくるのを待つことなく、自分たちの行動範囲内に自生している植物を栽培化し、農業をはじめることができた。なお、同じことを逆に表現すれば、八種の起源作物のうち、肥沃三日月地帯以外の地域に自生していたのは二種にすぎなかったので、それらを栽培化できた土地は肥沃三日月地帯以外になかったことになる。

肥沃三日月地帯の人びとは、食料生産に適した動植物が自分たちと同じ生活環境に分布していたおかげで、栽培化や家畜化にさほどの時間をかけることなく、バランスのとれた集約的な食料生産に移行することができた。彼らの食料生産の中心をなしたのは、炭水化物の主要供給源となった三種の穀類、タンパク質含有量が二〇パーセントから二五パーセントのマメ類、それに四種の家畜である。そして、これらを栄養面で補足するかたちで、タンパク質分の豊富な小麦と、繊維質と油分の豊富な亜麻が栽培されていた（四〇パーセントの油分をふくむ亜麻の種子からは、亜麻仁油がとれる）。また、食料生産がはじまって数千年を経た頃からは、家畜から乳や毛を採取して使用したり、それらの家畜を農耕用や輸送用の使役動物として利用するようになっている。こうして、肥沃三日月地帯で最初に栽培化されたり家畜化されたりした動植物は、人間の基本的な経済活動に必要な炭水化物、タンパク質、脂肪、衣服、労力、輸送力を提供するようになったのである。

最後に、肥沃三日月地帯で食料生産が早期にはじまるのに好都合だったもうひとつの点は、「狩猟採集生活」対「農耕生活」という生活様式の競合が、地中海西部や他の地域にくらべて少なかったことであろう。たとえば、狩猟採集生活において重要な水産資源で見た場合、アジア南西部は、大きな川があまりないうえに、海岸線が短く、海や川でとれる魚介類に比較的乏しい地域であった。もちろんガゼルが巨大な群れをつくって生息していたが、人間たちがその肉を求めて乱獲したため、数が激減してしまっていた。そのような状況のなかで、先住民たちのあいだでは、食料生産型の生活様式が急速に好まれるようになっていった。食料生産がはじまる前にも、集落をかまえ、野生の穀類を採集しながら生活していた定住式狩猟採集民が存在していたことも、作物の栽培や家畜の飼育をひとつの選択肢として受け容れやすくする結果となり、肥沃三日月地帯では、狩猟採集生活から食料生産生活への移行が比較的迅速にすすんだ——紀元前九〇〇〇年頃、人びとは農作物も家畜も持たず、野生の食物だのみの生活をしていた。しかし紀元前六〇〇〇年頃になると、食料を農作物と家畜だけに依存する社会も出現している。

肥沃三日月地帯と比較すると、中米の状況はかなり対照的である。この地域に生息していた動物で家畜化可能であったのは七面鳥と犬の二種類だけである。しかも、食用に利用可能な肉の量は、肥沃三日月地帯で家畜化された牛、羊、山羊、豚にくらべてはるかに少ない。また、中米の主食であるトウモロコシは、すでに指摘したように栽培化がむずかしく、食用として利用可能な品種ができるまでには相当の時間を要したと思われる。その結果、トウモロコシの栽培が中米ではじまったのは紀元前三五〇〇年頃になってからのことだった（正確な年代は依然として不明である）。しかも、野生種から栽培種への改良は、定住生活者ではなく、移動生活をしていた狩猟採集民によっておこなわれている。中米に定住生活が登場したのは紀元前一五〇〇年頃になってからのことである。

動植物に関する知識

この章では、肥沃三日月地帯で食料生産がどのようにはじまったかを見てきたが、その過程でわれわれは、この地域で食料生産が歴史上非常に早い時期にはじまったのは、そこの住民がよその住民よりとくに優れていた点が何かあったからである、といった議論を展開する必要がなかった。現に私の知るかぎり、肥沃三日月地帯の住民に生物学的に何か特別なところがあって、それが食料生産をはじめるにあたって助けになったというような主張をまじめに展開する学者はいない。肥沃三日月地帯における食料生産のはじまりは、気候や環境、そして野生動植物の分布状況などの面から充分説明できることは見てきたとおりである。

ところで、食料生産が自発的に起こったということでいえば、ニューギニアやアメリカ合衆国東部の先住民たちも自分たちで農耕をはじめているが、肥沃三日月地帯で見られたほど生産的な農業を展開するにはいたっていない。これは、ニューギニアやアメリカ合衆国東部の住民に何か原因があってのことなのだろうか。この疑問を検討する前に、それに関連する二つの疑問点をまず考えてみよう。それは、食料生産を独自にはじめなかった地域や、生産性の低い食料生産システムしか生みだせなかった地域についての疑問であり、その一つは、狩猟採集生活をしていた人たちや初期の農民たちが、野生の動植物の種類やその利用方法についての知識をほんとうに持ち合わせていたかということである。二つめの疑問は、もし彼らが、野生の動植物についてよく知っていたとしたら、その知識を利用してもっとも有用な種類を栽培化したり家畜化したのか、それとも、彼らのあいだには、そうすることのさまたげになるような何か文化的な要因があったのか、ということである。

人間は、自分の生活環境に存在する野生の動植物に関して、どれだけの知識を持ち合わせているのだろうか。この疑問に関する研究は、民族生物学の分野に属する。民族生物学では、世界に現在も少数存在している狩猟採集民や、野生の食物を主体に補足的に農耕をおこなっている人たちをおもに研究している。その研究によれば、彼らは動植物を表す言葉を自分たちの言語で数千種類も持ち合わせており、それらの動植物の生態や特徴、利用方法について詳細な知識を持ち合わせているという。このような知識を有する彼らは、いわば自然についての生き字引である。そして人類は、家畜や、栽培された作物に頼るようになるにしたがい、そのような知識に価値を見いださなくなり、ついには、現代のスーパーマーケットの買い物客のように、イネ科の野菜とマメ科の野菜の区別もつけられなくなってしまったのである。

こうした知識の欠如については、私自身、つぎのような典型的な現代人の経験をしている。私は過去三三年間、ニューギニアで生物学の野外研究をしている。私が行動をともにすることが多いニューギニア人たち（フォレ族）はいまだに野生の動植物を多く利用しているが、あるときフォレ族の仲間と出かけた私たちは、食料補給基地への道を他の部族の人たちにはばまれ、ジャングルの中で食料が尽きてしまった。すると、いっしょにいたフォレ族のひとりがどこかへ出かけていき、大きなリュックサックいっぱいのキノコを持って帰ってきた。彼がそのキノコを焼きはじめたとき、やっと夕食だ！ と思った私は、つぎの瞬間、もし毒キノコだったらどうしようと考え、不安でたまらなくなってしまった。

私は、言葉を選びつつ、フォレ族の人たちに慎重に説明した。キノコのなかには有毒なものもある。毒キノコと食用キノコの区別はむずかしいから、アメリカでは、キノコの専門家として有名な人が、毒キノコを見間違えて食べてしまい、死んでしまったこともある。だから、われわれはみんな空腹だけれど、命がけで食べなくてもいいのでは……と、そこまで話したときである。フォレ族の人たちはかんかんに怒りだした。よけいなことをいわずにこれから説明することをよく聞け、と私にむかっていった。まったく彼らが怒るのも無理はなかった。私は何年ものあいだ、何百もの木や鳥の名前を彼らに教えてもらっておきながら、侮辱的な発言をして、彼らに毒キノコと食用キノコを区別する能力がないようなことをそれとなくにおわせてしまったのである。安全なキノコとそうではないものの区別がつけられないほど間抜けなのはアメリカ人だけだというのに。フォレ族の人たちは私に、二九種の食用キノコと、フォレ語の名前、また森のどこで見つけられるかを教えてくれた。そのとき、フォレ族のひとりが集めてきたタンティと呼ばれるキノコは木に生える種類で、食べてもまったく安全で、とてもおいしかったのである。

野外調査のとき私に同行するニューギニア人たちは、途中で人に出会うと、決まってその場所に特有の動植物について尋ねる。そして、役に立つと思った植物は集めて持ち帰り、村で植えて育ててみようとする。昔ながらの伝統的生活をしている人たちを研究している民族生物学の専門家は、世界のいろいろな場所で私と同じような経験をしていることだろう。そうした学者たちの研究からわかることは、野生の動植物の不足分を農耕で補っている人たちや、現代文明になかば同化してしまった生活をしている、地球最後の狩猟採集社会の生き残りといわれるような人たちでさえ、自分たちの生活環境に存在する野生の動植物に関して相当な知識を持ち合わせているということである。それを考えると、誰もが狩猟採集生活をしていた時代の人びとは、野生の動植物に関していまよりずっと詳細な知識を持ち合わせていただろうと推測される。それらの知識は、生物学的に現代人となんら変わらぬ人たちであった先史人が、数万年にわたる自然環境での狩猟採集生活を通じて蓄積したものだった。そして、最初に農耕をはじめた人たちがその知識の継承者であったことを考えると、その彼らが、価値ある野生の動植物を利用せずに見過ごしてしまったとはきわめて考えにくい。

では、狩猟採集民や農耕をはじめた人たちは、野生の動植物についての知識を活用して、もっとも有用な種類を栽培化したり家畜化したのかという、もうひとつの疑問点をどう考えればいいだろう。これに対するひとつの答えは、シリアのラッカという町に近いユーフラテス渓谷の南岸にある、テル・アブ・フレイラと呼ばれる遺跡から出土した炭化物の中に隠されていた。紀元前一万年から九〇〇〇年頃にかけて、この地域の住民は集落をかまえて定住していた。しかし、この地域で農耕がはじまるのは紀元前九〇〇〇年から八〇〇〇年のあいだなので、彼らは依然として狩猟採集生活をつづけていた。その人びとの遺跡から、ゴードン・ヒルマン、スーザン・コレッジ、デイビッド・ハリスの三人の考古学者が、大量の植物性炭化物を発見したのである。それは、遺跡の住人たちがどこかで採集して持ち帰った野生植物の不要部分をゴミとして捨て、それが大量に炭化したものだった。三人の考古学者が七〇〇以上の標本を分析したところによると、それぞれの標本には平均して五〇〇個以上の種子がふくまれており、七〇種以上の植物のものであることが判明した。この発見によって、テル・アブ・フレイラ遺跡の住民たちは、現代ではもはや判別できない種類はさておき、炭化物から判別しただけでも一五七種という驚くほど多様な野生植物を採集していたことが判明した。

ところで、一五七種というと、手当たりしだいに集めたようにも思える。では、はたして単純な村人たちは、見つけた種子をどれこれかまわず家に持ち帰り、食中毒を起こす合間に、数少ない食用植物を食べて、それで生きながらえていたというのだろうか。いや、彼らはそんなにばかではなかった。というのも、一五七種というのは、この地域に自生している植物の種類にくらべると、はるかに少ないものだったからである。この一五七種の植物は、三つに分類できる。大半は無毒な種子を持ち、そのまま食べられる植物である。もうひとつは、マメ類やアブラナ科に属する植物で、種子は有毒であるものの、簡単に毒を取り除いて食べることができる。そして、最後にもっとも数が少ないのが、昔から染料や薬として使用されていた種類に属する植物である。ちなみにこの一五七種の植物にふくまれていなかったのは、その地域に分布しているもっとも有毒な植物をはじめとする、人間の役にまったく立たない植物や有害な植物であった。

つまり、テル・アブ・フレイラの遺跡から出土した植物性炭化物の分析結果を見るかぎり、この地域で狩猟採集生活をしていた人たちは、有毒無毒の見さかいなく野草を集め、みずからの命を危険にさらしていたわけではない。彼らは、現代のニューギニア人と同じように、自分たちの生活環境にどんな植物が自生しているかをよく知っていた。そして、その知識を使って役に立つ植物だけを採集していたのであり、それらの植物の種子は意図したことではなかったとはいえ、野生植物の栽培化をはじめるための素材となった。

先史時代の人びとが民族生物学の知識を有効に使っていたことを示すもうひとつの例として、野生植物を栽培化することで、紀元前九〇〇〇年頃のヨルダン渓谷で農耕をはじめた人びとについて考察してみよう。ヨルダン渓谷で最初に栽培化された植物は、今日でも世界の主要穀物に数えられる大麦とエンマーコムギである。しかし、ヨルダン渓谷の周辺に自生していた食用植物は大麦とエンマーコムギだけではなかった。この地域には、テル・アブ・フレイラ遺跡の周辺地域と同じように、何百種類もの野生の被子植物が自生していたはずであり、そのうち一〇〇種以上の食用植物を収穫する狩猟採集生活を住民は営んでいたはずである。だとすると、この地域の人びとは、どうして大麦とエンマーコムギを最初に栽培化する植物として選んだのだろうか。彼らは、自分たちがやっていることがわからないほど、自分たちの生活環境に自生している野生植物について無知だったのだろうか。それとも彼らは、大麦とエンマーコムギがもっとも有用な植物であると知っていて、わざわざこの二つを選んだのだろうか。

今日、ヨルダン渓谷に自生している野生のイネ科植物を調べ、この問題に取り組んだのが、オフェル・バール＝ヨセフとモルディハイ・キスレフという二人のイスラエル人学者である。彼らは、種子が小さすぎたりまずくて食べられないものを除いた野生種のうち、味がよく種子の大きいものを二三種リストアップしている。大麦とエンマーコムギもこのリストの中にふくまれている。

しかし、大麦やエンマーコムギとちがって、これ以外の二一種の植物は有用な特性を備えていなかった。この二つの穀類はいろいろな基準から見て、リストに選ばれた二三種のうちで最高のものだったのである。たとえば種子の大きさで比較した場合、エンマーコムギは二三種のうちでもっとも大きく、ついで大きかったのが大麦だった。収量で比較した場合、大麦は上位四種のうちのひとつで、エンマーコムギは中位にランクされている。さらに大麦は、前の章で指摘したように、遺伝子的にも形態的にも種子の伝播や発芽抑制メカニズムが改良しやすい種類であった。エンマーコムギには、大麦よりも効率よく集められるという長所や、他の穀類のように種子が殻に張りつかないという長所があった。他の二一種については、種子が小さいとか収量が少ないといった短所があった。大麦やエンマーコムギのような一年草ではない場合は、多年草での繁殖サイクルがわざわいして、栽培過程での品種改良に時間がかかるといった短所もあった。

つまり、ヨルダン渓谷で最初に農耕をはじめた人たちは、自分たちが入手可能だった二三種の良質の野生穀類のなかから、最上の二種を選り抜いて栽培していたのである。もちろん彼らは、自分たちが栽培をはじめた穀類が、やがてさまざまに品種改良され、種子をまき散らさなくなったり発芽抑制メカニズムを進化させたりするようになるとは予期していなかった。しかし彼らは、種子の大きさ、味のよさ、収量の多さといった判別しやすい特性にもとづいて、他の穀類でなく大麦やエンマーコムギを意識的に選んで集め、家に持ち帰り、最初の作物として栽培化したのである。

このヨルダン渓谷の例は、先のテル・アブ・フレイラ遺跡から出土した植物性炭化物の分析結果と同じように、最初に農耕をはじめた人たちが自分たちの生活環境に自生している野生種についてよく知っており、その知識を生活に役立てていたことを示している。彼らは、現代のもっとも博学な植物学者よりも詳しい知識を自分たちの周囲に生えている植物について持ち合わせていたのだ。そんな彼らが、有用な野生植物の栽培化に際してその知識を利用しなかったとはとうてい考えられない。

ニューギニアの食料生産

肥沃三日月地帯の一角であるヨルダン渓谷の住民たちを考察したので、今度は、ニューギニアやアメリカ合衆国東部の住民たちが、自分たちの栽培していた穀物よりも生産性の高い穀物がよそから伝わってきたときに、どのような行動をとったかを検討してみよう。ちなみに、これらの地域の住民たちは、それぞれ独自の食料生産システムを発展させていた。しかし、それは肥沃三日月地帯で展開されていたシステムにくらべ、生産性の面で明らかに劣っていた。したがって、彼らが文化的な理由か何かで、よそから伝播してきた農作物を受け容れていなかったとしたら、われわれは、これまでの推測にかかわらず、野生植物のなかには、有用な作物になりうる原種でありながら、文化的な理由で土地の農民に利用されることのなかった植物が存在したのではないかと疑わざるをえない。しかし、後述するように、ニューギニアとアメリカ合衆国東部の二つの例は、ある地域で栽培化された収穫性の高い作物がよその土地で栽培された場合、原産地で示したのと同じ収穫性を示すとはかぎらない、という歴史的事実をはっきりと表している。

グリーンランドについで世界で二番目に大きい島であるニューギニアは、ほぼ赤道直下、ちょうどオーストラリアの真北に位置している。地形が起伏に富む熱帯の島であることから、生物の生育環境は多様である。そのため動植物の種類は、周囲を海に囲まれた島であるために大陸の熱帯地域よりは少ないが、きわめて豊富である。ニューギニアには少なくとも四万年前から人類が住んでいる。この年代はアメリカ大陸に人類が住みはじめた頃よりもずっと古い。西ヨーロッパに生物学的に現代人と変わらぬ人たちが住みはじめた年代にくらべてもやや古い。ニューギニア人がこのように長い期間、この島に住んでいたことを考慮すると、彼らは自分たちの生活環境に分布する動植物相について知る時間が充分すぎるほどあったといえる。そうだとすれば、彼らはその知識を食料生産システムを発展させるために使おうとしたのだろうか。

すでに指摘したように、人びとが食料生産をはじめる背景には、狩猟採集生活と農耕生活という二つの生活様式の「競合」がある。人びとはその競合のなかで、食料を生産する生活のほうが好都合であると判断した時点ではじめて農耕生活に入る。そして、ニューギニアでの狩猟採集生活は、あえてその生活様式に固執して食料を自分たちで生産する生活をはじめから相手にしなくてもすむほど豊かなものではなかった。とくに有史時代に入ってから狩猟生活を営んできた人びとは、野生動物の欠乏という、どうにもならない逆境に悩まされてきている。ニューギニアにもともと生息している大きな動物は、体重一〇〇ポンド（約四五キロ）の飛べない鳥のヒクイドリや、五〇ポンド（約二三キロ）のカンガルーだけであり、この二種より大きな動物はまったく生息していない。もちろん、沿岸部の低地に暮らす人たちは豊富な魚介類を採集して生活している。内陸の低地に住む人たちは、今日でもおもに野生のサゴヤシを主食とする狩猟採集生活を営んでいる。しかし、高地に住む人たちは、もはや狩猟採集生活をしていない。現代のニューギニアの高地人は、食料を自分たちで生産しており、野生の食物は補助的に摂取しているにすぎない。その証拠に、彼らは森に狩猟に出かけるとき、自分たちで育てた野菜を持参して行く。不幸にも持参した食糧が底をついてしまった場合は、森に自生している野生植物について詳しい知識を持っているにもかかわらず飢え死にしてしまうのだ。現代のニューギニアでは、島内のほとんどの地域において狩猟採集だけに頼って暮らすことはできない。したがって、高地に暮らしている人びとは全員が、そして低地で暮らしている人びとの大部分が、定住生活をしながら高度の食料生産システムを実践している農民であることは少しも驚くにあたらない。ニューギニアにおいては、かつては森であった高地も、数々の場所が伝統的な農業をおこなう人びとによって開墾され、灌漑がほどこされ、集中管理された畑となって高密度の人口を支えている。

ニューギニアにおける農業の起源を示す考古学的証拠は、紀元前七〇〇〇年頃にまでさかのぼる。その時期、ニューギニア一帯の島々の住民はほとんどが狩猟採集民であった。したがって、ニューギニアの古代農業はこの土地で独自に発達したはずである。農作物であったとはっきりわかる遺物は、初期の農業がおこなわれていた畑からはまだ発見されていないが、その当時栽培されていた作物は、ヨーロッパ人によって植民地化されたときに、現地の人たちが育てていた作物であって、かつ、ニューギニアの植物を祖先とする作物のいくつかであっただろうことは充分に考えられる。ニューギニアで栽培化された野生植物のなかでとくにきわだっているのが、世界の主要作物のひとつ、サトウキビで、その年間生産量は世界第二位と第三位の作物(小麦とトウモロコシ)を合わせたに等しい。このほかにもニューギニア原産であることがたしかな作物は、オーストラルイムサというバナナの一種、カナリウム・インディクムという実が食用となるカンラン科の樹木、キルトスペルマという巨大なタロイモ、そして茎や根や葉の部分がさまざまに食せる植物などである。パンノキ、根の部分が食用にされるヤムイモ、一般的なタロイモなどもニューギニア原産と思われるが、これらの作物の野生種はニューギニアからアジア東南部にまで広がっているので、はっきりした結論はまだ出されてない。現在のところ充分な証拠がないので、これらの作物がこれまで推測されていたように、東南アジアで栽培化されたのか、あるいはニューギニアで独自に、もしくはニューギニアだけで栽培化されたのかを決定することができないのである。

しかし、ニューギニアには三つの問題があったことがわかっている。そのひとつは、食用穀類に関するもので、ニューギニアでは、肥沃三日月地帯、サヘル地域（サハラ砂漠の南縁）、そして中国とはちがって、重要な穀類が一種類も栽培化されていない。そのかわり、根菜類や樹木作物が重要視された。この傾向はアマゾン川流域、アフリカ西部の熱帯気候地帯、アジア東南部などの雨量の多い熱帯地域でも見られるが、これらの地域の住民たちは少なくとも二種類の穀類を栽培化している（アジアイネとハトムギ）。穀類を育成する農業がニューギニアで起こらなかったのは、それを開始するための野生種がその地に存在していなかったからだと思われる。世界に分布する大きな種子を持つ五六種のイネ科植物で、ニューギニアに自生しているものは一種類としてないのである。

ニューギニアの動物相のもうひとつの問題は、飼育可能な大型哺乳類がまったく生息していないことである。現代のニューギニア人は豚、鶏、犬を飼育している。しかし、これらの哺乳類はここ数千年のあいだにインドネシア経由で東南アジアからやってきたものである。そのため、ニューギニア人は深刻なタンパク質不足に悩まされてきた。もちろん、沿岸部の低地で生活する人びとは魚からタンパク質を摂取することができるが、高地に住む農民たちの主食であるタロイモやサツマイモはタンパク質をあまりふくんでいない。たとえば、タロイモのタンパク質含有量は白米のそれよりも低く、わずか一パーセントである。これは肥沃三日月地帯で栽培されていた小麦やマメ類に遠くおよばない（小麦のタンパク質含有量は八パーセントから一四パーセント、マメ類は二〇パーセントから二五パーセントである)。

ニューギニアの高地で暮らす子供たちは腹部がふくらみ、口にする食物の量は多いもののタンパク質の摂取量が少ない食生活に特有の体型をしている。ニューギニア人は老人も若者も、ネズミやクモやカエルといった、大きな家畜類や野生動物の入手可能な地域の住民が見向きもしない小動物を日常的に口にする。また、ニューギニア高地の社会では、伝統的に人肉を食べる風習が広い地域で見られたが、これもつまりは食生活におけるタンパク質不足に原因があったと思われる。

最後に、ニューギニアでは食用の根菜類が高地ではうまく育たないという問題があった。結局、ニューギニア人の多くが住む高地では、人びとがタンパク質だけでなく、食物カロリーも満足に得られなかったわけだが、そんなニューギニアに何世紀か前にサツマイモが伝えられている。もともと南アメリカ原産であるサツマイモは、スペイン人がそれを伝えたフィリピン経由でニューギニアに伝わっていったと思われる。サツマイモは、ニューギニア原産のタロイモや、もっと古くから栽培されていたであろう根菜類とちがって、高地でもちゃんと成長する。一エーカーあたりの収穫量や、投入労働時間あたりの収穫量も多い。ニューギニアの高地では、サツマイモが伝わった結果、人口が爆発的に増加している。つまりニューギニアの人びとは、サツマイモが伝わる何千年も前から高地を耕しつづけてきた。しかし、手に入る作物が限られていたので人口増加は抑えられていた。また、ある程度以上の高地に住むこともできなかった。

ニューギニアとメソポタミアの肥沃三日月地帯の比較からはいろいろと教えられることが多い。まず、ニューギニアの狩猟採集民は、肥沃三日月地帯の狩猟採集民と同じように、自分たち独自の方法で自発的に食料生産をはじめていた。しかしニューギニアの農業は、栽培化可能な穀類やマメ類、家畜化可能な動物が野生種として生息していなかったために、高地に居住していた人びとをタンパク質不足におとしいれてしまった。栽培化可能であった根菜類が高地では充分に成長しない品種であったことも、ニューギニア農業の足かせとなった。とはいえ、ニューギニア人が自分たちの生活環境に分布している動植物について無知だったわけではない。彼らは、今日地球上で暮らすどの民族にも負けないくらい、自分たちが入手可能な野生植物について充分な知識を持ち合わせていた。その点を考慮すると、ニューギニア人は、栽培化に値する野生植物はひとつ残らず見つけて、試せるものは試したと推測できる。サツマイモが伝わったときにニューギニア人がどうしたかを見れば、新種の作物を自分たちのものにする能力が彼らにあったことは明らかである。今日のニューギニアにおいても、新しく伝わった農作物や家畜を真っ先に手に入れられる部族や、そうしたものを取り入れようとする意欲のある部族の人びとが、新種の作物の受け容れに意欲的な文化的土壌のなかで、そうする意欲のない部族や新しい作物を入手できない部族を犠牲にしながら、自分たちの農耕エリアを拡大している。つまり、ニューギニアの人びとが独自に誕生させた食料生産システムの展開が制約された原因は、この地域の人びとの特性にあったわけではなく、この地域の生物相や環境要因にあったのである。

アメリカ東部の食料生産

アメリカ合衆国東部も、地域の植物相が食料生産システムの展開にいろいろな影響を与えた例である。この地域の先住民たちは、ニューギニアの人びとと同じように、自分たちの自然環境に自生していた野生植物を栽培化していた。そして、彼らがそれをどのように実践していたかについては、ニューギニアの場合より明らかになっていることが多い——農耕をはじめたばかりの頃に育成されていた作物もわかっている。栽培化された植物についても、どのようなものがどのような順序でいつごろ栽培化されたかがわかっている。合衆国東部の先住民たちは、渓谷地帯に定住し、土着の作物を育成するかたちで、よそから農作物が伝播してくるかなり前から集約的な食料生産を営んでいた。つまり、彼らは、有望そうな野生植物を栽培化し、自分たちの農業に利用できる立場にあったといえる。そうだとすると、彼らは、どのような植物を実際に栽培化したのだろうか。彼らが独自に誕生させた食料生産システムは、肥沃三日月地帯を起源とするシステムとくらべて、どのようなものであったのだろうか。

合衆国東部では、メソポタミアの肥沃三日月地帯で小麦と大麦が栽培化された六〇〇〇年後の紀元前二五〇〇年から紀元前一五〇〇年のあいだに、四種類の植物が起源作物として栽培化されている。そのひとつであるカボチャの一種は、小型の容器として利用されるほか、種子が食料となっていた。残りの三種類は、ヒマワリ、キク科のサンプウィード、アカザと呼ばれるホウレンソウの遠い親戚である。これらの作物は種子の部分を食用とするためだけに栽培されていた。

しかし、種子を食用とする作物と小型の容器として利用する作物の四種類だけでは、充分な食料生産システムとはいえない。そこで合衆国東部の先住民たちは、野生の哺乳類や水鳥、魚介類、木の実などを主たる食料源としながら、これらの農作物を補助的に摂取する生活を二〇〇〇年ほどつづけていた。彼らが農作物を主たる食料源とするようになったのは、紀元前五〇〇年から紀元前二〇〇年にかけて、新たに種子を食用とする三種類の作物（タデ、クサヨシの一種、ミナトムギクサ）を栽培するようになってからである。

合衆国東部の先住民たちが栽培していた七種類の農作物は、現代の栄養学者から見れば、賞賛に値する高栄養価作物である。たとえば、どの作物も一七パーセントから三二パーセントのタンパク質含有量を誇っている。ちなみに、これらの作物とくらべた場合、小麦は八〜一四パーセント、トウモロコシは九パーセントとタンパク質含有量が低く、大麦や白米はもっと低い。ヒマワリとサンプウィードは油分も多く、含有量が四五〜四七パーセントある。栄養面で見ると、サンプウィードはタンパク質分三二パーセント、油分四五パーセントととくに優れていて、栄養学者の夢とも呼べる作物である。それなのになぜ、われわれはサンプウィードをもはや口にしないのだろうか。

それは、これらの作物が栄養面では優れているものの、別の面において非常に劣っているからである。たとえば小麦や大麦の種子とくらべると、アカザ、タデ、ミナトムギクサ、クサヨシの一種などの種子は一〇分の一の大きさしかない。さらにサンプウィードは、花粉症の原因として悪名高いブタクサの親戚で、ブタクサと同じように群生状態で花粉をまき散らし、花粉症の原因ともなりうる風媒花である。人によっては、悪臭ともとれる強烈な臭いもあり、触れると肌がかぶれる場合もある。

合衆国東部には、西暦一年以降に、交易を通じてメキシコ原産の作物が伝わっている。そのうちトウモロコシは西暦二〇〇年頃に入ってきているが、主要食物として育成されるようになるのはそれから何世紀もたってからのことである。その他の作物としては、西暦九〇〇年頃に北米の短い夏季に適した新種のトウモロコシが、西暦一一〇〇年頃にインゲンマメが伝わっている。トウモロコシ、インゲンマメ、カボチャの三種類がメキシコ原産の主要作物として合衆国東部の先住民たちのあいだで栽培されはじめると、この地域で集約的農業が実践されるようになり、ミシシッピ川とその支流域にかなりの人口密度を誇る首長社会が複数出現している。その後、合衆国東部では、土着の栽培種と収穫性の高いメキシコ原産の三種類の作物が並行して栽培されていた地域もあれば、土着の栽培種がメキシコ原産の作物に完全にとってかわられてしまった地域もあった。サンプウィードについていえば、ヨーロッパ人が合衆国に入植してきた一四九二年頃までには栽培されなくなっていたので、それが実際に育成されているところを目にしたヨーロッパ人はいない。土着の栽培種のうち、よそから入ってきた作物と競合できたのは、ヒマワリとイースタン・スクウォッシュと呼ばれるカボチャの二種類だけである。ちなみにこの二つの作物は、いまだに栽培されている。また、現在栽培されている二品種のペポカボチャは、数千年前に合衆国東部で栽培化されたアメリカン・スクウォッシュを祖先とする。

このように、合衆国東部の食料生産システムの考察からも、ニューギニアと同じく、いろいろと教えられることが多い。合衆国東部は土壌が肥沃である。降雨量も適度にあり、今日でも豊かな農業を営める気候に恵まれているので、最初から生産性の高い農業が自然発生的にはじまってもよさそうな地域であるように思える。植物相も多様で、オークやヒッコリーといった木の実が大量になる野生植物も自生している。実際、アメリカ先住民は土着の栽培種にもとづく農業を発展させ、集落をかまえ、紀元前二〇〇年から西暦四〇〇年にかけて、今日のオハイオ州あたりを中心にホープウェル文化を誕生させている。すなわち、アメリカ先住民は、数千年のあいだというもの、役に立ちそうな野生植物から農作物として利用できそうな植物を栽培化できる立場にあったといえる。

ホープウェル文化は、メソポタミアの肥沃三日月地帯の人びとが定住生活をはじめてから九〇〇〇年たった頃に全盛期に達している。しかし、メキシコ原産の三種類の作物を栽培しはじめた結果もたらされた人口爆発が引き金となって、ミシシッピ文化が誕生し、メキシコ以北で最大規模の町づくりがなされたのは西暦九〇〇年以降のことである。とはいえ、この文化は登場するのがあまりにも遅すぎ、やがて入植してくるヨーロッパ人に対抗できるほどの力を備えることができなかった。長期間にわたって合衆国東部の人口が低く抑えられていたのは、土着の作物だけにもとづいた食料生産システムには人口の爆発的増加を引き起こすだけの力がなかったからであるが、そのようなシステムが充分な食料をどうして生みだせなかったかは簡単に説明できる。まず、この地域には大麦や小麦のように有用な野生の穀類が自生していなかった。野生のマメ類、繊維植物、果物や木の実のなる植物といったものも自生しておらず、結局、合衆国東部の先住民はそれらの植物を栽培化していない。野生動物も犬だけは飼育化されているが、それは南北アメリカ大陸の各地で飼育化されていたと推測される。

もうひとつ合衆国東部の先住民についてはっきりわかっていることは、彼らは、自分たちの生活環境に自生している野生植物で主要作物になりそうなものはけっして見逃さなかったということである。しかし、北米原産の野生種の改良はむずかしい。二十世紀の科学技術で武装した植物交配の専門家でさえ、たいした成果をおさめていない。もちろん彼らは、ペカンやブルーベリーの栽培化に成功している。ユーラシア原産のリンゴ、スモモ、ブドウ、ラズベリー、ブラックベリー、イチゴといった果物を北米産の野生の近縁種と交配し、新種を作りだすことにも成功している。しかし、われわれの食生活は、これらの成功をもってしても、メキシコ原産のトウモロコシが西暦九〇〇年以降の合衆国東部の先住民の食生活を変えてしまったほどには変化していない。

合衆国東部原産の栽培種については、それらについてもっとも詳しかったはずのアメリカ先住民自身が、メキシコから三種類の作物が伝わった時点で、土着の作物の栽培をやめてしまったり、減産してしまったりしている。この事実は、アメリカ先住民が文化的保守主義に拘束されていなかったこと、有用と思える植物は取り入れて利用できる能力があったことを示している。したがって、合衆国東部の先住民たちが独自に誕生させた食料生産システムの展開が制約されてしまった原因は、ニューギニアの場合と同じである。それは、この地域の人びとの特性にあったわけではなく、この地域の生物相や環境要因にあったのである。

食料生産と狩猟採集の関係

この章では、農耕が自然発生的に起こった三つの地域について考察してきた。これらの地域は、それぞれ異なる発展形態を示しているが、肥沃三日月地帯をそのひとつの例とすれば、ニューギニアと合衆国東部はその対極に位置するといえる。肥沃三日月地帯の人びとは、ニューギニアや合衆国東部の人びとよりずっと早い時期に、土着の野生植物を栽培化している。より生産性の高い植物、より有用な植物を栽培化し、より多様な作物を作りだしている。集約的な食料生産システムを発展させ、地域の人口密度をより早期に増加させている。その結果、肥沃三日月地帯の人びとは、ニューギニアや合衆国東部の人びとにくらべて、歴史上より早い時期に、より発展した科学技術、より複雑な社会構造、そして、他民族に感染しやすい伝染病に対する免疫力を発達させたのである。

われわれは、これまでの考察を通じて、このようなちがいは、入手可能であった野生動植物の差が原因となって引き起こされたものであり、肥沃三日月地帯、ニューギニア、そして合衆国東部の人びとの特性のちがいが原因ではないことを理解している。その証拠に、よそから生産性の高い作物が伝わってくると、ニューギニアの人びとはサツマイモを、合衆国東部のアメリカ先住民はメキシコ原産の三種類の作物をただちに栽培しはじめ、集約的な食料生産を実践して、それぞれの地域の人口を大幅に増加させている。このことから、カリフォルニア、オーストラリア、アルゼンチンの大草原、西ヨーロッパなどといった独自に食料生産を開始しなかった地域においては、食料の生産が限定されたかたちながら独自にはじまったニューギニアや合衆国東部よりも、栽培化や家畜化に適した野生の動植物が稀少だったのではないかと推測される。実際、前述のマーク・ブルーマー博士の世界各地の調査における大きな種子を持つイネ科植物の研究や、次章でとりあげる世界に分布する大型哺乳類の研究によれば、独自に食料生産を開始しなかった地域や、きわめて限定された食料生産しか実践されなかった地域には、栽培化可能な野生の穀類や、家畜化可能な野生動物の原種は分布していなかった。

すでに指摘したように、人びとが食料の生産をはじめる裏には、「狩猟採集生活」対「農耕生活」という生活様式の競合がある。この点を考慮すると、独自に食料生産を開始しなかった地域や、食料生産を開始したのが歴史上きわめて遅い地域では、狩猟採集可能な自然資源がずば抜けて豊富であったことが影響してそのような結果になったのであって、栽培飼育化に適した野生祖先種が入手不可能であったからではないのではないか、という疑問が浮かんでくる。しかし実際には、それらの地域は、狩猟採集民にとって豊富な資源に恵まれているというより、むしろそうした資源にきわめて乏しい環境だった。オーストラリアやアメリカ大陸では、ユーラシア大陸やアフリカ大陸とはちがい、大型の哺乳動物の大半が氷河期末期までに絶滅してしまっていたので、「狩猟採集生活」対「農耕生活」ということでいえば、オーストラリアやアメリカ大陸は、肥沃三日月地帯よりも、食料生産が狩猟採集と競合するような環境ではなかったと思われる。したがって、オーストラリアやアメリカ大陸では、人びとが豊富な狩猟採集資源に恵まれていたので、独自に食料生産を開始しなかったり、開始したのが非常に遅かったと考えることはできない。

食料生産の開始を遅らせたもの

この章でわれわれの出した結論が間違って解釈されないように、以下の二点について補足しておきたい。まずひとつは、独自に食料生産システムを発展させた地域の人びとは、有用と思える作物を自分たちの栽培物として取り入れ、利用できる能力を持ち合わせていたが、この能力はけっして絶対的なものではなかった。もうひとつは、野生祖先種の不在が、特定の食料生産システムの展開を制約した場合においても、その制約はけっして絶対的なものではなかった。

人びとが、よそで栽培化された、より生産性の高い作物を取り入れることはすでに見てきたとおりである。そして、われわれは、大まかにつぎのような結論をこの章で出した。人びとには、有用な植物を識別する能力があるので、自分たちの生活環境に栽培化に適した野生植物が自生していれば、おそらくそれを識別できたであろう。また、それを禁じるような文化的保守主義やタブーといったものは、彼らの集団のなかにはなかった。しかし、この結論は、「長い目で見た場合、しかも広い地理的範囲を対象にした場合」という文脈で理解されなければならない。人間社会の歴史について少しでも知識があれば、生産性をもたらしたであろう作物、家畜、そして新機軸の受け容れなどを拒絶してしまった社会集団はいくつも列挙できる。

あらゆる社会が、役に立つと思えるものはなんでも即座に取り入れるなどというのは大きな誤解であって、当然のことながら、私はそのような主張を展開しているわけではない。現実には、何百もの競合する社会が存在する大陸などの地理的に広大な範囲を見た場合、新しいものの受け容れに対してより寛大な社会と、それに抵抗を示す社会が混在している。それゆえ、新しい作物や家畜、技術を取り入れることができる社会の人びとは、実際に取り入れることによってより強力となり、取り入れに抵抗を示す社会の人びとを数で凌駕し、追放し、征服し、あるいは抹殺してしまうことも可能となったのである。このようなことは、新しい作物を取り入れること以上に歴史的影響のあることだ。これについては第13章でとりあげることにする。

野生種の不在が特定の食料生産システムの展開を制約したというわれわれの指摘も、正しく理解されなければならない。注意しておくが、私は、近代になるまで食料生産がはじまらなかった地域では、どれだけの時間待ったとしても食料生産がはじまることはなかっただろうといっているわけではない。たとえば、オーストラリア先住民はいまでも石器時代の狩猟採集民のような生活をしているので、いつまでたってもそのままだろうと考えるヨーロッパ人は多いが、その推論は明らかに間違っている。

なぜこの推論が間違っているかは、紀元前三〇〇〇年に地球にやってきた宇宙人が、人類の食料生産についてどう結論づけるかを考えてみればすぐに説明がつく。たとえば、合衆国東部の人びとが食料生産をはじめたのは紀元前二五〇〇年以降だが、それより五〇〇年前の紀元前三〇〇〇年にやってきた宇宙人が、合衆国東部では食料生産がはじまっていないと認識したうえで、合衆国東部の動植物の野生祖先種が限定的であることを理由に、この地では永遠に食料の生産がはじまらないと結論づけたら、その結論は、その後の一〇〇〇年間に起こる出来事によって間違いであると証明されることになる。ちなみに同じ宇宙人が、紀元前八五〇〇年ではなく紀元前九五〇〇年に肥沃三日月地帯を訪問していれば、同じような間違った結論を出すかもしれない。

つまり私は、カリフォルニア、オーストラリア、西ヨーロッパなどといった地域には栽培化可能な野生種が存在しなかったので食料の生産が独自に起こらなかったと主張しているわけではない。これらの地域によそから栽培種が伝わらなかったり、人びとが入植してこなかったら、先住民たちはいつまでも狩猟採集生活をしていただろうと主張しているわけでもない。私が指摘したいのは、栽培化可能な野生種の分布状況は地域によって異なり、それに呼応して自然発生的に食料生産がはじまった年代も地域によって異なり、農耕に適した肥沃な地域のなかには近代になるまで食料生産が独自にはじまらなかった地域もありえたということである。

私の指摘を説明するのに、もっとも「遅れた」大陸と思われているオーストラリア先住民の例を考えてみよう。オーストラリア大陸の南東部は、食料生産に適した湿潤な地域であり、そこの先住民社会はここ数千年のあいだ、独自の食料生産システムの確立に通じる進化の過程を歩きはじめていたように見える。彼らはすでに、冬には集落をかまえて暮らしていた。漁獲を集約的に確保するために、罠や網、長い掘割などを作って周辺の自然環境を管理するようなこともしていた。もし、一七八八年にオーストラリアを植民地化したヨーロッパ人たちが先住民の進化を途中で止めなかったら、彼らはここ数千年のうちに食料生産を独自にはじめていたかもしれない。魚の養殖池を作ったり、オーストラリア・ヤムイモや、小さな種子の実るイネ科の作物を栽培していたかもしれない。

このように考えると、この章のタイトルに暗に投じられた疑問にどのように答えたらよいのだろうか。その疑問とは、北アメリカで野生リンゴが栽培化されなかったのはアメリカ先住民に原因があったからだろうか、それとも野生リンゴに原因があったからだろうか、というものであった。

私はこのような疑問を呈することで、リンゴが北米で栽培化されることがなかっただろうと示唆しているのではない。しかしリンゴは歴史上もっとも栽培がむずかしい果樹のひとつで、接ぎ木というむずかしい技術を使わないと果樹としての本数を増やすことができない。そのため、リンゴはユーラシア大陸でいちばん最後に栽培化された主要果樹のひとつでもあった。肥沃三日月地帯やヨーロッパにおいても、大規模な栽培がおこなわれていた証拠が登場するのは、ユーラシア大陸で食料生産がはじまってから八〇〇〇年後の古代ギリシア時代に入ってからである。したがって、アメリカ先住民がユーラシア大陸の人びとと同じペースで接ぎ木技術を考案し、習得していれば、北米で植物の栽培化がはじまった紀元前二五〇〇年頃から数えて八〇〇〇年後の西暦五五〇〇年頃には野生リンゴが栽培化されているということになる。

つまり、ヨーロッパ人がアメリカ大陸に入植してくる以前に、アメリカ先住民が北米原産のリンゴを栽培化できなかった原因は、先住民の側にあったわけでもなければ、野生リンゴの側にあったわけでもない。リンゴの栽培化に必要な生物学上の条件に関するかぎり、北米インディアンもユーラシア大陸の農民も同等であった。北米原産の野生リンゴも、ユーラシア原産の野生リンゴも、生物学的には同等であった。その証拠に、スーパーマーケットで今日売られているリンゴのなかには、ユーラシア産のリンゴと北米産の野生リンゴを交配して生みだされた品種が複数ある。アメリカ先住民がリンゴを栽培化できなかった原因は、北米原産のリンゴや人間にあるのではなく、彼らが手に入れることのできた野生の動植物の種類が全体的に限られていたことにある。北米では、生物相全体において栽培化や家畜化が可能な動植物の種類が限られていたことが、食料生産の開始を歴史的に遅らせてしまったのである。

第9章

なぜシマウマは家畜にならなかったのか

アンナ・カレーニナの原則

家畜化できている動物はどれも似たものだが、家畜化できていない動物はいずれもそれぞれに家畜化できないものである。

この文章をどこかで目にしたような気がしても、それは錯覚ではない。文豪トルストイの小説『アンナ・カレーニナ』の有名な書きだしの部分、「幸福な家庭はどれも似たものだが、不幸な家庭はいずれもそれぞれに不幸なものである」（中村融訳、岩波文庫）をちょっと変えたものだからだ。トルストイがいおうとしたのは、男と女の結婚生活が幸福であるためには、互いに異性として相手に惹かれていなければならない、金銭感覚が一致していなければならない、そして、子供のしつけについての考え方、宗教観、親類への対応などといった、男と女が実際に生活をともにするうえでいろいろ重要な事柄について、二人の意見がうまく一致していなければならない、ということである。これらの要素は、幸福な結婚生活の実現になくてはならぬものであり、ひとつとして欠けてしまえば、その他もろもろの条件がすべてそろっていたとしても結婚生活は幸福なものにならない。

トルストイの指摘はひとつの原則であり、男と女の結婚生活以外にも、いろいろな事柄にあてはまる。われわれは、成功や失敗の原因をひとつにしぼる単純明快な説明を好む傾向にあるが、物事はたいていの場合、失敗の原因となりうるいくつもの要素を回避できてはじめて成功する。トルストイの「アンナ・カレーニナの原則」は、まさにこの点をいいあてている。そして人類史を大きく変えた動物の家畜化の問題も、この原則によって説明できる。シマウマやヘソイノシシなどの大型哺乳類は家畜化できそうなものだが、人類史において家畜化されたことがない。それはなぜだろうか。いままでに人類が家畜化に成功した動物は大半がユーラシア産の動物である。それはなぜだろうか。第7章および第8章で、一見栽培化に適していそうな多くの野生種が栽培化されなかった問題について考察した。そしてこの章では、動物の家畜化についてとりあげ、第8章で提起した問題と同じように、アフリカで野生のシマウマが家畜化されなかったのは、アフリカ先住民に原因があったのか、それとも野生のシマウマに原因があったのかについて考えてみることにしよう。

大型哺乳類と小型哺乳類

大型哺乳類の家畜は、人間社会でいろいろと重要な役割を果たしている。このことは第4章で指摘した。家畜は、肉や乳製品といった食料を提供してくれるし、農業に必要な肥料や、陸上での輸送運搬手段、物作りに使える皮類、軍事的な動力なども提供してくれる。また、農耕動物として働き、鋤をひいてくれるし、織物のための毛も提供してくれる。さらに、さまざまな細菌に対する免疫を人びとに植え付け、それらの細菌にまったくさらされたことのない人びとの命を奪ったりもする。大型哺乳類の家畜は、こうした重要な役割を果たしてくれるがゆえに、それを保有する人間社会にとってとくに重要なのである。

もちろん、大型哺乳類の家畜だけがこれまで人間の役に立ってきたわけではない。小型哺乳類や鳥や昆虫もまた、人間にとって有用であった。そのため中国では鶏が、ユーラシア大陸の各地ではいろいろな種類のアヒルやガチョウが飼育されている。中米では七面鳥が、アフリカではホロホロチョウが、そして南米ではノバリケン（バリケン）が、というように、人間はじつに多くの種類の鳥を、肉、卵、羽毛をとるために飼育化してきた。また、オオカミは、ユーラシア大陸と北米で飼育化されて今日の犬の祖先となり、猟犬や番犬、そしてペットとして、ところによっては食用として飼育されてきた。齧歯類（げっし）では、ヨーロッパでウサギが食用として飼われていた。南米のアンデス地方ではテンジクネズミが、西アフリカでは大型のネズミが、またカリブ海の島々ではフチアが食用として飼われていた。ヨーロッパでは、ウサギを獲らせる目的でフェレットが飼育されていた。北アフリカと南西アジアでは、ネズミを獲らせるために猫が飼われていた。十九世紀や二十世紀になって飼育化された小動物としては、キツネ、ミンク、チンチラが毛皮をとる目的で飼育化されているし、ハムスターがペットとして飼育化されている。昆虫では、蜂蜜をとるためにヨーロッパでミツバチが、絹をとるために中国で蚕がそれぞれ飼育化されている。

このように多くの小型動物が人間に食料や衣服を提供してきたが、彼らは鋤や荷車を引くことはできない。ソリを引くことのある一部の犬を除けば、人間を乗せて運ぶこともできないし、戦場において効果的な武器として活躍することもできない。大型哺乳類の家畜ほどには食料源として重要であったわけでもない。そこでこの章では、大型の哺乳類だけにしぼって家畜化の問題を考えることにする。

「由緒ある家畜」

哺乳類で家畜化されているのは、ほんの数種類の陸生の大型草食類だけである（水生の動物が家畜化されなかったのは、近代になってシーワールドのような施設が登場するまで、飼育や繁殖が困難だったからである）。これは家畜化の問題について考えるうえで、非常に重要なポイントである。大型草食動物の「大型」を、「体重一〇〇ポンド（約四五キロ）以上」と定義すると、二十世紀までに家畜化されたのは、たった一四種にすぎない（表９‐１参照）。これら「由緒ある一四種」のうち、限定された地域だけで重要な存在となったのは、ヒトコブラクダ、フタコブラクダ、（同じ原種から分岐した）ラマ／アルパカ、ロバ、トナカイ、水牛、ヤク、バリ牛、ガヤルの九種である（表９‐１中の「マイナーな九種」）。「由緒ある一四種」のうち、世界各地に広がり、地球規模で重要な存在となったのは、牛、羊、山羊、豚、馬の「メジャーな五種」である。

たった一四種しかふくまないリストなので、誰でも知っているような動物が抜けていると思われた読者から、あのハンニバル将軍の軍隊がアルプス越えをしたときのアフリカゾウはどうなんだ、いまでも東南アジアで使役用に飼育されているアジアゾウはどうなんだ、といった指摘を受けるかもしれないが、私はこれらの動物を見落としたわけではない。飼育と家畜化には大きなちがいがあり、この二つはきちんと区別する必要がある。たとえば、ゾウは人間によって飼いならされた動物ではあっても、家畜化された動物ではない。ハンニバル将軍のゾウや、東南アジアの使役用のゾウは、たんに人間に飼いならされた野生のゾウであって、人間に飼育されながら繁殖したものではない。家畜とは、

表9-1　大型草食哺乳類の家畜――「由緒ある14種」

「メジャーな5種」

1. **羊**　野生祖先種：西アジアおよび中央アジアのムフロン。現代では世界じゅうで飼育されている。

2. **山羊**　野生祖先種：西アジアの山岳地帯に生息するパサン（ノヤギ）。現代では世界じゅうで飼育されている。

3. **牛**　野生祖先種：現代では絶滅してしまったオーロックスで、かつてはユーラシアおよび北アフリカに分布。現代では世界じゅうで飼育されている。

4. **豚**　野生祖先種：イノシシ。ユーラシアおよび北アフリカに分布。現代では世界じゅうで飼育されている。「由緒ある14種」の他の13種がすべて草食性であるのに対し、動物性食物および植物性食物の両方を食す雑食性である。

5. **馬**　野生祖先種：南ロシアに分布していた、いまでは絶滅してしまった野生馬。プルジェワリスキーウマ（モウコノウマ）と呼ばれるモンゴルの野生馬は、現代まで生き残った世界唯一の野生馬で、野生祖先種と同じ種に属する亜種である。現代では世界じゅうで飼育されている。

「マイナーな9種」

6. **ヒトコブラクダ**　野生祖先種：かつてはアラビア付近に生息していたが、いまでは絶滅してしまっている。現代でもほとんどアラビアと北アフリカでしか飼育されていないが、オーストラリアに野生のものが見られる。

7. **フタコブラクダ**　野生祖先種：かつては中央アジアに生息していたが、いまでは絶滅してしまっている。現代でもほとんど中央アジアでしか飼育されていない。

8. **ラマおよびアルパカ**　この2種類の動物はまったく別の種ではなく、同じ種を祖先に持つものと思われる。野生祖先種：アンデス山地に生息するグアナコと呼ばれる野生ラマ。現代でもほとんどアンデス地方でしか飼育されていないが、北米の一部では荷役用に使われている。

9. **ロバ**　野生祖先種：北アフリカと隣接する西南アジア地域に生息していたと思われるアフリカノロバ。もともとは北アフリカと西ユーラシアでのみ家畜として飼育されていたが、近年になって他の地域でも飼育されるようになっている。

10. **トナカイ**　野生祖先種：北ユーラシアのトナカイ。いまでもほとんどこの地域でのみ家畜として飼育されているが、最近ではアラスカの一部でも飼育されている。

11. **水牛**　野生祖先種は東南アジアに生息。いまでもおもにこの地域で家畜として用いられているが、ブラジルでも多く使われている。またオーストラリアなどでは逃げだして野生化したものも見られる。

12. **ヤク**　野生祖先種：ヒマラヤとチベット高原に生息する野生ヤク。いまでもおもにこの地域でのみ家畜として用いられる。

13. **バリ牛**　野生祖先種：東南アジア産のバンテン（オーロックスの親戚）。いまでもこの地域でのみ家畜として用いられている。

14. **ガヤル**　野生祖先種：インドとビルマに生息しているガウル（インド野牛）。いまでもこの地域でのみ家畜として用いられている。

人間が自分たちの役に立つように、飼育しながら食餌や交配をコントロールし、選抜的に繁殖させて、野生の原種から作りだした動物のことである。

つまり、家畜化には、野生種よりも有用になるように、人間によって品種改良されていく過程がふくまれる。したがって、家畜化された動物は、さまざまな点で、野生祖先種と異なっている。これらのちがいは、ひとつには人間が自分たちに役立ちそうな個体を選び繁殖させるという選抜飼育を繰り返してきた結果である。もうひとつは、自然の環境とは異なる人工的な環境下での自然淘汰に動物の側が自動的に反応し進化した結果である。このような説明は、第7章で植物の栽培化について考察したときにも展開したが、同じ指摘は動物の家畜化にもあてはまる。

家畜化された動物がその野生祖先種と異なっている点はいくつかある。まず第一に、多くの家畜はその祖先種と体の大きさがちがっている。牛、豚、羊は、飼育種のほうが祖先種より小さい。テンジクネズミは大きい。羊やアルパカは、抜け毛がなるべく少なく、体毛の豊かな個体が選抜飼育されてきた。牛は、乳を多く出す個体が選抜飼育されてきた。脳や感覚器官についていえば、捕食者から逃げのびられるようにそれらの器官を発達させていた野生祖先種と異なり、人間によって飼育され捕食者から逃げる必要がもはやなくなってしまった結果、それらの器官を小さく退化させてしまった家畜もいる。

家畜化によって動物にどのような変化が起こったかは、犬の祖先であるオオカミと飼い犬をくらべてみると理解しやすい。飼育種には、グレートデンのようにオオカミより体の大きい犬もいれば、ペキニーズのようにずっと小さい犬もいる。グレーハウンドのように細身でドッグレースむきの犬もいれば、ダックスフンドのように短足でドッグレースには役立たずの犬もいる。体毛の形状や色もさまざまで、なかには毛のない犬すらいる。ポリネシアやアステカの人びとは、食用向きの犬種をいくつか作りだしている。犬とオオカミの関係を知らなければ、ダックスフンドのご先祖さまがオオカミであったと思う人はいないだろう。

家畜化可能な哺乳類の地域差

先に「由緒ある一四種」は世界各地に広がったと書いたが、それは彼らがもともと世界じゅうに一様に分布していたわけではないからである。たとえば南米には、ラマとアルパカの野生祖先種である動物が生息していただけであり、北米、オーストラリア、そしてアフリカ大陸のサハラ砂漠以南の地域には、「由緒ある一四種」のどれ一つとして生息していなかった。今日、豊富で多様な野生動物を見る目的で多くの観光客がアフリカを訪れることを考えると、土着の動物がサハラ砂漠以南の地域で家畜化されなかったことは驚きである。このようなアフリカ大陸に対して、ユーラシア大陸には、「由緒ある一四種」のうちのメジャーな五種をふくむ一三種の野生祖先種がすべて生息していた（本書では、場合によって、北アフリカ地域をふくむという意味で「ユーラシア大陸」という用語を使用している。北アフリカ地域は、生物地理学的にも文化的にも、アフリカ大陸のサハラ砂漠以南の地域よりユーラシア大陸に近い）。

もちろん、一三種の野生祖先種がそろってユーラシア大陸全体に一様に分布していたわけではない。ユーラシア大陸のどこをとっても、一三種全部が生息していたところはない。チベットの高原地域にしかいない野生のヤクのように、野生祖先種が非常に限られた地域にしか生息していなかったものもある。しかし、ユーラシア大陸全体ということでいえば、一三種のうちの複数が生息していた地域も多い。たとえば西南アジア地域には、一三種のうちの七種が生息していた。

　このように、重要な大型家畜の野生祖先種が世界じゅうに一様に分布していたのではなく、大陸ごとに偏って分布していたことが、結果的にユーラシア大陸の人びとが銃器や製鉄の技術を発達させ、各種疫病への免疫を発達させたことにつながっている。それでは、「由緒ある一四種」はどうしてユーラシア大陸に集中的に分布していたのだろうか。

　その理由はいくつかあるが、ひとつは非常に単純なもので、家畜化された／されなかったにかかわらず、世界じゅうの大陸で大型の陸生哺乳類がいちばん多く生息していたのがユーラシア大陸だったからである。たとえば「家畜化可能な動物」を、草食性または肉食を主としない雑食性の動物で、平均体重が一〇〇ポンド以上の陸生哺乳類と定義すると、表9‐2が示すように、世界でもっとも多くの種類の動植物が分布しているユーラシア大陸には、七二種の「家畜化可能な動物」が生息している。この数は、世界の大陸で最多のものである。これは、ユーラシア大陸が世界最大の陸地であり、その範囲が、熱帯雨林帯、温帯雨林帯、湿地帯、砂漠地帯、そして広大なツンドラ地帯をふくむ、さまざまな生態系にまたがっているからである。このユーラシア大陸にくらべると、アフリカ大陸のサハラ砂漠以南の地域には「家畜化可能な動物」は五一種しか生息していない。これは、この地域がユーラシア大陸より面積が小さく、そのぶん、生物の生態系が多様ではないからである。たとえば、熱帯雨林地帯の広さをくらべた場合、アフリカ大陸は東南アジアよりも小さい。アフリカ大陸には、南緯三七度以南に温帯地帯が存在しない。南北アメリカ大陸はどうかというと、すでに第1章で指摘したように、かつてはアフリカ大陸と同じくらい多くの大型哺乳類が生息していたと思われるが、家畜化の候補となりえた馬やラクダをはじめとする動物の大部分が一万三〇〇〇年前頃に絶滅してしまった。

表9-2　家畜化可能な哺乳類

	ユーラシア大陸	アフリカ大陸のサハラ砂漠以南の地域	南北アメリカ大陸	オーストラリア大陸
候補	72	51	24	1
実際に家畜化された種類	13	0	1	0
家畜化率	18%	0%	4%	0%

「家畜化可能な哺乳類」とは、平均体重が100ポンド以上の、草食性または雑食性の陸生哺乳類と定義する。

オーストラリア大陸の場合は、世界の大陸のうちでもっとも面積が小さく、もっとも孤立していることから、野生哺乳類の種類は、どの時代をとっても他の大陸より少なかった。しかも、何種類か生息していた「家畜化可能な動物」は、アメリカ大陸の場合と同様、アカカンガルーを除いて、最初に人間が大陸に移住してきた頃に絶滅してしまった。

つまり、大型哺乳類がユーラシア大陸を主要舞台として家畜化された理由は、「家畜化可能な動物」がいちばん多く生息していたのがユーラシア大陸であり、しかも過去四万年間の絶滅種がいちばん少なかったのがユーラシア大陸であるということで、部分的に説明できる。しかし、表9-2の数字が示唆しているのはそれだけではない。たとえば、「家畜化可能な動物」のうち実際に家畜化されたものの割合を見ると、ユーラシア大陸が一八パーセントともっとも高く、アフリカ大陸のサハラ砂漠以南の地域がもっとも低い（五一種のうち、一種も家畜化されていない）。とくに驚かされるのが、親類筋にあたる種類がユーラシア大陸で家畜化されているような動物で、アフリカ大陸や南北アメリカ大陸で家畜化されなかった動物の種類の多さである。ユーラシア大陸では野生の馬が家畜化されたのに、アフリカ大陸ではシマウマが家畜化されていない。それはなぜだろうか。ユーラシア大陸では野生のイノシシが家畜化されて豚となっているのに、アメリカ大陸のペッカリーや、アフリカ大陸に生息する三種の野豚はまったく家畜化されていない。それはなぜだろうか。ユーラシア大陸では、オーロックス、水牛、ヤク、ガウル、バンテンの五種の原牛が家畜化されたのに、アフリカ大陸のバッファローやアメリカ大陸のバイソンは家畜化されていない。それはなぜだろうか。そして、ユーラシア大陸では、今日の羊の祖先にあたる中央アジアのムフロンが家畜化されたのに、北米のビッグホーンは家畜化されていない。それはなぜだろうか。以下では、これらの疑問について考察してみよう。

他の地域からの家畜の受け容れ

ユーラシア大陸にくらべて、アフリカ大陸、南北アメリカ大陸、そしてオーストラリア大陸では動物の家畜化が進まなかった。その理由は、これらの大陸に住む人びとが、その文化的多様性にもかかわらず、ユーラシア大陸の人びとのあいだには見られない何かを文化的に共有していて、それが動物の家畜化をさまたげる要因となったからなのだろうか。たとえば、アフリカの人びとが動物をわざわざ家畜化しなかったのは、獲物として捕まえることのできる野生哺乳類がアフリカ大陸にはたくさん生息していたからだ、という説明も考えられるが、それはほんとうにありえたのだろうか。

動物の家畜化が進まなかった大陸の人びとは、文化的な何かを共有していて、それがどの地域においても家畜化をさまたげる要因として作用したのか。この問いに対する答えがまったくの「ノー」であることは、以下にあげる五つの証拠によって説明することができる。

まず、ユーラシア大陸以外の土地に住む人びとも、ユーラシア大陸で家畜化された動物が伝わってくると、ただちに受け容れて自分たちで飼育しはじめている。人間は、動物をペットとして飼うのが好きである。「由緒ある一四種」は世界じゅうの人びとに素早く受け容れられており、そのうちの何種類かは、さまざまな大陸で繰り返し、独自に家畜化されている。そして、いろいろな動物を家畜化しようとする近代になってからの試みで成功したものは数少ない。

ユーラシア大陸で家畜化されたメジャーな五種についていえば、アフリカ大陸のサハラ以南の地域では、これらの動物が伝わってくるや、事情の許すかぎり、さまざまな部族の人びとがそれらを家畜として飼育しはじめている。そして、家畜を飼いはじめることによって有利な立場にたった人びとは、ただちに狩猟採集民を自分たちの土地から追いだしている。とくに、牛と馬を飼いはじめたバンツー族の農耕民は、もともと住んでいた西アフリカから居住地を広げてゆき、非常にわずかな時間のあいだに、サハラ砂漠以南の地域に昔から住んでいた狩猟採集民をほとんど追いだしてしまった。また、約二〇〇〇年前に牛と羊を手に入れたコイ族の牧畜民は、そのとき作物を手に入れなかったにもかかわらず、同じコイ族の狩猟採集民をアフリカ大陸南部からほとんど追いだしてしまった。西アフリカに家畜として伝えられた馬は、それまでの戦い方を根本から変えてしまい、騎兵隊を軍事力の中心とする王国を複数出現させている。家畜としての馬の伝播は西アフリカで止まってしまったが、これは西アフリカ以遠の地域には鞭毛虫による馬の伝染病を媒介するツェツェバエが生息していたからである。

馬の伝播を契機にアフリカ大陸で起こったことは、家畜化に適した動物が生息していなかった地域の人びとがユーラシア大陸で家畜化された動物を手に入れたときに、世界じゅうで繰り返し起こったパターンである。たとえば、南北アメリカ大陸では、ヨーロッパ人の入植者のもとから馬が逃げ出してからほどなく、アメリカ先住民たちが馬を生活のなかに積極的に取り入れはじめている。十九世紀に勇猛果敢な騎馬戦や馬を使ってのバイソン狩りで知られた北米大平原のインディアンたちは、十七世紀末期になるまで馬を持っていなかった。同様に、スペイン人が伝えた羊はナバホ族のインディアン社会に影響を与え、彼らは美しい毛織のブランケット作りで知られるようになった。ヨーロッパ人の入植者が犬を連れてタスマニアに住みついてから一〇年たたないうちに、それまで犬を見たこともなかったアボリジニが猟犬として使う犬を多数飼育するようになっている。このように、オーストラリア大陸、南北アメリカ大陸、そしてアフリカ大陸の数千におよぶ文化的に異なる部族・民族を見るかぎり、動物を家畜として飼うことを禁じる共通の文化的タブーは存在しない。

したがって、オーストラリア大陸、南北アメリカ大陸、そしてアフリカ大陸に生息している動物のなかに家畜化可能な動物がふくまれていたなら、ユーラシア産の家畜が入手可能になるやすぐに手に入れ利用できた部族・民族の人びとが、土着の家畜化可能な動物を実際に家畜化し、大いに利益をこうむることができたことは当然考えられる。たとえば、サハラ砂漠以南に住んでいる部族・民族の近くに野生のシマウマやバッファローが生息していたなら、彼らはユーラシア大陸から牛や馬が伝わってくる前にシマウマやバッファローを家畜化して、他のアフリカ人より有利な立場にたつことができたかもしれない。ところが実際には、シマウマやバッファローを家畜化した部族・民族は一つとしてない。こうした事実は、ユーラシア大陸以外の場所で、土着の哺乳類が家畜化されなかった原因が、それらの地域に居住していた人びとの特性にあるのでなく、それらの地域に生息していた哺乳類の側にあることを示唆している。

家畜の初期段階としてのペット

さまざまな大陸の人びとが動物の家畜化のさまたげになるような文化的特性を共有していないことを示す二つめの証拠は、人間のペット好きにある。野生の動物をペットとして飼いならすことは、動物の家畜化の初期段階だといえる。いずれの大陸においても、人びとが昔からペットを飼っていたことがわかっている。人間によってこれまでペットとして飼いならされた動物の種類は、家畜化されたものよりもはるかに多い。人間は思いもよらぬ動物さえペットにしてきたのだ。

たとえば、私が野外調査に出かけるニューギニアの村には、カンガルーやポッサムといった動物を飼っている村民や、ヒタキやミサゴといった鳥までペットとして飼っている村民がいる。実際のところ、こうした動物は最後にはだいたい食用にされてしまうのだが、ペットとして飼いつづけられるものもある。ニューギニア人は、ダチョウに似た飛べない野生のヒクイドリの雛を、ときどき捕まえてきてはペットとして育て、大きくなったところで珍味として食べたりもする(捕獲され飼育されていても、ヒクイドリの成鳥は、村人の腹を切り裂いてしまうようなこともある、きわめて危険な動物である)。アジアには、タカを飼いならして狩りに使う人びともいるが、こうしたペットは、ときとして取り扱う側の人間を殺してしまうことはよく知られている。古代においてはエジプト人やアッシリア人が、そして近代になってからはインド人が、チータを狩猟用に飼いならしていた。古代エジプト人の描いた絵画からは、彼らがハーテビースト(シカレイヨウ)やガゼルなどの有蹄類、ツルなどの鳥を飼っていたことがわかるが、危険なこともあるキリン、さらにはハイエナまで飼育していた事実には驚かされる。明らかに危険な動物であるアフリカゾウは、ローマ時代には飼いならされていたが、アジアゾウは東南アジアの各地でいまでも飼われている。おそらくいちばんペットらしくない動物は、アメリカのグリズリー（アメリカヒグマ）などのヒグマである。日本のアイヌの人びとは、定期的にエゾヒグマの子供を捕らえて飼いならし、成長したところで儀式の生贄（いけにえ）として捧げ、その肉を食べていた。

このように、ペットとして飼育され、家畜化への初期段階に達した野生動物は多い。しかし、そのなかで実際に家畜となったのはほんのわずかである。この点について、イギリスの科学者フランシス・ゴルトンは、一世紀ほど前につぎのように要約している。「どの野生動物も家畜になるチャンスはあり、二、三のものが大昔に実際に家畜化された。残りの多くは、たまたまささやかな理由で家畜化されず、永遠に野生として運命づけられてしまった」

すみやかな家畜化

さまざまな大陸の人びとが動物の家畜化のさまたげになるような文化的要因を共有していないことを示す三つめの証拠は、ゴルトンの見解を支持するものでもある。ゴルトンによれば、家畜化に適した大型哺乳類は人類史の早い時期にほとんど家畜化されてしまったことになるが、人類が動物を家畜化した年代は、考古学的証拠が見つかっているものについていえば、紀元前八〇〇〇年から紀元前二五〇〇年頃に集中している。これは、最終氷河期後に定住型の農耕牧畜社会が登場してから数千年内のことである。表９－３が示すように、大型哺乳類は、まず羊、山羊、豚が家畜化され、紀元前二五〇〇年頃に最後にラクダが家畜化された。それ以降、大型哺乳類で家畜化された重要な動物はいない。もちろん、小型哺乳類のなかには、紀元前二五〇〇年以降、ずいぶんたって初めて家畜化されたも

表9-3　大型哺乳類の家畜化された年代
（最古であることを示す証拠が存在するもの）

種類	年代（紀元前）	場所
犬	1万年	西南アジア、中国、北米
羊	8000年	西南アジア
山羊	8000年	西南アジア
豚	8000年	中国、西南アジア
牛	6000年	西南アジア、インド、北アフリカ（？）
馬	4000年	ウクライナ
ロバ	4000年	エジプト
水牛	4000年	中国
ラマ／アルパカ	3500年	アンデス
フタコブラクダ	2500年	中央アジア
ヒトコブラクダ	2500年	アラビア

トナカイ、ヤク、ガウル、バンテンの4種類に関しては、家畜化の年代を示す証拠が少ない。なおこの年表は、いまのところ確認されているもっとも古い家畜化の年代と場所を記載したにすぎない。実際には、家畜化がもっと古い時代に別の場所ではじまっていたということもありうる。

のもいる。たとえば、ウサギが食用として飼育されるようになったのは中世になってからである。マウスやラットが実験動物として飼育されだしたのは二十世紀になってからだし、ハムスターがペット用に飼われだしたのは一九三〇年代に入ってからである。このように紀元前二五〇〇年以降、小型哺乳類はたえず家畜化されているのだが、それは家畜化可能な小動物が何千種もいるからであって、とくに驚くべきことではない。また、それらの小動物が紀元前二五〇〇年以前に家畜化されなかったのは、わざわざ家畜化してまで利用する価値を、当時の人びとがそれらの小動物に見いださなかったからだろう。そして、大型哺乳類の家畜化がいまから約四五〇〇年前に終わっているのは、家畜化可能と思われる一四八種の大型哺乳類がそのときまでに何度となく試され、その結果、少数だけが実際に家畜化され、家畜化に適さない動物だけが残ってしまったからだと思われる。

繰り返し家畜化された動物

ある種の大型哺乳類は、他の大型哺乳類より家畜化に向いていた。これは、同じ種類の大型哺乳類が、異なる場所で異なる人びとによって、独自に家畜化されていることからもわかる。たとえば牛の家畜化を例にとると、ミトコンドリアDNAとして知られる遺伝子要素を調べた結果は、長いあいだ想像されていたとおり、インドのコブ牛とヨーロッパの牛が、原牛に由来する同一種から何十万年か前に枝分かれしたことを示している。つまり、インドの人びとは野生のオーロックスに由来するインド産の近縁種を家畜化し、西南アジアの人びとはオーロックスに由来する西南アジア産の近縁種を家畜化し、北アフリカの人びともまた北アフリカ産のオーロックスを家畜化したということである。

いろいろな地域で独自に家畜化されたということでいえば、オオカミもまたそうである。彼らは、南北アメリカ大陸で飼育化され、犬の祖先となったが、中国や西南アジアをはじめとするユーラシア大陸の複数の地域でも独自に飼育化されている。豚は、中国だけでなく、西ユーラシアやその他の地域でそれぞれ独自に家畜化され、現在にいたっている。これらの例も、さまざまに異なる人間社会が、少数の種類の家畜化に適した動物にそろって魅力を感じていたことをよく示している。

家畜化に失敗した動物

最後に、実際に家畜化された大型哺乳類の種類が、家畜化されなかった種類よりはるかに少ないのは、昔の人間に問題があったからではなく、家畜化されなかった大型哺乳類の側に問題があったことを指摘しておきたい。このことは、いろいろな動物を家畜化しようとする近代になってからの試みがほとんど失敗していることからも推察できる。動物の家畜化の起源は、およそ一万年前の西南アジアにまでさかのぼる。そして、ヨーロッパ人は、この家畜化の伝統をもっとも長く継承しており、十五世紀からは世界じゅうに広まって、ヨーロッパには生息しない種類の動物と遭遇し、私がニューギニアで出会った人たちのようにペットとして飼いならしてきた。ヨーロッパから別の大陸に移住した農民や牧畜民のなかには、移住地で出会った土着の動物を真剣に家畜化しようとした人びともいる。十九世紀と二十世紀だけを見ても、エランド、ワピチ、ヘラジカ（ムース）、ジャコウウシ、シマウマ、そしてアメリカバイソンといった、少なくとも六種の動物が家畜化の対象となっている。これらの大型哺乳類は、科学者や遺伝学者が綿密に練りあげた計画のもとで家畜化が試みられている。たとえば、アフリカ大陸最大のレイヨウであるエランドは、その肉質と乳量に着目され、ウクライナのアスカニア・ノーヴァ動物公園で選抜飼育されている。イギリス、ケニア、ジンバブエ、南アフリカでも同じ理由で選抜飼育されている。スコットランドでは、アバディーン市にあるロウェット研究所でワピチ（イギリスでの呼び名はアカシカ）の牧場が試験的に運営されている。ロシアのペチェーロ・イリッチ国立公園では、ヘラジカの牧場が試験的に運営されている。しかし、こうした試みは、いまのところ非常に限られた成功しか得られていない。スーパーマーケットでバイソンの肉が売られていることもあるし、スウェーデンやロシアではヘラジカに人を運ばせたりもしている。ソリを引かせたり乳を搾ったりしてはいるものの、これらの動物を飼育する牧場をビジネスとして経営しようとする人が現れるほどの経済的魅力は生みだしていない。また、アフリカ大陸でも、土着の病気にかかりやすいユーラシア産の家畜にくらべ、病気に対する抵抗力が強く、アフリカ特有の気候にも強いエランドを家畜化しようとする試みが最近幾度となくおこなわれているが、どれもいまだに成功していない。これは驚くべきことである。

何千年という長いあいだ、家畜化可能な動物を手にできる立場にあった人びとも、四五〇〇年前に家畜化された「由緒ある一四種」以外の大型哺乳類を家畜化することはできなかった。そしてこれは、現代の遺伝子学者にもできないことである。しかし家畜化の要件の一部をなす交配と給餌の面倒を見ることは、多くの種に対してできるようになっている。たとえば、サンディエゴ動物園やロサンゼルス動物園では、カリフォルニアコンドルの最後の生き残りの交配をコントロールしている。そして、このコントロールは、これまでいかなる家畜に対しておこなわれてきたものより厳密である。カリフォルニアコンドルは一羽一羽の遺伝子情報が識別され、(遺伝子のバラエティを最大限に増やし、絶滅の危機に瀕した鳥類を救うという)人間の目的にかなうよう、コンピュータプログラムがどの雄がどの雌と交配すべきかを決定している。似たような試みは、ゴリラやサイをはじめとする絶滅の危機にある多くの種に対して複数の動物園で実施されている。しかし、カリフォルニアコンドルに対する厳しい選抜飼育から経済的に役立つものが誕生する見込みはまったくない。サイは一頭あたり三トンの肉がとれるが、動物園でのサイの選抜飼育から経済的に役立つものが生みだされる見込みもない。これから見ていくように、サイおよび他の大型哺乳類の大半には、家畜化しようとするうえで克服しがたい難点があるのだ。

家畜化されなかった六つの理由

すでに指摘したように、「家畜化の候補となりうる」陸生の大型草食動物は一四八種である。しかし、人類の歴史を通じて、実際に家畜化されたのは、この一四八種のうちの一四種だけである。残りの一三四種は、どうして家畜化されなかったのか。このことについてフランシス・ゴルトンは「残りの多くは、たまたまささやかな理由で家畜化されず、永遠に野生として運命づけられてしまった」と書いたが、彼のいう「たまたまささやかな理由」とは、どんなことなのだろうか。

これは、動物の家畜化がなぜうまくいかなかったかを、この章のはじめの部分で紹介したトルストイの「アンナ・カレーニナの原則」によって説明するときに理解できる理由である。男と女の結婚生活は、幸福なものであるための条件がひとつでも欠けてしまえば、その他の条件がすべてそろっていたとしても、幸福なものにならない。これと同じように、実際に家畜化される野生種は、家畜となる条件をすべて満たしていなければならない。家畜となるための条件がひとつでも欠けてしまえば、その他の条件がすべてそろっていたとしても、人間による家畜化の努力は水泡に帰してしまう。シマウマやその他の家畜化できそうで実際にはされなかった動物について考察してみると、これらの動物が家畜化されなかった裏には、少なくともつぎの六つの理由が認められる。

餌の問題　動物は餌として食べる動植物を一〇〇パーセント消化吸収するわけではない。動物の血となり肉となるのは、通常、動物が消費する餌の一〇パーセントである。つまり体重一〇〇〇ポンド（四五〇キロ）の牛を育てるには一万ポンド（四・五トン）のトウモロコシが必要である。体重一〇〇〇ポンドの肉食動物を育てるには、一〇万ポンド（四五トン）のトウモロコシで育てた草食動物が一万ポンド必要になる（したがって、大型肉食獣は家畜化に向いていない）。また、草食動物や雑食動物であっても、コアラのように餌の好き嫌いが偏りすぎていて牧場での飼育に不向きなものも多い。

このように肉食哺乳類は、餌の経済効率が悪いので、食用目的で家畜化されたものは皆無である（肉食哺乳類は肉が堅いとかまずいという理由で家畜化されなかったわけではない。われわれはしょっちゅう肉食の魚を口にしている。また私個人の体験からいわせてもらえば、ライオンバーガーのおいしさは保証できる）。ただし犬は、唯一の例外とみなせるかもしれない。犬はもともと番犬や猟犬として飼われるようになったが、アステカ時代のメキシコやポリネシア、古代中国では、食用に改良した品種が育てられていた。しかし、歴史的に見ると、犬は、ほかに食べることができる動物のいない社会の最後のよりどころとして食用にされている。たとえばアステカでは、犬以外の家畜は飼われていなかった。ポリネシアや古代中国では、豚と犬しか飼われていなかった。草食性の家畜が飼育されている社会では、犬を珍味以外に食していたところはない（いまでも西南アジアでは珍味として食されている）。さらに、犬は厳密な意味で肉食動物ではなく、雑食動物である。自分の愛犬が肉食だとお考えの方は、ドッグフードの成分表をチェックしていただきたい。アステカやポリネシアの人びとは、野菜や残飯で効率よく太らせた犬を食用にしていたのだ。

成長速度の問題　成長に時間がかかりすぎる動物は、家畜化し、育てる意味があまりない。家畜は速く成長しなければ価値がない。草食性で、比較的何でも食べ、肉もたくさんとれるのに、ゴリラやゾウが家畜化されないのは、まさに成長に時間がかかりすぎるからである。一人前の大きさになるまで一五年も待たなくてはならない動物を飼育しようと考える牧場主がいるだろうか。アジアには力仕事にゾウを使っている人びとがいるが、彼らは成長した野生のゾウを捕まえてきて飼いならしたほうが、子ゾウを育てるよりずっと安上がりなことを知っている。

繁殖上の問題　われわれ人間は、衆人環視下でのセックスは好まない。家畜化すれば価値がありそうな動物のなかにも、人間の目の前でセックスするのを好まないものもいる。動物のなかでいちばん足の速いチータを何千年も前から家畜化しようとする試みがすべて失敗しているのは、まさにそのためである。古代においてはエジプト人やアッシリア人、近代になってからはインド人が、野生のチータを飼いならし、猟犬より優れた狩猟用動物として珍重していた。たとえばムガール帝国の皇帝の一人は、常時一〇〇〇頭のチータを飼っていたし、彼以外にも多くの裕福な王族が相当の財産をチータの飼育につぎ込んでいる。しかしながら、彼らが所有していたチータは、すべて野生のものを捕まえてきて飼いならしたものだった。チータを繁殖させようという王族の試みはことごとく失敗している。現代の生物学者たちでさえ、一九六〇年になるまで動物園でチータの赤ん坊を誕生させることに成功していない。野生のチータの繁殖行動を見ると、何頭かの雄が一頭の雌を何日間か追いまわす。そして、この壮大かつ荒っぽい求愛行動があってはじめて雌は排卵し、発情するようである。檻の中で飼われているチータはふつう、このような複雑な求愛行為をおこなおうとしない。

チータの場合と同じ理由で、ビクーニャを繁殖させる試みもうまくいっていない。ビクーニャはアンデスの野生のラクダで、その毛は動物のなかでもっとも上質で軽く、非常に珍重されている。古代インカ人は、この野生のビクーニャを囲いに追い込み、毛を刈りこんだあと、放していた。現代の商人たちは、この贅沢な毛を欲しさに、昔と同じ方法で野生のビクーニャを捕まえたり殺したりしている。うまく成功すれば金と名誉の両方が手に入るという強烈な動機があるにもかかわらず、ビクーニャを捕獲状態で繁殖させる試みは、これまでのところすべて失敗に終わっている。ビクーニャには、交尾する前に複雑な求愛行動を長時間おこなう習性があるが、捕獲状態ではそれをおこなわない。ビクーニャの雄は別の雄といっしょにされることを極端に嫌う。ビクーニャには、年間を通じて、食料をとるなわばりと寝るなわばりとが別々でなければならない。これらの理由から、ビクーニャを繁殖させる試みは成功していないのである。

気性の問題 当然ながら、ある程度以上の大きさの哺乳類は人を殺すことができる。豚に殺された人もいる。牛や馬、ラクダに殺された人もいる。大型動物のなかには、豚、牛、馬、ラクダよりも気性が荒く、もっと危険なものもいる。家畜として理想的と思える動物でも、たとえばグリズリー(アメリカヒグマ)のように、気性が荒く、人間を殺しかねないので家畜化されなかったものも多い。

クマの肉は珍味として知られ、非常な高値で売られている。グリズリーは体重が一七〇〇ポンド(八五〇キロ)ほどあり、素晴らしい狩人でもあるが、おもに草食である。彼らはいろいろなものを食べ、人間の食べ残しも食べる(これがイエローストーン国立公園やグレーシャー国立公園で大きな問題となっている)。グリズリーは成長するスピードも比較的速いので、飼育状態でおとなしく飼われている動物であれば、素晴らしい肉を人間に提供する家畜になると思われる。日本のアイヌの人びとは、エゾヒグマの子グマを育て、一歳になったところで儀式の生贄として捧げ、その肉を食べていたが、なぜ一歳の子グマを殺したかは想像に難くない。ヒグマをそれ以上大きくなるまで飼っておくのは非常に危険である。私は飼いならされた成獣の熊にはお目にかかったことがない。

アフリカ水牛は、人を殺すほど危険でなければいい家畜になったであろう動物のもうひとつの例である。彼らは、すぐに体重一トンほどに成長する。集団内の序列がはっきりした群れをつくって行動する(群れに属する個体間の序列については後述する)。しかしアフリカ水牛は、アフリカ大陸の大型哺乳類のうちで、もっとも危険であるだけでなく、もっとも予測のつかない動きに出ることで知られている。そんなアフリカ水牛を家畜化しようというのは正気の沙汰とは思われない。家畜化しようとしているうちに人間のほうが殺されるか、大きくなって気が荒くなる前に人間が水牛を殺すかのどちらかである。アフリカ水牛と同じように、体重四トンの草食動物であるカバも、危険な動物でなければ素晴らしい家畜になっただろう。ライオンをふくめたアフリカ大陸のすべての動物のなかで、毎年、もっとも多く人を殺しているのがカバなのである。

ここまで検討してきた動物は、獰猛なことで知られているので、家畜化に不向きであるという烙印が押されたとしても、それに驚く人はそれほどいるとは思えない。しかし、「家畜化の候補となりうる」動物のなかには、獰猛で危険であることがそれほど知られていないものもいる。たとえば、八種類いる野生のウマ科の動物（馬とその親戚）は、互いに交配させると、ちゃんとした子供が生まれるほど遺伝子的に近い（ただし生まれた子供は、たいていの場合、繁殖能力がない）。しかし、気性はそれぞれかなり異なっている。これらのウマ科の動物のうち、馬とアフリカノロバ（現代のロバの祖先である野生ロバ）の二種類は、これまでに家畜化に成功している。このアフリカノロバに近いのが、肥沃三日月地帯をふくむ地域に分布していたオナガーとして知られるアジアノロバの一亜種である。もともとの生息地に、西洋文化と家畜の発祥の地である肥沃三日月地帯がふくまれているところから、古代の人びとがオナガーの家畜化を広く試したにちがいないと推測される。シュメール人や、のちの人びとの残した絵画などにも、オナガーの狩りの様子が描かれ、彼らが定期的に捕獲され、ロバや馬と交配されていたことがわかる。人が乗ったり、荷車を引いたりしている馬に似た動物を描いた古代の絵画のいくつかは、オナガーを描いたものと思われる。しかし、オナガーの気性については、ローマ人が書いたものから現代の動物園の飼育員の書いたものにいたるまで、怒りっぽく、人を噛む不快な習性があると、いずれも断じている。オナガーは、さまざまな点でロバの祖先にあたる動物に似ていたにもかかわらず、気性の悪さから、家畜化されることはなかった。

オナガーより気性が家畜化に向いていないのが、アフリカに生息している四種類のシマウマである。彼らを荷車につなぐことができたというのが、家畜化の試みにおいてもっとも成功した例である。シマウマに荷車を引かせることは、十九世紀の南アフリカで何度も試みられている。また、変わり者のウォルター・ロスチャイルド卿が、ロンドンの町をシマウマに引かせた馬車で走りまわったこともあった。しかし、シマウマは歳をとるにつれ、どうしようもなく気性が荒くなり危険になる（馬のなかに気性の荒いものがいることは否定しないが、シマウマとオナガーは、種全体がそうなのである）。シマウマにはいったん人に噛みついたら絶対に離さないという不快な習性があり、毎年シマウマに噛みつかれて怪我をする動物監視員は、トラに噛みつかれる者よりもずっと多い。また、シマウマを投げ縄で捕まえることはほとんど不可能に近い。投げ縄が飛んでくると、ひょいと頭を下げてよけてしまうのだ。ロデオ大会の投げ縄部門で優勝したカウボーイでさえ、投げ縄でシマウマを捕まえることはほとんどできないという。

つまり、シマウマに鞍をつけることはほとんど無理なのである。そのため、南アフリカで熱心に試みられたシマウマの家畜化も、しだいに関心が薄れていった。最初は見込みがあると思われたワピチやエランドを家畜化しようとする試みが実際にはそれほど成功しなかったのも、彼らが大型で危険な動物であり、いつ攻撃的な行動に出るのか予測がつかない動物だったことが影響している。

パニックになりやすい性格の問題　大型の草食性哺乳類は、捕食者や人間に対してそれぞれに異なる反応を示す。動きは素早いのだが、神経質でびくびくしていて、危険を感じるや一目散に駆けはじめるものもいれば、さほど神経質でなく、動きものんびりしていて、危険を感じたら群れを作り、それが去るまでじっとしていて、最後の最後になるまで息せき切って逃げだすようなことをしないものもいる。シカやレイヨウの仲間の草食性哺乳類の大半は、トナカイを例外として前者のタイプであり、羊や山羊は後者のタイプである。

神経質なタイプの動物の飼育は、当然のことながらむずかしい。彼らは囲いの中に入れられるとパニック状態におちいり、ショック死してしまうか、逃げたい一心で死ぬまで柵に体当たりを繰り返すようなところがある。このような傾向のある動物の格好の例が、肥沃三日月地帯で頻繁に狩猟されていたガゼルである。ガゼルは、肥沃三日月地帯に最初に定住した人びとにとって、家畜化する機会がいちばん多かった動物であるが、これまでのところ、ガゼルのどの近縁種も家畜化されていない。やたらに跳ねまわって柵に激突したり、三〇フィート（約一〇メートル）近くも飛び上がったり、時速五〇マイル（約八〇キロ）で走りまわる動物を飼育することを想像してみてほしい。

序列性のある集団を形成しない問題　実際に家畜化された大型哺乳類は、どの種類も、つぎの三つの社会性を共有している――群れをつくって集団で暮らす。集団内の個体の序列がはっきりしている。群れごとのなわばりを持たず、複数の群れが生活環境を一部重複しながら共有している（この種の群れは、たんなる個体の寄せ集めではなく、社会組織として機能する）。たとえば、野生馬の群れは、リーダーである一頭の牡馬に、六頭ほどの牝馬とその子馬が従うかたちで構成されている。牝馬Aは牝馬B、C、D、Eより序列が上である。牝馬Bは、序列が上のAには服従するが、自分より序列が下のC、D、Eを従えている。同様に、CはAとBに服従し、DとEを従えている。群れが移動するときは、どの馬がどの順番で行くかが決まっている。通常、牡馬が最後尾につき、序列が一番上の牝馬が先頭を行き、それより序列が下の牝馬が順繰りにそれにつづく。子馬は、母親につづくが、その順序は歳の若い順である。このように、馬の集団は、集団内の個体がお互いの序列をわきまえて行動するので、同一集団内に複数の成馬が存在していても、いざこざを起こさず共存できる。

序列性のある集団を形成する動物は、人間が頂点に立つことで、集団の序列を引き継ぎ、動物たちを効率よく支配できるので、家畜化にはうってつけの動物である（こういう動物は、人間が群れに所属してしまうことで家畜化できる）。たとえば家畜として飼われている馬の集団は、群れを先導する牝馬に従うのと同じように人間のあとについて移動する。羊、山羊、牛、そして犬の祖先（オオカミ）も、野生馬の集団に似た序列性を持っている。集団を形成する動物の子供は、集団内で成長するにつれ、構成員についての情報を刷りこみによって記憶する。そういう動物が家畜化され、人間によって育てられると、人間を群れの構成員として記憶するので、人間が群れの頂点に立つことができるのである。

このような群れをつくって集団で暮らす動物は互いの存在に寛容なので、まとめて飼うことができる。本能的に集団のリーダーに従って行動し、人間をリーダーとして記憶するので、羊飼い（シェパード）や牧羊犬が御すことも容易である。また、身を寄せあった野生での暮らしに慣れているので、混み合った状態で飼育してもうまくやっていける。

ところが、群れをつくらず、自分だけのなわばりを持って単独行動する習性のある動物は互いの存在に寛容でない。人間を刷りこみ記憶しないし、本能的に従順でない。野生では一匹で行動し、なわばりを持つ習性のある猫が、人間の後ろについてぞろぞろ歩いたり、人間のリーダーに従って群れで行動するのを見た人がいるだろうか。猫好きの人なら誰でも、猫は犬とちがって人間に服従しないことを知っている。猫とフェレットだけが、自分だけのなわばりを持つ動物でありながら、人間に飼いならされて家畜となった動物である。それは、人間が猫やフェレットを食用にするために集団飼育したのではなく、単独で狩猟用に使ったり、ペットにする目的で飼育したからである。

以上のような理由で、群れをつくらず、自分自身のなわばりを持ち、単独で暮らす動物はほとんど家畜化されていない。しかしその逆に、群れをつくる動物であれば家畜化されるかというと、かならずしもそうではない。彼らの大半も、つぎに述べるような理由で家畜化できないのである。

まず、群れをつくって暮らす動物の多くは、群れごとのなわばりを持ち、他の群れとなわばりの一部を共有することはない。この種の動物の二つの群れを同じ囲いの中で飼うのは、群れをつくらず単独行動する動物の雄二匹を同じ囲いの中で飼うのと同じくらいむずかしい。

つぎに、群れをつくって暮らす動物の多くは、繁殖期になると個々がなわばりを主張し、他の個体が自分のなわばりに入ることを極端に嫌う。トナカイを例外として、シカやレイヨウの多くがこのタイプである。アフリカ大陸の動物としてよく知られ、しかも社会性動物でもあるレイヨウが家畜化されなかった理由はここにある。レイヨウといえば「アフリカ大陸の地平線はるかに広がる大群」を想像させるかもしれない。しかし実際には、雄のレイヨウは、繁殖期になると群れから離れて自分のなわばりをつくり、雄同士で激しく闘う。そのため、レイヨウを羊や山羊や牛のように囲いの中で飼うことはできない。サイが農場で飼育できないのも、気性の荒さと成長速度の遅さにくわえて、繁殖期になると自分だけのなわばりをつくる習性があるからである。

もうひとつの理由は、ほとんどのシカやレイヨウのように群れをつくって暮らす動物の多くは、はっきりした序列を集団内で持っておらず、リーダーを本能的に刷りこみ記憶する習性がない（したがって、人間を群れのリーダーとして刷りこみ記憶するようなこともない）。シカやレイヨウを飼いならすことは（実話であったバンビの物語のように）できるが、羊の群れのように飼いならされたシカやレイヨウの群れを見たことがある人はいない。まったく同じ理由で、現在の羊の祖先にあたる中央アジアのムフロンと同属の北米産のビッグホーンも家畜化されていない。ビッグホーンは、ムフロンと同様、家畜にはうってつけの条件をひとつだけ除いてすべて備えている。ビッグホーンは、ムフロンとちがい、自分より序列が上と認識したメンバーに服従するという習性を、種全体として持っていないのである。

地理的分布、進化、生態系

動物の家畜化については、親類筋にあたる種類が家畜化されているのに、別の親類筋が家畜化されていないといった不可解な問題が存在する。家畜化された動物と家畜化されなかった動物との区別は一見、恣意的なものに見える。これが、この章の最初の部分で提起した問題である。しかし、家畜化の候補となりうる動物に「アンナ・カレーニナの原則」を適用すると、少数を除いて、ほとんどがふるいにかけられてしまう。多くの動物は「アンナ・カレーニナの原則」によって、家畜化がうまくいくのに必要とされるすべての条件を満たしていないと判断されるからである。それらの動物は、餌の問題、成長速度の問題、繁殖の問題、気性の問題、パニックになりやすい性格の問題、序列性のある集団を形成しない問題などがあって人間が家畜化できないのである。野生哺乳類のうち、ほんのわずかの動物だけがこうした問題点をすべてクリアでき、家畜となって人間といい関係を持つにいたったたのである。

ユーラシア大陸の人びとは、たまたま他の大陸の人びとよりも家畜化可能な大型の草食性哺乳類を数多く受け継いできた。このことは、やがてユーラシア大陸の人びとを人類史上いろいろな面で有利な立場にたたせることになるが、この大陸に家畜化可能な大型の草食性哺乳類が多数生息していたのは、哺乳類の地理的分布、進化、そして生態系という三つの基本的要素がそろって存在していた結果である。ユーラシア大陸は、世界の大陸のなかでもっとも面積が広く、そのぶん生態系も多様だったので、家畜化の候補となりうる動物がもっとも多く生息していた。つぎに、南北アメリカ大陸やオーストラリア大陸では、ユーラシア大陸やアフリカ大陸とは異なり、更新世の終わり頃に、家畜化の対象となりうる動物が数多く絶滅してしまった——おそらく、これらの大陸に生息していた哺乳類は、すでにかなり高度な狩猟技術を発達させていた人間集団に突然さらされるという不運に見舞われたのではないかと思われる。最後に、ユーラシア大陸には、家畜化に適した動物が、他の大陸よりも高い割合で生息していた。アフリカ大陸で群れをなして暮らす大型哺乳類をはじめとする、いままで家畜化されなかった動物の特徴を詳しく調べてみると、それぞれがどうして家畜とならなかったかがわかる。トルストイは、マタイの福音書二二章一四節の「招かれる人は多いが、選ばれる人は少ない」という言葉も認めることだろう。

第10章

大地の広がる方向と住民の運命

各大陸の地理的な広がり

図10-1(二六五頁)の地図は、南北アメリカ大陸、ユーラシア大陸、そしてアフリカ大陸の東西方向の経度的な広がりと南北方向の緯度的な広がりを示している。たとえば、アメリカ大陸は、南北方向に九〇〇〇マイル(約一万四四〇〇キロ)と非常に縦長なのに、東西方向への横の広がりは最大のところでも三〇〇〇マイル(約四八〇〇キロ)しかない。真ん中のところで絞られているパナマ地峡は、たった四〇マイル(約六四キロ)の狭さである。つまり、アメリカ大陸は南北に伸びている。また、アフリカ大陸は、アメリカ大陸ほど極端ではないにしても、やはり南北の緯度方向に伸びている。しかし、この二つの大陸に対比するように、ユーラシア大陸は東西に伸びている。このように、世界の三大大陸は、その東西南北の広がりにおいて、驚くほど異なっている。大陸が東西に広がっていること、あるいは南北に広がっていることが、その大陸の人びとの歴史的展開に影響をあたえたとしたら、そ

れはどのようなものだったのだろうか。

この章では、大陸の東西南北の広がりが、農作物や家畜の伝播にあたえた、悲劇的ともいえる影響について考察する。大陸ごとの地理的広がりのちがいは、文字や車輪をはじめとするさまざまな発明が大陸で広がっていく速度にも大きく影響したと思われる。そして、南北アメリカ大陸、アフリカ大陸、ユーラシア大陸の先住民は、この地理的特徴のちがいによって、非常に異なる歴史的展開を過去五〇〇〇年のあいだに経験することになるのである。

食料生産の伝播の速度

銃器や鉄を製造する技術や、各種疫病への免疫がどのように広まっていったかを理解するうえで、食料を生産する地域が歴史上どのように拡大したかを知ることは、食料生産の発祥地がどこであったかを知ることと同じくらい重要である。第5章で指摘したように、食料生産を独自にはじめた地域は、全世界で九カ所を超えない。五カ所だったとも考えられる。しかし、先史時代においても、食料生産は、その起源となった土地以外の場所ですでに実践されていた。このように、さまざまな場所で食料が生産されるようになっていったのは、農作物や家畜がそれらを栽培したり飼育したりする技術とともに農業の発祥地から伝播していった結果である。農耕民や牧畜民が移り住んだ結果、食料を生産するようになったところもある。

食料を生産する地域は、おもにつぎの四つのパターンで拡大していった。ひとつは、西南アジアを起点として、そこからヨーロッパ、エジプトと北アフリカ、中央アジア、そしてインダス渓谷へ広がっていったパターンである。また、アフリカのサヘル地域（サハラ砂漠の南縁）や西アフリカからは、

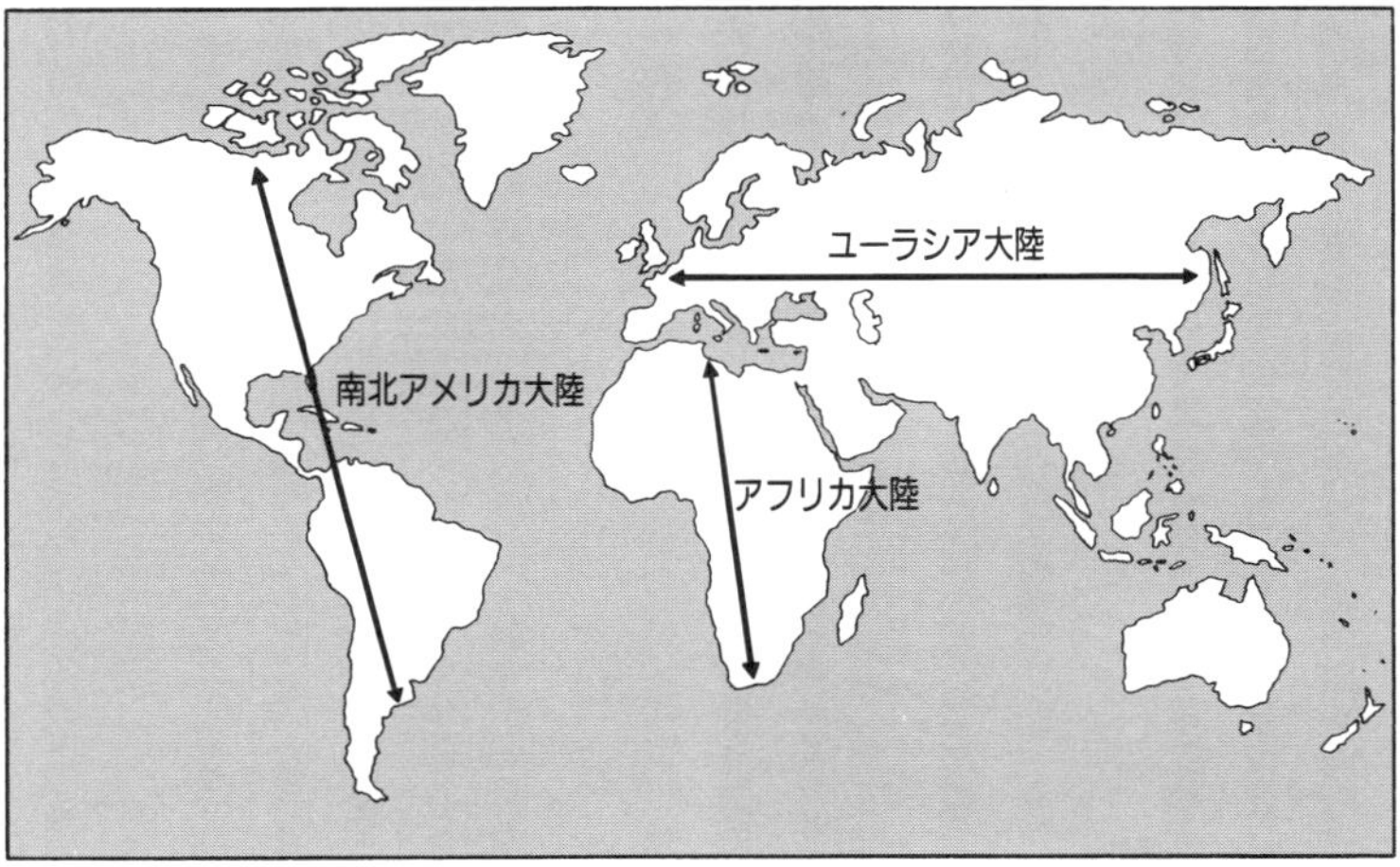

図10 - 1　大陸の広がっている方向

東アフリカや南アフリカへ広がっていった。中国からは、熱帯東南アジア、フィリピン、インドネシア、朝鮮半島、そして日本へと広がっていった。そして、中米からは、北アメリカ大陸へ広がっていった。これらの流れとは逆に、食料生産の起源となった地域に、よそから新しい農作物や家畜、それらを栽培飼育する技術も伝わってきている。

食料の生産を最初にはじめた地域のなかに、環境的に他の地域よりも食料生産に適した地域があったことはすでに指摘したが、食料生産が地域的に拡大していく過程においても、それが比較的容易であった地域と、そうでなかった地域が存在する。たとえば、環境条件に恵まれており、かつ先史時代に食料生産がすでにはじまっていた地域に隣接していながら、食料生産が先史時代に伝播しなかった地域がある。それがもっとも顕著だったのは、アメリカ合衆国南西部でおこなわれていた農業と牧畜が、カリフォルニアの先住民たちに伝わらなかった例である。また、ニューギニアやインドネシアの農業がオーストラリアに伝わらなかったのも、南アフリカのナタール州からケープ州南西部に農業が伝わらなかったのも同様の例である。先史時代において食料生産が伝わっていった速度や、実際に伝わった年代も、地域によって大幅に異なっている。非常に速い速度で伝わっていったのは、東西方向に伝播していったときである。たとえば、西南アジアを起点として、食料生産は一年に約〇・七マイル（約一・一キロ）の速度で、西はエジプトやヨーロッパ、東はインダス渓谷まで伝播している。フィリピンからは、東のポリネシアへ年三・二マイル（約五・一キロ）の速度で伝播している。これに対して、南北方向の伝播は速度が極端に遅い。メキシコからアメリカ合衆国南西部へは、年〇・五マイル（約八〇〇メートル）以下の速度でしか伝播していない――トウモロコシやインゲンマメは、年〇・三マイル（約四八〇メートル）以下の速度でメキシコから北方に伝播していき、西暦九〇〇年頃にアメリカ合衆国東部で栽培されるようになった。家畜のラマがペルーから北方のエクアドルに伝播していったのは、一年に〇・二マイル（約三二〇メートル）以下という速度だった。なお、これらの数値は、一部の考古学者が想定するように、メキシコでのトウモロコシの栽培化が紀元前三五〇〇年頃だとする控えめな想定にもとづくものである。もし、かつて大半の考古学者が想定していたように（そして現在でも多くの学者が想定しているように）、紀元前三五〇〇年よりかなり以前だと想定するならば、メキシコからアメリカ合衆国南西部への伝播の速度はさらに遅くなり、東西方向への伝播と南北方向への伝播の速度の差はさらに大きくなる。

食料生産の伝播がどのように進展していったかは、そのさまたげとなった要因の影響力の大小によって異なり、そのちがいは、実際に伝播した農作物や家畜の種類からもうかがわれる。たとえば、西南アジアの起源作物や家畜は、その大部分が西はヨーロッパ、東はインダス渓谷にまで伝わっている。

しかし、驚くべきことに、南米のアンデス地方で家畜化された動物（ラマ／アルパカ、テンジクネズミ）は、コロンブスのアメリカ大陸発見以前には中米まで伝わっていない。中米には複雑な構造を持つ農耕社会がすでに存在していたことを考えると、ラマやアルパカ、テンジクネズミなどの家畜がなぜ伝播しなかったのかは不思議である。中米には、家畜化して、食用にしたり、輸送運搬手段として利用したり、採毛用の動物として飼育することができる野生動物としては、犬の祖先しか生息していなかった。したがって、もし中米の農耕社会が、南米アンデスの家畜を入手できてさえいれば、それらの動物をそうした用途に利用できたであろうことは疑問の余地がない。事実、キャッサバ（マニオク）、サツマイモ、ピーナッツといった南米産の農作物は、中米まで伝わり、そこで利用されている。家畜にとっては伝播のさまたげとなり、農作物にとってはさまたげとならなかった要因とは、はたして何なのだろうか。

地域によって農作物や家畜が伝播しやすかったり、伝播しにくかったりする現象は、「プリエンプティブ・ドメスティケーション（栽培化・家畜化の先取り）」と称される現象である（訳註　野生の動植物の家畜化・栽培化によって得られる利益よりも、すでに家畜化・栽培化されている動植物を利用したほうが利益が大きいことが理解され、家畜化や栽培化が独自に進行しない現象）。農作物のもとになる野生植物の多くは、地域によって遺伝子が異なるのが一般的である。農作物の野生祖先種は、地域ごとに異なる野生種のあいだに発生した突然変異種がもとになっているからである。また、人が野生祖先種から栽培種を手に入れるときも、新しく見つかった突然変異種を使うか、それを使ったのと同等の遺伝的効果の得られる品種を選抜栽培によって作りだすのが一般的である。したがって、先史時代のさまざまな年代に広範囲に伝播した農作物の遺伝子を調べれば、同じ野生祖先種の突然変異に見られる特徴を共有しているか、あるいは、同じ選抜栽培種の突然変異に見られる特徴を共有しているかがわかる。そしてわれわれは、その情報の共有結果をもとに、異なる地域の農作物が同じ栽培種を祖先とするのか、あるいは、異なる地域で栽培化された別々の品種を祖先とするのかを見きわめることができる。

この方法を用いて新世界（南北アメリカ大陸）で、古代から育てられている主要農作物の遺伝子の特徴を分析してみると、そういった農作物には、複数の野生祖先種の遺伝子情報をふくむものや、複数の選抜栽培種の突然変異情報をふくむものが多い。この事実は、それらの農作物が、少なくとも二つの地域で独自に栽培化され、それぞれの地域で発生した突然変異種の遺伝子を受け継いでいることを示唆している。この方法で集めた情報をもとに、植物学者は、ライマメ、インゲンマメ、そしてトウガラシ属の何種類かのトウガラシが、中米と南米で、少なくとも一度ずつ、別々の時代に栽培化されたという結論を出している。ペポカボチャと、種子が食用になるアカザも、それぞれ中米と北アメリカ合衆国東部で、少なくとも一度ずつ、別々に栽培化されている。これらの新世界の主要農作物に対して、西南アジアで古代から育てられている主要農作物は、単一の野生祖先種の遺伝子情報をふくむものや、単一の選抜栽培種の突然変異情報をふくむものがほとんどであり、どの農作物も単一栽培種を祖先に持つことを示唆している。

同じ野生植物が、複数の場所で、何度となく、まったく別々に栽培化された事実は何を意味するのだろう。すでに指摘したように、栽培化には、野生種よりも有用になるように、人間によって改良され、種子部分や果実の大きさや味、その他の特性に優れた品種を生みださなければならないので、農耕をはじめたばかりの人びとにしてみれば、収穫性の高い作物をよそから手に入れて利用するほうが、まだそれほど有用でもない野生種を自分で一から栽培化するより利益が大きいことは目に見えている。

したがって、もしそのような作物が手に入るのなら、当然、それを使って農業をするはずである。同じ祖先を栽培種に持つ作物がいろいろな場所で育てられている事実は、いったん野生種が栽培化されると、その栽培種が野生種の分布地域の居住民のあいだに急速に広まっていき、この伝播が野生種の栽培化の必要性をなくしてしまったことを示唆している。これに反して、同じ植物が複数の場所で独自に栽培化されている事実は、栽培種の伝播の速度が遅すぎ、野生種の分布地域の居住民たちがその到着を待ちきれなかったと推測できる。西南アジアに単一栽培種を祖先とする作物が多く、アメリカ大陸に複数の栽培種を祖先とする作物が多い事実は、西南アジアのほうが、アメリカ大陸よりも栽培種が伝播しやすかったことを暗示する証拠と理解することもできる。

作物の伝播の速度が速いと、栽培種をまだ持っていなかった地域の人びとは、すでに栽培化されている品種を利用することにし、自分たちで野生種を栽培化することや、栽培種の近縁種を栽培化することを思いとどまってしまう。どうして近縁種の栽培化まで思いとどまってしまうかというと、良質のエンドウの栽培種を入手できる状況にあっては、すでに栽培化されている野生祖先種に非常に近い近縁種から栽培種を新たに作りだすことと、すでに栽培化されているエンドウを利用することに実質的なちがいがなく、わざわざ近縁種を栽培化する意味がないからである。そのため、西ユーラシアにおいては、西南アジアの起源作物が伝播したことによって、それらの作物の近縁種を栽培化する必要がなくなってしまった。それに対して、中米や南米では、系統的にかなり近い種類ではあるものの、別種に分類される野生植物が数多く栽培化されている。たとえば、現在、世界で生産されているワタの九五パーセントが、先史時代に中米で栽培化されたリクチメン（メキシコワタ）と呼ばれる種類であるにもかかわらず、先史時代の南米で栽培されていたのは、リクチメンではなく、その同属種であるカイトウメンであった。中米のワタは、先史時代に南米になかなか到達せず、南米の農民たちに野生のワタの栽培化を思いとどまらせることがなかった（南米のワタも中米になかなか到達しなかったので、この逆もまた成り立つ）。トウガラシ、カボチャ、アマランサス、そしてアカザといった植物も、栽培種の伝播の速度が遅かったため、系統的にかなり近いが異なる種類に属する野生種が、中米や南米の各地で独自に栽培化されている。

このように、多くのさまざまな現象が同じ結論を指し示している。それは、食料生産は西南アジアにくらべて南北アメリカ大陸やおそらくサヘル地域（サハラ砂漠の南縁）では伝播するのがむずかしかったということである。この結論を示す現象のひとつは、環境的に農業に向いているにもかかわらず、食料生産が伝播しなかった地域が存在することである。伝播の速度や実際に伝播した作物が地域によって異なることも、そのような結論を示す現象のひとつである。栽培種の伝播のしかたによっては、栽培種をまだ持っていない地域の住民が自分たちで野生種を栽培化することや、栽培種の近縁種を栽培化することを思いとどまってしまったことも、食料生産の伝播が地域によってはむずかしかったという結論を示す現象のひとつである。では、なぜ食料生産の伝播は、ユーラシア大陸においてよりも南北アメリカ大陸やアフリカ大陸においてむずかしかったのだろうか。

西南アジアからの食料生産の広がり

この疑問に答えるための第一のステップとして、西南アジア（肥沃三日月地帯）を起源とする食料生産が、そこからどのように広がっていったかを考察してみよう。食料生産は肥沃三日月地帯から東西の周辺地域にむかって波状的に急速に広がっていき、それからまもない紀元前八〇〇〇年になるか

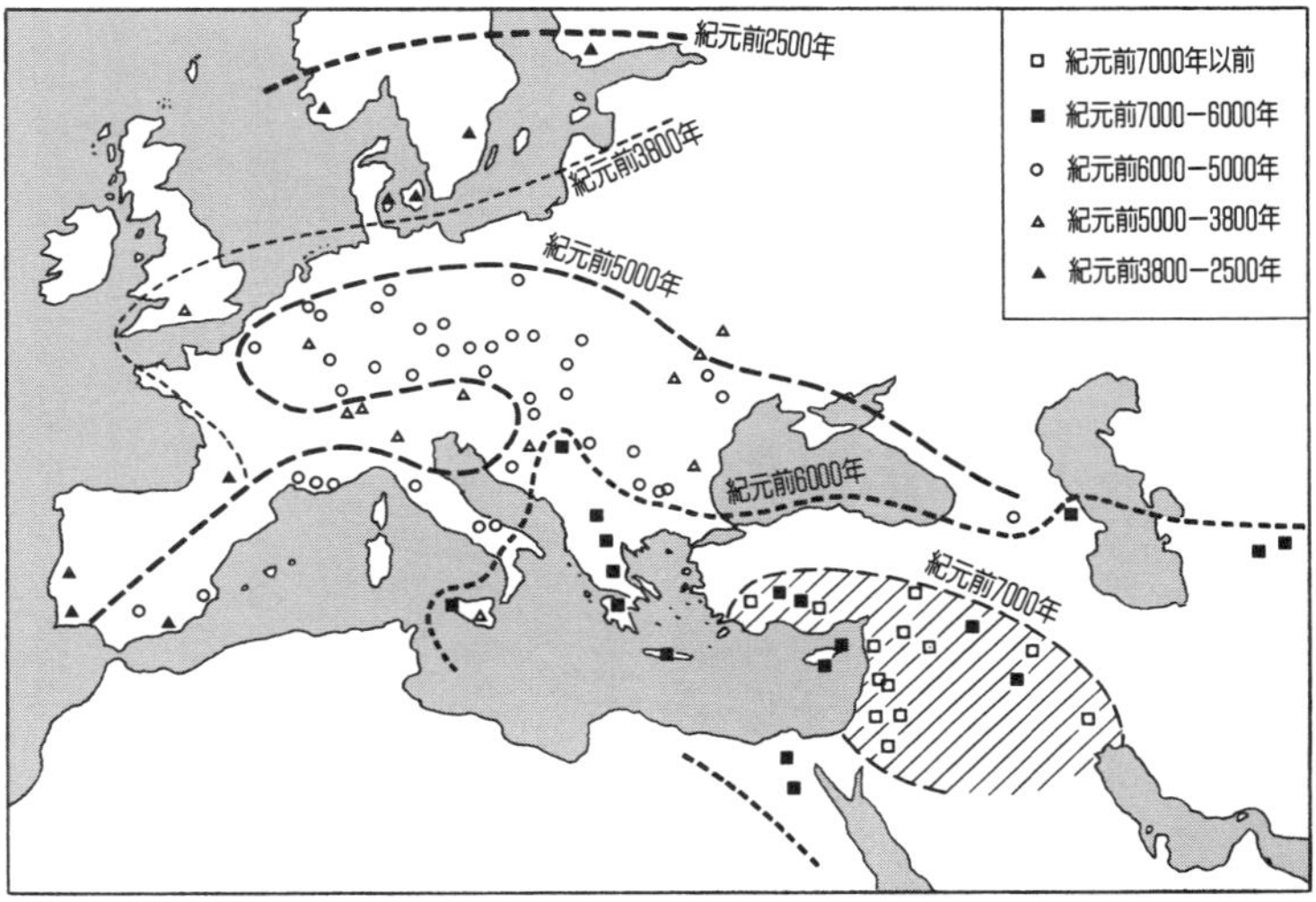

図10-2　肥沃三日月地帯を起源とする作物の西ユーラシアへの伝播

これらの遺跡からは、肥沃三日月地帯を起源とする作物が遺物として出土している。また、遺跡の絶対年代が炭素14年代測定法によって計測されている。□で示されている場所は、測定年代が紀元前7000年以前にさかのぼる肥沃三日月地帯内の遺跡である。この図は、肥沃三日月地帯から遠ざかれば遠ざかるほど、計測年代が若くなっていることを示している。この図は、ゾウハリーおよびホフの「Domestication of Plants in the Old World」に収録されている図20をもとに、誤差を修正した年代に置き換えて作成した。

ならない頃に、早くも西ユーラシアの遠方や北アフリカで見られるようになっている。図10－2は、食料生産がどのように拡大していったかを示すために遺伝学者のダニエル・ゾウハリーと植物学者のマリア・ホフがまとめた地図をもとに作成したものだが、この図を見ると、食料生産が肥沃三日月地帯から波状的に広がっていったのがわかる。食料生産は紀元前六五〇〇年頃にギリシア、キプロス、そしてインド亜大陸にまで広がっている。そして、その直後の紀元前六〇〇〇年頃にはエジプトに、紀元前五四〇〇年頃には中央ヨーロッパに、紀元前五二〇〇年頃には南スペインに、そして紀元前三五〇〇年頃には英国にまで到達している。しかも、これらの地域の人びとは、肥沃三日月地帯の人びとが食料生産をはじめたときに栽培したり飼育したりしていたのと同じ作物や家畜をいくつか使用することで、食料を自分たちの手で作りはじめている。なお、肥沃三日月地帯を起源とする作物や家畜はアフリカ大陸に到達し、そこから南エチオピアへと広がっているが、それがどの時代であったかについてはまだはっきりしていない。また、エチオピアの人びとは、土着の野生植物を自分たちで栽培化していたので、エチオピアでの食料生産が、エチオピア産の作物にもとづいてはじまったのか、あるいは肥沃三日月地帯から伝わった作物にもとづいてはじまったのかはまだわかっていない。

もちろん、すべての場所に肥沃三日月地帯を起源とする農作物がすべて伝わっていったわけではない。たとえばヒトツブコムギは、気温が高すぎるエジプトでは栽培されていない。何度かに分かれて異なる農作物が伝わった場所もある。たとえば西南ヨーロッパへは、羊が穀物よりも先に伝わっている。場所によっては、土着の野生種を独自に栽培化したところもあり、西ヨーロッパではケシが、たぶんエジプトではスイカが栽培化されている。とはいえ、肥沃三日月地帯の周辺地域では、大部分の場所で、肥沃三日月地帯を起源とする農作物をもとに食料生産がはじまっている。そしてこれらの地域には、食料生産につづいて、車輪、文字、金属細工技術、酪農技術、果樹栽培技術、ビールやワインの醸造技術といった、肥沃三日月地帯やその近隣地域を起源とする発明が伝わっている。

なぜ、西ユーラシアの各地では、同じ農作物をもとに食料生産がはじまったのだろうか。それぞれの場所に分布していた同じ野生植物がそれぞれの場所で有用と認められ、独自に栽培されるようになったとも考えられるが、実際はそうではない。第一に、肥沃三日月地帯の起源作物の多くは、西南アジアだけに分布している。たとえば、八種の起源作物のうちでエジプトに分布しているのは大麦だけである。エジプトのナイル渓谷は、肥沃三日月地帯のチグリス・ユーフラテス渓谷と環境が似ており、チグリス・ユーフラテス渓谷で育った農作物はナイル渓谷でも良好に育った。つまり、あの壮大なエジプト文明を出現させる原動力となった農業は、もともとエジプトにあった農作物を基礎としていない。スフィンクスやピラミッドは、エジプトで独自に栽培化された作物ではなく、肥沃三日月地帯を起源とする作物を食べたエジプト人によって建設されたのである。

同じ野生植物が独自に栽培化されたのではないとする第二の根拠は、野生種が西南アジア以外の地域に分布している作物についても、ヨーロッパやインドでは、土着の栽培種ではなく、西南アジアを起源とする品種を使っていたところが多いことである。たとえば亜麻は、肥沃三日月地帯から西はイギリスとアルジェリア、東はカスピ海にまで分布している。大麦となると、東はチベットにまで分布している。しかし、今日世界じゅうで栽培されている肥沃三日月地帯の起源作物は、どれをとっても、野生種に複数見られる染色体配列の一つしか共有していないものがほとんどである。突然変異に関していえば、たくさん起こりうる突然変異のうち、今日世界じゅうで栽培されている肥沃三日月地帯の起源作物は、どれをとっても人間に有用な特性を付与する一つの突然変異遺伝子しか共有していないものがほとんどである。たとえばエンドウの栽培種は、どの種類も一つの劣性遺伝子を共有しており、この遺伝子のおかげで、野生種のようにサヤが自動的にはじけて豆がこぼれたりしないようになっている。

肥沃三日月地帯の起源作物で、他の場所で独自に栽培化されたものがほぼ皆無であることは明らかである。もし、これらの起源作物が独自に何度か栽培化されていれば、その痕跡が染色体の配列や突然変異遺伝子のかたちで起源作物の細胞の中に残されているはずだからである。つまり、肥沃三日月地帯の起源作物は、前に述べた「プリエンプティブ・ドメスティケーション」によって土着の野生種の独自の栽培化を思いとどまらせた典型的な例である。肥沃三日月地帯からの作物の素早い伝播は、肥沃三日月地帯の内外を問わず、野生種を独自に栽培化しようとする試みを思いとどまらせてしまった。すでに栽培化されている植物がひとたび利用できるようになった時点で、野生植物を食用に採集する必要性がなくなり、その結果、野生植物が独自に栽培化される道も閉ざされてしまったのである。

肥沃三日月地帯の起源作物の祖先種の近縁種は、栽培化に適したであろう野生種として肥沃三日月地帯の内外に広く分布していた。たとえばエンドウはエンドウ属に属し、野生ではピサム・サティブムとピサム・フルブムの二種がある。ピサム・サティブムは栽培化されてエンドウとなっている。ピサム・フルブムのほうは一度も栽培化されたことはないが、野生でたくさん自生しているだけでなく、生で食べても乾燥させて食べても味がよい。エンドウと同じように、小麦や大麦、ヒラマメ（レンズマメ）、ヒヨコマメ、インゲンマメ、そして亜麻にも、栽培種以外に、野生の近縁種がたくさん存在する。これらの近縁種のなかには、南北アメリカ大陸や中国で独自に栽培化されたものもあるが、西ユーラシアで実際に栽培化されたのは、栽培化の候補として複数存在した野生種のうちのたった一種類だけである。おそらく、その一種類の栽培種の伝播の速度があまりにも速く、西ユーラシアの人びとは、肥沃三日月地帯からそれが作物として伝わるや、それまでおこなっていた野生近縁種の採集をすぐにやめてしまい、農作物だけを食べるようになったと推測される。作物の伝播の速度が速かったおかげで、野生祖先種を独自に栽培化する必要性も、近縁種を栽培化する必要性もなくなってしまったのである。

東西方向への伝播はなぜ速かったか

肥沃三日月地帯の作物は、どうしてそんなに速い速度で伝播していったのだろうか。これには、この章のはじめの部分で指摘した、ユーラシア大陸が東西の方向に横長であることが影響している。東西方向に経度が異なっても緯度を同じくするような場所では、日の長さ（日照時間）の変化や、季節の移り変わりのタイミングに大差がない。風土病や、気温や降雨量の変化、そして分布植物の種類や生態系も、日照時間や季節の移り変わりほどではないにしても、よく似たパターンを示す傾向にある。たとえば、ポルトガル、イラン北部、そして日本は、東西にそれぞれ四〇〇〇マイル（約六四〇〇キロ）離れているが、ほぼ同緯度に位置しているので、南北に一〇〇〇マイル（約一六〇〇キロ）離れた場所同士よりも気候的に似たところが多い。生態系のひとつである熱帯雨林は、どの大陸でも緯度が南北一〇度以内の範囲にしか存在しない。カリフォルニアのチャパラルやヨーロッパのマッキーのような地中海性の灌木林も、緯度が南北三〇～四〇度のあいだのところにしか分布していない。

植物の発芽や成長、病気に対する抵抗力も、自生地の気候にうまく適応している。季節ごとに変化する日照時間や気温、そして降雨量は、植物に発芽のタイミングを教え、苗木の成長をうながし、開花や成熟のタイミングを知らせる自然のシグナルである。植物は自然淘汰の過程を通じて、生存環境の気候に適した反応を示すように遺伝子がプログラムされている。そして、その生存環境の気候的要因は、その場所がどの緯度に位置するかによって決まるものが多い。たとえば、日照時間は赤道直下では年間を通じて一定であるが、温帯地帯にあたる緯度のところでは冬至から夏至にかけてだんだん長くなり、夏至から以降また短くなる。気温と日照時間が植物の成長に適している時間、つまり植物の成長できる年間を通じての期間は、緯度が高いところほど短く、赤道に近づくにつれて長くなる。植物はまた緯度の異なるそれぞれの地域に特徴的な病気に対して抵抗力を持ち合わせている。

遺伝子プログラムに組み込まれている緯度と異なる場所に植えられてしまった植物の運命は悲惨である。これは、メキシコで育つのに適応したトウモロコシの品種が、カナダで栽培される状況を想像してみればすぐにわかるだろう。このトウモロコシは、メキシコでの気候風土に適応した遺伝子プログラムに従ってまだ一〇フィート（約三メートル）の雪が残っている三月に芽を出す。仮に遺伝子プログラムが書き換えられ、カナダでの発芽に適したタイミング、たとえば六月下旬に発芽できるようになったとしても、このトウモロコシの試練は終わらない。このトウモロコシの遺伝子は、メキシコのおだやかな気候にあわせて五カ月をかけて成熟するようにプログラムされているからである。ところが、成熟に五カ月もかけてしまうと、カナダでは秋になってしまい、トウモロコシは穂軸がひとつも実らないうちに霜でやられてしまう。このトウモロコシはまた、南国の気候に多い病気に抵抗力をつける遺伝子は持っていても、北国に多い病気に対抗する遺伝子を持っていない。こういった理由から、緯度の低いところの植物は、高い緯度の環境にうまく適応できない（その逆も同じである）。肥沃三日月地帯を起源とする農作物の大半が、フランスや日本ではうまく育ったのに、赤道地帯ではうまく育たなかったのはそのためである。

動物もまた、生存環境の緯度によって異なる気候要因に適応している。それに関しては、われわれ人間も動物である。われわれのなかには、日照時間が短くて寒い北国の冬や寒冷地特有の病気を苦手にしている人びとがいるかと思えば、熱帯の暑さや熱帯特有の病気を苦手にしている人びともいる。移住先の選択に際しても、過去何世紀かのあいだ、北ヨーロッパ人は出身地の気候と同じ涼しい場所に移り住むことを好み、北米やオーストラリア、南アフリカに移民していった。赤道地帯のケニアやニューギニアへ移民した北ヨーロッパ人も、涼しい高地に好んで定住している。しかし高地ではなく、南方の熱帯地域に送られた人びとは、マラリアなどの疫病にやられて、ほとんど死んでしまった。その土地の住民が遺伝的に持っているそうした疫病に対する抵抗力を、彼らは持っていなかったからである。

肥沃三日月地帯で栽培化された農作物が東西方向に素早く広がった理由のひとつもここにある。そうした農作物は、伝播先の土地の気候にすでに順応していた。たとえば、肥沃三日月地帯の農業は紀元前五四〇〇年頃にハンガリー平原を越えて中央ヨーロッパに伝わっているが、その伝播の速度があまりにも速かったので、ポーランド以西のオランダまでの広大な地域においては、線状飾りのある土器の出土を特徴とする初期農耕民の遺跡がほとんど同時代的に散見される。キリストが誕生する頃までには、肥沃三日月地帯を起源とする農作物は、ユーラシア大陸の西端であるアイルランドから東端の日本まで、じつに東西八〇〇〇マイル（約一万二八〇〇キロ）にまたがる地域で栽培されていた。この八〇〇〇マイルというユーラシア大陸の東西幅は、陸地の距離としては最長のものである。

肥沃三日月地帯の農業が西はアイルランドから東はインダス渓谷にわたる温帯地域に急速に伝播できたのは、ユーラシア大陸が東西方向に経度的な広がりを持つ陸地だったからである。肥沃三日月地帯の農作物が、東アジアで独自に起こった農業にさらなるいろどりを添えた理由も同じである。肥沃三日月地帯から遠く離れた地域で独自に栽培化された作物が肥沃三日月地帯にむかって伝播したのも、これらの地域がすべて同じ緯度地帯に位置していたからである。現代は農作物の種子が船や飛行機で運ばれる時代である。そのためわれわれは、外国原産の食物を口にすることを当然のように思っている。たとえばアメリカ人は、ファストフード・レストランに行って、中国で家畜化された鶏の肉、アンデス地方原産のジャガイモ、メキシコ原産のトウモロコシを、インド原産の黒胡椒で味つけしたものを、エチオピア原産のコーヒーで流し込む。そしてこれと同じことを、ローマ人もまた二〇〇〇年前にしていた。彼らも外国原産の農産物を主材料とする食事をとっていたのである。ローマ人が口にしていたものでイタリア原産だったのは、エンバクとケシだけである。彼らの主食の大部分は肥沃三日月地帯の起源作物であった。コーカサス地方原産のマルメロ、中央アジアで栽培化されたキビやクミン、インド原産のキュウリ、ゴマ、柑橘類、中国原産の鶏の肉、米、アンズ、モモ、アワなどをローマ人はおもに食していた。リンゴは西ユーラシア原産であるが、中国で生まれた接ぎ木の技術が西に伝播してからローマで栽培されるようになったものである。

ユーラシア大陸には、世界でもっとも幅の広い同緯度地帯があるので、農作物がもっとも劇的に伝播したと思われる。しかし、農作物の東西方向への広がりが速かった例はほかにもある。たとえば、最初に中国南部で栽培化されたり家畜化されたあと、熱帯の東南アジアやフィリピン、インドネシア、ニューギニアなどで新たな品種が栽培化・家畜化されるようになった亜熱帯性作物や家畜類は、肥沃三日月地帯の作物に比肩する速度で東方に広がっている。その結果、バナナ、タロイモ、ヤムイモといった農作物や、鶏、豚、犬といった家畜類は、一六〇〇年たたないうちに中国南部から五〇〇〇マイル（約八〇〇〇キロ）以上離れたポリネシアの島々にまで伝わった。なお、アフリカのサヘル地域（サハラ砂漠の南縁）でも農作物が東西方向に広がっているが、その詳細については、古植物学者がいまもって研究中である。

南北方向への伝播はなぜ遅かったか

ユーラシア大陸と対照的なのが、アフリカにおける南北方向への農作物の伝播の速度の遅さである。肥沃三日月地帯の起源作物の大半は、非常な速さでエジプトに伝わっている。そしてその後、エジプトから南方に下り、気候の涼しいエチオピアの高原地帯にまで達しているが、そこより南には広がらなかった。南アフリカの地中海性気候は、それらの作物にとっては理想的であったと思われる。しかし、エチオピアと南アフリカのあいだの二〇〇〇マイル（約三二〇〇キロ）におよぶ熱帯地域が越えがたい障壁となった。そのためサハラ砂漠以南のアフリカでは、モロコシやアフリカヤムイモなどといった野生植物がサヘル地域や熱帯西アフリカで独自に栽培化されるまで農業がはじまっていない。これらの作物は、高温や、夏の雨期や、低緯度地域に特有の年間を通してさほど変化のない日照時間に適応していた。

肥沃三日月地帯で家畜化された動物たちもまた、気候的要因や風土病などのせいで、南下できなかったり南下の速度が遅れたりした。ツェツェバエが鞭毛虫を媒介することで感染する伝染病の存在はとくに大きく、そのため馬は、赤道北側の西アフリカの諸王国より南の地域で飼育されることがなかった。牛、馬、羊、山羊の南下は、ケニアのセレンゲティ平原の北端付近で二〇〇〇年間ほど停滞してしまい、そこからさらに南下したのは、新しい経済システムや家畜の飼育方法が発達してからのことである。そして、これらの家畜たちが南アフリカに伝わったのは、彼らが肥沃三日月地帯で家畜化されてから八〇〇〇年後の西暦一年から二〇〇年頃になってのことである。なおアフリカ大陸では、熱帯アフリカ産の作物でさえも南下に手間どっている。それらの作物は、肥沃三日月地帯で家畜化された動物たちが南アフリカ地域に到達した直後に、赤道の北側からやってきたアフリカ農耕民（バンツー族）とともに南下してきたものの、地中海性気候に適応していなかったため、南アフリカのフィッシュ川以南に伝わることはなかった。

農作物がフィッシュ川以南に伝わることができなかったことで、南アフリカ先住民のホッテントットやブッシュマンとして知られるコイサン族は、牧畜民にはなったが、農耕を実践するようにはならなかった。そして、南アフリカの過去二〇〇〇年の歴史として知られるように、コイサン族はアフリカ農耕民に数で圧倒され、フィッシュ川の北東部から追いだされてしまった。そして、コイサン族にとってかわったアフリカ農耕民もフィッシュ川以南に進出することはなかった。南アフリカの地中海性気候の地域で農業が盛んになったのは、一六五二年に船でやってきたヨーロッパ人が肥沃三日月地帯の農作物を伝えてからである。しかし、これらの人たちのあいだの衝突は、ヨーロッパ人の持っていた銃と病原菌によるコイサン族の急速な人口減少を引き起こした。ヨーロッパ人と黒人のあいだの一世紀にもわたる戦いを引き起こし、それにつづく一世紀にわたる人種差別と抑圧を引き起こした。そして、かつてはコイサン族の土地だった場所で、黒人とヨーロッパ人が新しい共存のかたちを追求しなければならない現代の南アフリカの悲劇の原因ともなったのである。

アメリカ大陸における農作物の伝播

アメリカ大陸においても、ユーラシア大陸における農作物の伝播とは対照的な遅さでしか、南北方向に農作物が伝播しなかった。中米と南米は、つまりメキシコ高地とエクアドル高地は南北にわずか一二〇〇マイル（約一九〇〇キロ）しか離れていない。そしてこの一二〇〇マイルという距離は、バルカン半島とメソポタミア地方（肥沃三日月地帯の一部）を東西に隔てる距離にほぼ匹敵するが、そのバルカン半島では、生育環境がメソポタミア産の農作物や家畜に非常に適していたため、肥沃三日月地帯で農耕が誕生してから二〇〇〇年たたないうちに、それらの農作物や家畜が素早く広まり、栽培飼育されるようになっている。その結果、バルカン半島の人びとは、土着の近縁種などの栽培化や家畜化を独自に進行させなかった。生育環境でいえば、メキシコやアンデスの高地も土着の動植物の栽培飼育に適した環境を同じように備えており、実際にいくつかの作物がすでにコロンブスがやって来る以前に、一方の地域からもう一方の地域へと伝わっている。トウモロコシはそのよい例である。

ところが、それら以外の農作物は、家畜もふくめて中米と南米を結ぶ地域に広まることはなかった。メキシコ高地は気候が涼しく、ラマ、テンジクネズミ、ジャガイモといった気候の涼しい南米アンデス地方で栽培化されたり飼育化された農作物や家畜の育成には理想的な環境を備えていたと思われるが、アンデス地方原産の農作物や家畜の北上は、中央アメリカ低地の熱帯気候が障壁となってメキシコ高地まで達していない。そのため、南米アンデス地方でラマが最初に家畜化されてから五〇〇〇年たった時代になっても、マヤやアステカ、オルメカなどのメキシコ先住民は、荷役運搬用の家畜を持っていなかったし、犬以外には食用にできる家畜を持っていなかった。

アメリカ大陸では、農作物の南下も、中央アメリカ低地の熱帯気候に阻止されて南米まで到達することができなかった。たとえば、メキシコで最初に家畜化された七面鳥や、アメリカ合衆国東部で栽培化されたヒマワリも、いまあげたような理由で南米アンデス地方にまで伝わっていない。メキシコで栽培化されたトウモロコシやカボチャやインゲンマメは、わずか七〇〇マイル（約一一〇〇キロ）の距離を、数千年の歳月をかけて北上し、合衆国南西部に伝わっている。メキシコ産のトウガラシやアカザが先史時代のうちに合衆国南西部に伝わることもなかった。メキシコのトウモロコシも北アメリカ大陸東部にまで広がることはなかったが、それは、その地方の気候がメキシコより涼しかったからであり、年間を通じての栽培可能な期間もメキシコより短かったからである。トウモロコシは西暦一年から西暦二〇〇年までのあいだのある時期に合衆国東部に伝わったが、主要作物として栽培されたわけではない。トウモロコシにもとづいた農業が誕生し、ミシシッピ文化を持った北米でもっとも複雑なアメリカ先住民社会が出現するのは、西暦九〇〇年になって北米の気候に適した耐寒性の品種が開発されてからのことである。しかしこのミシシッピ文化も、コロンブスや、彼につづいてやってきたヨーロッパ人がもたらした疫病によってその短い幕を閉じてしまうのである。

遺伝子を調べてみると、肥沃三日月地帯を起源とする農作物には、単一栽培種を祖先とする作物が多い。これは、それらの農作物の伝播の速度が非常に速く、その速さが、まだ栽培種を持っていなかった地域の住民に自分たちで野生種を栽培化することや、栽培種の近縁種を栽培化することを思いとどまらせてしまった結果であると思われる。それに対してアメリカ原産の農作物は、広範囲で栽培されている種類の多くが、中米、南米、合衆国東部などにおいて土着の野生種から別々に栽培化された近縁種であるか、同じ種でありながら遺伝的に異なる品種である。たとえば、アマランサス、インゲンマメ、アカザ、トウガラシ、ワタ、カボチャ、タバコは、それぞれの土地で近縁種が栽培されている。キドニービーン、ライマメ、トウガラシ属に属する二種類のトウガラシ、ペポカボチャは、同じ種の異なる品種が各地で栽培されている。これらの事実は、アメリカ大陸において南北方向に農作物が伝播する速度が遅かったことの証拠のひとつと考えることもできる。

アメリカ大陸とアフリカ大陸は、東西よりも南北方向にはるかに広がりのある陸地である。その結果、農作物の伝播の速度が遅かったわけだが、南北方向への農作物の伝播に時間がかかったことを示す例はほかにもいくつかある。それらの例は、アメリカ大陸とアフリカ大陸の場合より規模は小さいが、伝播の速度の遅さを示す例としては貴重である。たとえば、パキスタンのインダス渓谷と南インドとのあいだの農作物の交流は、それこそカタツムリの歩みのようにしか進捗しなかった。中国南部からマレー半島へは、非常にゆっくりした速度で食料生産技術が南下している。インドネシアやニューギニアで起こった食料生産技術が、先史時代のうちにオーストラリア南西部や南東部にまで南下することはなかった。現代では穀倉地帯であるこの二つの地域は、赤道から二〇〇〇マイル（約三二〇〇キロ）以上南下したところに位置している。これらの地域で農耕がはじまったのは、はるか遠くヨーロッパから船で涼しい気候と短い栽培期に適した作物が伝わってからのことである。

技術・発明の伝播

世界地図を見ればすぐわかる緯度についてことさら長々と述べてきたのは、緯度が気候のちがいを決定するうえでの重要な要因だからであり、気候のちがいが農作物の生育環境や伝播の容易さを決定する重要な要因だからである。もちろん、重要な要因は緯度だけではない。同じ緯度に位置する隣接地域の気候がかならずしも同じわけではない（日照時間は当然同じであるが）。地形をふくむ自然環境上の障壁のあるなしは大陸ごとにまちまちであるが、局地的に見れば、それらが農作物の伝播をはばむ重要な要因になったところもある。

たとえば、アメリカ合衆国南東部と南西部は、同じ緯度に位置するにもかかわらず、農作物の伝播に非常に時間がかかっている。伝播されたものも非常に選別されている。これは、合衆国南東部と南西部の中間に、テキサスと南部大平原という農業に不適な乾燥地帯が広がっているからである。ユーラシア大陸でも、肥沃三日月地帯の農作物は、さほど大きな障壁に出くわさずに、西は大西洋にまで、東はインダス渓谷にまで急速に広がったが、インダス渓谷より東方へ伝播するのにはかなりの時間を要している。インド亜大陸内では、ある場所を境に雨が冬に多い気候から夏に多い気候に変化することが、伝播の速度が鈍化した原因となっている。インド北東部のガンジス平原では、インダス渓谷とは異なる農作物を育てる農業技術が必要とされたため伝播の速度が落ちたのである。インド北東からさらに東方に位置する中国は温帯地域ではあるものの、中央アジアの砂漠地帯、チベット高原、ヒマラヤ山脈などによって温帯気候の西ユーラシアから隔離されていた。そのため中国では、食料生産が独自にはじまっている。最初に生産されるようになった農作物も、同じ緯度に位置する肥沃三日月地帯で生産されるようになったものとはまったく種類を異にしていた。しかし、紀元前二〇〇〇年を過ぎた頃には、中国と西ユーラシアのあいだにまたがる自然障壁も部分的に克服され、西アジアの小麦、大麦、馬が中国に伝わっている。

さらに、同じ南北二〇〇〇マイルでも、場所によって局地的な条件が異なるので、その距離が農作物の伝播速度にあたえる影響がどこでも同じだったというわけではない。たとえば、肥沃三日月地帯の農作物は、二〇〇〇マイル南下してエチオピアにまで広がっている。また、バンツー族を起源とする食料生産の方法は、アフリカ大陸東部の大湖(グレート・レイクス)地方から南アフリカのナタール州まで二〇〇〇マイル南下している。それは、いずれの場合も、南下の際に通過していった地域の降雨パターンが出発地の降雨パターンと類似しており、農業に適した地域を通過していったからである。それに対してインドネシアからオーストラリア南西部への南下は、二〇〇〇マイルにおよぶ中間地域が農業にまったく不向きの砂漠だったので不可能であった。メキシコからアメリカ合衆国南西部や南東部への北上は、中間の砂漠地帯の距離が短かったために不可能ではなかったものの、かなりの時間を要している。グアテマラより南の中米に標高の高い高原がなかったことや、メキシコより南の地域（とくにパナマあたり）で極端に地形が狭まっていることは、メキシコとアンデスの緯度差が農作物の交流をさまたげたのと少なくとも同じくらい、農作物の伝播速度に影響があったと思われる。

大陸が東西に広がっていること、あるいは南北に広がっていることは、農業の伝播のみならず、技術や発明の広がっていく速度にも影響をおよぼした。たとえば、紀元前三〇〇〇年頃に西南アジア付近で発明された車輪は、またたくまに東西方向に広がり、数世紀もたたないうちにユーラシア大陸の大半の地域で見られるようになった。ところが、先史時代のメキシコで独自に発明された車輪は、南米のアンデス地方にまで南下していない。紀元前一五〇〇年までに肥沃三日月地帯の西部で使われるようになったアルファベット文字は、一〇〇〇年もたたないうちに、西はアフリカ大陸北岸のカルタゴまで、東はインド亜大陸まで伝わっているが、先史時代の中米で少なくとも二〇〇〇年にわたって栄えた表記法がアンデスにまで伝わることはなかった。

もちろん、車輪や文字の伝播の過程が、農作物のように、緯度や日の長さのちがいに直接影響を受けたわけではない。緯度や日照時間のちがいの車輪や文字に対する影響は、食料生産システムを介しての間接的な結びつきによるものである。初期の車輪は、農産物を運ぶための牛車から出発している。初期の文字はエリート階級だけのものであり、その階級は食料生産に携わる農民たちによって支えられていた。エリートたちは食料生産社会を経済的および社会的に支えるために存在し、国王の布告、農作物の目録、官僚記録などを読み書きしていた。一般的にいって、農作物や家畜や食料生産技術の交流に熱心であった集団のあいだでは、その他のものも盛んに交流された傾向が強い。

アメリカの愛国的な歌、『アメリカ・ザ・ビューティフル』は、輝く海から海につづく、広々とした空や、琥珀色に波打つ穀物のイメージを呼び起こす。しかし、現実のアメリカ大陸の地理的様相はまったく逆である。アメリカ大陸では、アフリカ大陸と同じように、地形をふくめた自然環境上の障壁によって、作物や家畜の広がりに時間を要した。北米の大西洋岸から太平洋岸においても、カナダからパタゴニアにおいても、エジプトから南アフリカにおいても、土着の穀物が琥珀色に波打つ光景は見られない。小麦や大麦が琥珀色に波打つ光景は、ユーラシア大陸の大西洋岸から太平洋岸へ、広々とした空を横切って広がっている。農業が、北米やサハラ以南のアフリカ大陸にくらべてユーラシア大陸で速く広がったことは、第3部で述べるように、この大陸で文字、冶金術、科学技術、帝国といったものが他の大陸よりもずっと速く広がったことに大きく関係している。

こうした相違をあげたのは、世界各地で広く栽培されている農作物を称賛するためではない。初期のユーラシアの農民が、他の大陸の住民よりも創意工夫に優れていたことを証明するためでもない。こうした相違は、アメリカ大陸やアフリカ大陸が南北に長い陸地であるのに対し、ユーラシア大陸が東西に長い大陸であることの反映ともいえる。そして人類の歴史の運命は、このちがいを軸に展開していったのである。

第3部

銃・病原菌・鉄の謎

第11章

家畜がくれた死の贈り物

動物由来の感染症

前章までを通じて、われわれは、食料生産の発祥地が世界に何カ所かあり、農作物や食料生産技術がそれらの地域から周辺地に広がったことを考察した。そして、この伝播の速度が、地形をふくめた自然環境上の条件によって異なることを見てきた。究極的には、農作物や食料生産技術の伝播速度が大陸によって異なっていたことが、プロローグで紹介した、なぜ民族によって手にした権力と富の程度が異なるのか、というヤリの問いかけに対する答えとなる。しかし、そうなってしまった直接の要因は、農作物や食料生産技術の伝播速度のちがいではない。農耕民が何一つ有利なものを持たずに、丸腰で狩猟採集民に対して一対一の戦いを挑んでも、勝てるわけがないからである。

農耕民を狩猟採集民より有利な立場にたたせた条件のひとつは、食料を生産することによって、狩猟採集民よりも人口の稠密な集団を形成できたことである。丸腰であっても、農耕民が一〇人がかりで一人の狩猟採集民と戦えば、農耕民側が有利であるに決まっている。しかも、農耕民も狩猟採集民も、文字どおりの意味で少なくとも丸腰ではなかった。農耕民は、狩猟採集民よりも優れた武器や防具を持っていた。より進歩した技術を持っていた。そして、さまざまな病原菌に対する免疫を持っていた。また、集権的な集団を構成し、文字を読み書きできるエリートたちが征服戦争を指揮することもできた。第11章、第12章、第13章、そして第14章では、食料生産が、病原菌に対する免疫、文字や技術の発達、集権的な集団の形成といったことに、どのように結びついていったかを考察する。

家畜や農作物の病原菌が人間に感染した例として、私がいまだに忘れられない話がある。医者である友人から聞かされた、ある病院での出来事だ。その友人は、まだ若く経験の浅い医者だった頃、不可解な病気にかかった夫とその妻の相手をしなければならなかった。疲労困憊しきったこの夫婦は、互いに意思疎通をはかるのに難儀していた。もちろん友人にもうまく意思疎通できなかった。小柄でおどおどした夫はわずかな英語しか話せず、正体不明の菌が引き起こした肺炎で苦しんでいた。美しい妻はなんとか通訳しようとしていたが、夫の病状は心配だし、勝手のわからない病院だしということで、すっかり気疲れしていた。一週間働きどおしだった私の友人も疲れきっていた。この奇妙な病気を引き起こしているのがどのように異常で危険な病原菌なのかを解明しようとするあまり、精神的にもまいっていた。そのせいで、彼は守秘義務のことをすっかり忘れてしまい、とんでもない失敗をやらかしたのである。彼は、このような感染症を引き起こすような性行為をおこなったかどうかを、ベッドの夫に尋ねてもらうよう奥さんに頼んだのだ。

すると夫は、顔を真っ赤にしたかと思うと、小さな体をよけい小さくするかのように背中を丸めてシーツの下にもぐりこみ、蚊の鳴くような声で何かささやいた。その瞬間、妻が怒声をあげた。夫にむかって飛びかかり、友人が止めるまもなく、金属製の瓶で彼の頭を思いっきり殴ると、病室から飛びだしていった。気絶した夫の息を吹きかえらせるのに時間がかかったそうだが、彼のたどたどしいブロークン英語から妻を激怒させた理由を探りだすにはもっと時間がかかったそうである。夫が告白したところによると、最近、自分の牧場に行った際に、そこの羊と何度も性交渉を持ったということだった。謎の病原菌に感染した原因は、おそらくそれだと思われた。

この男性の話は、きわめて特殊なケースだと思われるかもしれないが、じつは、動物の病気が人間に感染するという事実をよく示している例なのである。世間には、犬好きの人や猫好きの人が大勢いる。この男性患者のように、羊のことを肉欲的に愛する人はあまりいないだろうが、プラトニックに犬や猫を愛する人は多い。羊をはじめとする家畜も、世界じゅうで膨大な数が飼育されていることから判断すれば、どうやら人類は全体として非常に家畜好きのようである。たとえば、国勢調査が最近実施されたオーストラリアでは、羊がかなり気に入られていて、一七〇八万五四〇〇人の人びとが一億六一六〇万頭の羊を飼っている。

われわれのなかには、ペットの動物から病気をもらってしまう人がいる。犠牲者の数は大人より子供のほうが多いかもしれない。動物からわれわれにうつる病原菌は、たんなる不快感を引き起こすたぐいのものが多い。しかし感染症のなかには、天然痘、インフルエンザ、結核、マラリア、ペスト、麻疹（はしか）、コレラなどのように、非常に深刻な症状を引き起こすものもある。近代人の主要な死因に数えられるこれらの感染症は、もともと動物がかかる病気だったが、いまでは人間だけが感染して動物は感染しない。人間の死因でいちばん多いのは病死である。そのため、病気が人類史の流れを決めた局面も多々ある。たとえば、第二次世界大戦までは、負傷して死亡する兵士よりも、戦場でかかった病気で死亡する兵士のほうが多かった。戦史は、偉大な将軍を褒めたたえているが、過去の戦争で勝利したのは、かならずしももっとも優れた将軍や武器を持った側ではなかった。過去の戦争において勝利できたのは、たちの悪い病原菌に対して免疫を持っていて、免疫のない相手側にその病気をうつすことができた側である。

病原菌は、コロンブスの一四九二年の航海にはじまるヨーロッパ人のアメリカ大陸征服において、もっともおぞましい歴史的役割を果たした。もちろん、残忍なスペインの征服者(コンキスタドール)に殺されたアメリカ先住民の数ははかりしれない。しかし、スペイン側の持ち込んだ凶悪な病原菌の犠牲になったアメリカ先住民の数は、それよりはるかに多かった。なぜ、ヨーロッパ側の持ち込んだ病原菌の犠牲に、アメリカ側が一方的にならなければならなかったのだろうか。なぜ、アメリカ先住民特有の病気が、スペインの侵略者たちを死なせ、ヨーロッパで大流行して人口の九五パーセントを滅ぼすことにならなかったのだろうか。アメリカ大陸以外にも、ユーラシア大陸から持ち込まれた病原菌のために先住民の人口が減少しているところがある。ところが、アフリカやアジアの熱帯地方では、ヨーロッパ人が大勢死んでいる。それはなぜだろうか。

人類は、動物から人間に感染するようになった病気の影響を、歴史上の長きにわたって受けてきた。現代人の健康をおびやかす病気のなかにも、もともとは動物のかかる病気だったものがいくつかある(アフリカの野生猿のウイルスが変化して人間に感染するようになったエイズもこの種の病気である)。ヨーロッパ人がアメリカ先住民に感染症の病原菌を一方的にうつした原因は何だったのだろうか。この章では、この原因を探究するために、まず「病気」とは何か、また、ほとんどの微生物が無害なのに、ある種の微生物はわれわれ人間を「病気にする」ように進化したのはなぜかについて考察する。

そして、現代のエイズや、中世の黒死病（腺ペスト）のように、われわれのよく知っている感染症が、なぜ疫病として大流行するのかについて考察する。もともと動物の病原菌であったものが、どのように変化して人間だけが罹患する病原菌となったかについて理解を深めることができれば、アメリカ先住民がヨーロッパ人の病原菌の一方的な犠牲者になった理由もより明らかにできるはずである。

進化の産物としての病原菌

病気に対して、われわれは人間の立場で考え、どうしたら病原菌を退治して命を救えるかに頭をひねる。病原菌がなぜわれわれを病気にするかなどいちいち気にせず、悪い奴らはとっととやっつければいい、というのがごく一般的な考え方である。しかし、敵を知らねば戦いに勝つことはできない。これはさまざまなことにあてはまるが、医学においてはとくにそうである。

そこで、われわれは人間の立場としての考え方から少し離れて、病原菌の立場にたって病気について考えてみよう。われわれは病原菌に感染すると、性器に炎症を起こしたり、下痢に悩ませられたりするが、こうした症状をわれわれの体に引き起こすことは、病原菌の進化をどのように助けているのだろうか。また、感染者を死にいたらしめる病原菌が進化の過程でなぜ登場したのだろうか。感染者である人間は、いわば病原菌が住みついた宿の主である。自分の宿主を死に追いやってしまう病原菌は、自分で自分の住処（すみか）をうばってしまい、結局は自分で自分を殺すという自滅的な行為に走っているように思える。

基本的に、病原菌も、われわれ人間と同様、自然淘汰の産物なのである。生物は進化の過程において、自分の子孫を適性な生存環境にばらまくことによって生き残る。病原菌にとって、自分の子孫をばらまくという行為は、どれくらい多くの人間につぎからつぎへと感染できるかという数学的な問題である。そして、感染者の数がどれくらいになるかは、罹患者がどのくらい長いあいだ感染源として生き延びられるかということと、病原菌がどのくらい効率よく感染するかによって決まるのである。病原菌は、その進化の過程で、ある個体（動物または人間）から別の個体へ感染するためのさまざまな手段を編みだしてきた。自然淘汰においては、うまく伝播して感染個体の数を増やすことができ、より多くの子孫を残すことができる病原菌が結局は生き残る。病気になったときに出てくるさまざまな「症状」は、じつは、病原菌が感染を広げる手段に人間を使おうとして、感染個体の体のはたらきをいろいろ巧妙に変化させていることの表れなのである。

自分の子孫を広めるためにもっとも何もしない病原菌は、受動的に、つぎの犠牲者にうつされるのを待つタイプである。たとえば、すでに感染している卵や肉を食べた人間に感染するサルモネラ菌も、誰かが口にしてくれるのをじっと待っている。旋毛虫症を引き起こす寄生虫は、十分に火の通っていない豚肉を食べた人間に感染する。寄生虫が引き起こすアニサキス症は、鮨（すし）好きの日本人や、最近ではアメリカ人がときたま生魚を食べてかかる。こうした寄生虫は、動物を食べた人間にうつるが、ニューギニア高地の笑い病（クールー病）の病原体は、人肉を食べた人間に感染した。食人慣習（カニバリズム）のあったニューギニア高地では、母親が料理していた感染者の脳に触った赤ん坊が指をなめたのがもとで笑い病にかかることもあった。

病原菌のなかには、感染個体から昆虫の唾液経由で別の個体に感染するタイプもある。マラリアを媒介する蚊、ペストを媒介するノミ、チフスを媒介するシラミ、睡眠病を媒介するツェツェバエなどは、病原菌をただ乗りさせる昆虫である。受動的に感染する病原菌でもっともたちの悪いのは、妊娠中の母親から胎児にうつるタイプである。梅毒、風疹、そしてエイズは、こうした感染をするので、性善説を信じる人びとは、倫理的なジレンマと闘わなくてはならない。

病原菌によっては、早く別の個体に感染できるように、感染者の体のはたらきを変化させるものがある。梅毒にかかれば性器が腫れる。この症状は、人間から見れば屈辱的な不快感でしかないが、梅毒菌にとっては、新しい感染者を増やすための仕掛けである。天然痘は皮膚に発疹を生じさせ、天然痘患者との接触を通じて直接的に伝播することもあれば、感染者の使用した衣類や寝具を介しての間接的伝播もある（白人は、「好戦的な」アメリカ先住民に、天然痘の患者が使っていた毛布を贈って殺すということもしている）。

もっと強力な手段で伝播するのが、インフルエンザ、風邪、百日咳に代表されるタイプである。これらの病原菌は、感染個体に咳やくしゃみをさせ、新たな犠牲者にうつっていく。コレラは、感染個体にひどい下痢を起こさせ、新しい犠牲者となる可能性のある人の、飲料水の供給源に入り込んでいく。腎症候性出血熱（韓国型出血熱）を引き起こすウイルスは、ネズミの尿に入り込んで広まる。感染個体の体のはたらきを変えてしまうことにかけては、狂犬病ウイルスに勝るものはない。このウイルスは、感染した犬の唾液に入り込むだけでなく、犬を凶暴な興奮状態におとしいれて噛みつかせては、その唾液を介して新たな犠牲者に伝播する。しかし、病原体自身がいろいろ動きまわるという点では、鉤虫や住血吸虫にかなうものはない。これらの寄生虫の幼虫は、感染個体の排泄物に混じって河川や土壌に出てきて、みずから活発に動きまわって、つぎの犠牲者の肌に穴をあけて入り込むのである。

このように、性器の炎症、下痢、そして咳は、人間から見れば、「病気の症状」にすぎない。しかし病原菌から見れば、進化の過程を通じて獲得した、より広い範囲に伝播するための方法なのである。

つまり、病原菌は、われわれを「病気にする」ことによって得をするのである。そうであるなら、なぜ病原菌は、自分の宿主を死に追いやって、自分で自分の住処をうばうようなことをするのだろうか。病原菌から見れば、それはたんに有効な伝播を促そうとした結果の副産物にすぎない。コレラ患者は、治療されないままでいれば、下痢によって、一日あたり数ガロンの水分を失ってゆく。しかし、生きているあいだは、下痢の症状がつづくかぎり、コレラ菌が飲料水の供給源に大量に流れ込んでいく。平均して一人以上の新しい犠牲者を出すことができれば、最初の感染個体が死んでしまっても、コレラ菌は伝播の目的を達成できるというわけである。

症状は病原菌の策略

病原菌の視点で感染症を分析するのはこれくらいにして、人間の側に立って感染症にかからないためにはどうしたらいいかを考えると、いまいましい奴らは全部やっつけてしまえ、というのが結論である。たとえば、この目的を実現するために、人間の体は病気にかかると発熱する。われわれは、発熱をたんなる「病気の症状」と考えがちであるが、人間の体温調節には遺伝子が関与しており、偶然に上がったり下がったりするものではない。病原菌によっては、人間の身体よりも熱に弱いものがある。われわれの体は、体温を上げることで、自分たちが病原菌によってやられる前に侵入した菌を焼き殺そうとするのである。

感染に対する人間の体のもうひとつの反応は、免疫システムの動員である。人間の体では、白血球などの細胞が侵入した菌を探しだして殺そうとする。いったん感染症にかかると、その病原菌に対する抗体が体内にできて、同じ感染症に再度かかりにくくなる。しかし病原菌の種類によっては、抗体が長続きしない。誰もが知っているとおり、インフルエンザや風邪に対する抵抗力は一時的なもので、人は何度もインフルエンザにかかったり風邪をひいたりする。その逆に、麻疹、おたふく風邪、風疹、百日咳、天然痘などについては、一度感染して抗体ができてしまうと、終生免疫が体内にでき、そうした病気には二度とかからなくなる。ワクチンはこの原理を逆手にとったものである。死んだり弱められた病原菌株をわれわれの体に接種して、実際に病気になることなく、その病気に対する抗体（免疫）をつくらせるのである。

ところが、病原菌によっては、われわれの体の免疫防御をもってしても侵入をふせぐことができないものがある。そうした病原菌は、人間の抗体が認識する抗原と呼ばれる部分を変化させ、人間の免疫システムをだますのである。インフルエンザがしょっちゅうはやるのは、抗原の部分がちがう新種のインフルエンザウイルスが登場しつづけているせいである。したがって、二年前にインフルエンザにかかった人も、今年のウイルスが新種であれば、そのウイルスに対する抗体を持っていない。マラリアや睡眠病も、素早く抗原部分を変化させる能力においては、インフルエンザウイルスの上をいくが、もっともやっかいなのがエイズウイルスである。このウイルスは、感染者の体内で増殖しながら抗原部分を変化させることでつぎつぎと変身し、患者の免疫システムを無力化させて、やがては死においやってしまうのだ。

世代が代わるときにわれわれの遺伝子を変化させる自然選択も、病原菌に対する防御メカニズムの一つであるが、これは作用するまでもっとも時間がかかる。たとえば、どの病気であろうと、他の人びとにくらべて遺伝的に強い抵抗力を持っている人がいる。疫病が大流行したときでも、その病原菌に対する遺伝子を持っている人びとは、持っていない人びとより生き残れる可能性が高い。ということは、歴史上、同じ病原菌に繰り返しさらされてきた民族は、その病原菌に対する抵抗力を持った人びとの割合が高い――そうした遺伝子を持たなかった不運な人びとの多くは、死んでしまって（自然淘汰されてしまって）、子孫を残せなかったからである。

この自然淘汰による防御メカニズムは、遺伝的に抵抗力が弱い人には何の役にも立たないものの、人間の集団全体の抵抗力を遺伝的に強化している。鎌型赤血球貧血症遺伝子、テイ・サックス（黒内障家族性白痴）遺伝子、そして嚢包性繊維症遺伝子などは、人間集団全体の抵抗力を強化している遺伝子の例である。これらの遺伝子は、相当の犠牲をはらったうえで、アフリカ大陸の黒人、アシュケナージ系ユダヤ人（ドイツ・ロシア・ポーランド系ユダヤ人）、そして北ヨーロッパ人に防御メカニズムをあたえている。アフリカ大陸の黒人は鎌型赤血球貧血症遺伝子のおかげで、マラリアに対する抵抗力がある。また、テイ・サックス遺伝子および嚢包性繊維症遺伝子のおかげで、アシュケナージ系ユダヤ人と北ヨーロッパ人は、それぞれ結核と、細菌性下痢に対する抵抗力がある。

もちろん、人間と他の生物との接触は、通常、人間を病気にするものではない。これは、人間とハチドリの交流を見ればわかる。この交流は、人間を病気にするものでもなければ、ハチドリを病気にするものでもない。この平和な関係がつづいているのは、ハチドリが、人間の身体を食用にしたり、子孫を増やすのに人間をあてにしたりせずに、花蜜や昆虫を食べて生きるように進化しているからである。その結果、人間はハチドリから身を守るように進化する必要はなかった。そして、ハチドリのほうも、人間から身を守るように進化する必要がなかった。

しかし病原菌は、人間の体内の栄養素を摂取する生物として進化してきた。しかも、もとの犠牲者が死んだり抵抗力をつけてしまったとき、新たな犠牲者をもとめて飛んでいく羽根も持っていない。

病原菌の多くが、さまざまな伝播方法を進化させてきたのはそのためである。病気になったときに現れる症状の多くは、人間の体を媒体にして自分を伝播させるために病原菌が編みだした策略である。もちろん人間の側も、病原菌の策略に対抗する策略を進化させてきた。そしてこのイタチごっこに終わりはない。負けた側には、死が待っている。戦いのすべてを判断するのは、自然淘汰という名の審判である。この戦いは、電撃戦なのだろうか。それとも、ゲリラ戦なのだろうか。

流行病とその周期

特定の地域を実験的に選択して、そこで発生する感染症の種類と数が時系列的にどのように変化するかを観察してみると、病気の種類によって発生パターンがかなり異なることがわかる。たとえば、マラリアや鉤虫病などは、発生時期がばらばらで、いつでも新しい症例が現れるパターンを示す。しかし、疫病の場合は、たくさんの発症例があったあと、まったく発症が見られない時期がしばらくつづき、そのあとでふたたびたくさんの発症例が見られる、という波状的なパターンを示す。

そうした病気のなかで、われわれがいちばんよく知っているのはインフルエンザである。インフルエンザは、ひどい年には大々的に流行する（それはインフルエンザウイルスにとっては、とてもよい年である）。コレラは、つぎに流行するまでの間隔がもっと長くて、二十世紀のアメリカ大陸では、一九九一年に南米のペルーであったのが最初の流行だった。今日でも、インフルエンザやコレラの流行は新聞の第一面を飾る。そしてこれらの病気は、近代医学が登場するまでは心底恐れられていた。人類史上、もっとも猛威をふるった疫病は、第一次世界大戦が終結した頃に起こったインフルエンザの大流行で、そのときに世界で二〇〇〇万人が命を落としている。一三四六年から五二年にかけて流行した黒死病（腺ペスト）では、当時のヨーロッパの全人口の四分の一が失われ、死亡率七〇パーセントという都市もあった。一八八〇年、カナダ太平洋鉄道がサスカチェワン地域を貫いて建設されたときには、それまで白人や白人の持つ細菌にさらされることがほとんどなかったサスカチェワン地域のアメリカ先住民の人口のじつに九パーセントが、毎年、結核の犠牲となって死んでいった。

ぽつりぽつりと患者が現れるのではなく突然大流行する感染症には、共通する特徴がいくつかある。まず、感染が非常に効率的で速いため、短期間のうちに、集団全体が病原菌にさらされてしまう。つぎに、これらの感染症は「進行が急性」である——感染者は、短期間のうちに、死亡してしまうか、完全に回復してしまうかのどちらかである。そして、一度感染し、回復した者はその病原菌に対して抗体を持つようになり、それ以降のかなりの長きにわたって、おそらく死ぬまで、同じ病気にかからなくなる。最後に、こうした感染症を引き起こす病原菌は、人間の体の中でしか生きられないようで、地中や動物の体内で生存していくことができない。麻疹、風疹、おたふく風邪、百日咳、天然痘は、子供のかかる病気としてよく知られているが、これらの伝染病も前記の四つの特徴を備えている。

これらの特徴がどのように組み合わさって病気は流行するのだろうか。この疑問に答えるのはそれほどむずかしくない。簡単に説明してしまえば、急速に広がり、症状が急速に進む病気は、集団全体にたちどころに蔓延する。そして感染者は、短期間のうちに死んでしまうか、回復して抗体を持つようになるかのいずれかで、感染したまままいつまでも生きつづけることはない。そして、感染者の数の減少とともに、人間の生体中でしか生きられない病原菌も、そのうち死滅してしまい、それとともに大流行も収束してしまう。つぎの大流行は、抗体を持たない新生児がかかりやすい年齢に達し、集団外部から新たな感染者が訪れるまで起こらないのである。

この典型的な例が、フェロー諸島での麻疹の流行である。この太平洋の孤島では、一七八一年に麻疹が大流行した。そして、しばらくのあいだ一人も感染者が出ていない。しかし一八四六年になって、麻疹にかかった大工を乗せた船がデンマークからやってくると、ふたたび大流行し、三カ月のうちに(七七八二人いた)島民のほとんど全員が麻疹に感染したが、それ以降は、つぎの流行まで麻疹にかかった島民はまったくいない。研究によれば、麻疹のウイルスは、人口が五〇万人以下の集団ではははびこりつづけられない。人口がそれより多い場合にのみ、麻疹のウイルスは、居所を転々と変えながら集団内に潜伏しつづけ、抗体を持たない人びとの数がある程度に達したところで、ふたたび同じ場所で流行するのである。

フェロー諸島の例は、急性感染症の病原菌がはびこりつづけるためには、充分な数の人間が密集して住んでいる必要があることを示している。そうした病原菌は、自分たちが死滅してしまう前に、抗体を持たない多くの新生児が感染年齢に達する集団であって、そうした新生児を繰り返し登場させる出生率を維持できる集団内でしか継続的に生存していけない。このため、麻疹などは、集団感染症として知られている。

集団病と人口密度

集団感染症は、狩猟採集民や焼畑農業の集落などではびこりつづけることができない。この種の病気がそうした少人数の集団に登場するのは、病原菌が外部から持ち込まれたときである。近代においても、よそ者によってもたらされた感染症の流行によって集団全体が死滅するという悲劇が、アマゾン川流域や太平洋の島々などで起こっている。少人数の集団では抗体を持つ者が誰もおらず、ひとたび流行が起こると、全員が感染してしまうのである。たとえば一九〇二年の冬、北極カナダのサザンプトン島に住んでいた五六人のサドリルミウト・エスキモーのうち、じつに五一人が捕鯨船アクティブ号の船員の赤痢がもとで死亡している。なお、少人数の集団では、われわれが「子供の病気」と考える麻疹などに、大人が犠牲になりやすい（現代のアメリカ人はたいてい、子供のときに麻疹にかかるか、ワクチンを接種しているので、大人が麻疹にかかることはまれである）。少人数の集団においては、外部からもたらされた流行がいつまでもつづくことはない。集団の人口が少なすぎて病原菌がはびこらないので、集団特有の流行病が生みだされることもない。したがって、外から侵入してきた者が、それに感染してしまうこともない。

とはいえ、少人数の集団が感染症にまったくかからないわけではない。しかし、彼らがかかる感染症は、それを引き起こす病原菌が地中や動物の体内で生存できる種類に限定されている。たとえば、黄熱病のウイルスの保菌者（キャリア）はアフリカの野生猿なので、そうした猿との接触が日常的にある奥地では、黄熱病に感染する危険性が常に存在する。また、黄熱病ウイルスの保菌者が奴隷貿易によって大西洋を越えて運ばれ、新世界の住民や猿が黄熱病に感染している。

ハンセン病や熱帯フランベジア（熱帯地方の伝染性皮膚病）なども、少人数の集団で見られる感染症である。こうした慢性の疾患では、罹患者がすぐには死亡せず、感染源となって生存しつづける。たとえば、一九六〇年代に私が野外調査をしていたニューギニア高地のカリムイ盆地というところでは、数千人が外界から隔絶した暮らしをしていたが、全人口の四〇パーセントがハンセン病患者という、世界でもっとも高い発生率が見られた。鉤虫などの寄生虫の感染によって引き起こされる病気も、少人数の集団で見られる種類である。このような感染症は、患者を死に至らしめないので、われわれの体が免疫を作ることもない。そのため、一度治っても、ふたたび感染することがある。

外部から孤立した少人数の集団で見られる種類の病気は、間違いなく太古の昔から人類とともにあったと思われる。人類全体の人口がまだまだ少なく、人びとが分散して少人数の集団として暮らしていた人類史の最初の何百万年かに、すでにこれらの病気は人類とともに存在していた。こうした病気には、われわれにいちばん近い動物であるアフリカの類人猿も感染することがある。また、彼らが似たような病気を持っていることもある。これに対して集団感染症は、人類全体の人口が増加し、人びとが密集して暮らすようになってから初めて見られるようになったものである。こうした人口密集地は、人類史上、農業がはじまったおよそ一万年ほど前に登場し、数千年前に都市生活がはじまるとともに加速度的にその数を増やしていった。実際問題、驚くべきことに、人類史上よく知られている伝染病が最初に登場したのは、比較的最近のことである。エジプトのミイラのあばたから推定して、天然痘が最初に登場したのは紀元前一六〇〇年頃であり、おたふく風邪は紀元前四〇〇年頃に、ハンセン病は紀元前二〇〇年頃に、ポリオ（小児麻痺）は一八四〇年に、そしてエイズは一九五九年に最初の患者が確認されている。

農業・都市の勃興と集団病

農業の勃興によって、集団感染症はなぜ出現したのだろうか。すでに指摘したように、その理由の一つは、農耕が支えられる人口密度と、狩猟採集が支えられる人口密度の差である——農耕生活は、平均して、狩猟採集生活の一〇倍から一〇〇倍の人口を支えることができる。狩猟採集民は一カ所に定住せず、ひんぱんに野営地を変え、定住生活をする農耕民のように、病原菌や寄生虫の幼虫をふくむ自分たちの排泄物が近くにある環境に長い期間とどまらない。農耕民は、汚水が居住地内を流れる環境に定住していたので、感染者の排泄物と、つぎなる犠牲者が口にする飲料水を結ぶ距離も近かった。

さらに、糞尿を肥料とする農耕民も存在した。彼らは、バクテリアや寄生虫に感染しやすい環境を自ら作っていたともいえる。灌漑施設や養殖池は、住血吸虫を運ぶカタツムリや、糞便の混じった水の中を歩く人の皮膚に入り込む吸虫などの理想的な繁殖環境となった。定住生活をする農耕民は、貯蔵した食料目当てに集まってくる齧歯類にも囲まれて生活していた。それらの齧歯類はさまざまな感染症を媒介した。また、農民が切り開いた森林内の開墾地は、マラリアを運ぶ蚊の理想的な繁殖環境となった。

病原菌は、農業が実践されるようになってとてつもない繁殖環境を獲得したといえる。しかし、病原菌にもっと素晴らしい幸運をもたらしたのが都市の台頭だった。都市生活者は、農民よりさらに劣悪な衛生環境で密集して暮らしていたからである。ヨーロッパの都市では、集団感染症で亡くなる住民減を補うために、健康な農民が地方から絶えず都市に流れ込んでいた。ヨーロッパの都市が、そうした人口流入を必要としなくなったのは、ようやく二十世紀に入ってからのことだった。病原菌にとってもう一つの幸運は、交易路の発展によってもたらされた。ヨーロッパ、アジア、北アフリカのあいだで交易がおこなわれるようになったローマ時代には、それらの地域が一つに結ばれ、病原菌の一大繁殖地ができあがる。そのため、西暦一六五年から一八〇年にかけて、天然痘がローマに広がり、アントニヌスの疫病として猛威をふるい、何百万ものローマ市民が犠牲となっている。

腺ペスト（黒死病）はユスティニアヌスの疫病としてヨーロッパに最初に現れた（西暦五四二年か

ら四三年）が、全ヨーロッパで猛威をふるったのは、一三四六年の大流行である。ユーラシア大陸の東と西を結ぶ陸路貿易がおこなわれるようになって、腺ペストにやられた中央アジアの地域から、ノミのたかった毛皮がヨーロッパに運ばれるようになったのが一三四六年の大流行の原因であった。今日われわれは、ジェット機で遠くの大陸まで短時間で行くことができる。そのため一九九一年には、ペルーのリマを飛び立ったアルゼンチン航空機が、同じ日のうちに三〇〇〇マイル（約四八〇〇キロ）離れたロサンゼルスまで、何十人ものコレラ感染者を運んできた。合衆国は、海外旅行に出かけるアメリカ人や入国してくる移民の爆発的な増加によって、ひとつのるつぼと化しつつある。これは人種のるつぼではなくて、少し以前まで遠い国の風土病の原因として片付けられていた病原菌のるつぼなのである。

家畜と人間の共通感染症

人間だけがかかる集団感染症は、人類全体の人口が増加し、人びとが寄り集まって集団を形成して暮らすようになった時点で出現した。しかも、それまでは人間の病気として存在しておらず、新種の病気として登場した。こうした集団感染症は、いったいどのように誕生して、人間だけがかかるようになったのだろうか。

この疑問に対する答えは、最近の分子生物学の研究によって明らかになりつつある。人間特有の病気を引き起こす病原菌には、分子生物学的に近い近縁種が存在し、それらは家畜やペットだけに集団感染症を引き起こす。しかし、すべての種類の動物がこうした集団感染症にかかるわけではない。この種の病気にかかるのは、人間の場合と同様、病原菌が生き延びることができる規模の集団を維持で

表11-1　家畜化された動物からの恐ろしい贈り物

（人間の病気）	（もっとも近い病原体を持つ家畜）
麻疹（はしか）	牛（牛疫）
結核	牛
天然痘	牛（牛痘）または、天然痘ウイルスを持つ他の家畜
インフルエンザ	豚、アヒル
百日咳	豚、犬
熱帯熱マラリア	家禽（鶏とアヒル？）

きる群居性の動物だけである。ということは、牛や豚などの群居性の動物が家畜化されたとき、そのあいだですでに集団感染症の病原菌がはびこっていたということになる。

たとえば、牛のあいだで猛烈に伝染する牛疫のウイルスは、人間の麻疹ウイルスに非常に近いが、反芻動物にしか感染しない。人間の麻疹ウイルスが牛に感染することもない。この二つのウイルスの類似性は、人間の麻疹ウイルスが牛疫ウイルスから進化したことを示唆している。おそらく牛から人間にうつった牛疫ウイルスが、人間の体内という新しい環境に適応できるようにいくつかの属性を変化させて、人間の麻疹ウイルスへと進化したのだろう。多くの農民が、牛や牛の糞尿などといっしょに寝起きしていたことを考えれば、牛疫ウイルスが人間にうつったとしても不思議ではない。人間は、野生動物を九〇〇〇年前に家畜化して以来、家畜と密接な接触を保ちつづけてきている――九〇〇〇年といえば、牛疫のウイルスが自分の近くにいる人間を見つけるには充分な時間である。表11-1が示すように、麻疹以外にも、人間がよく感染する病気に似た病気が家畜化された動物のあいだには存在している。

病原菌の巧みな適応

人間と動物との密接な接触を考えると、われわれは常に動物のまき散らす病原菌にさらされている。しかし、それらの病原菌も自然の摂理によって選別的に淘汰され、人間の病気へと進化できたのはほんの一握りの種類だけであった。現存している病気を調査分析してみると、動物由来の病気は、四つの段階を経て、人間だけがかかる病気に変化することがわかる。

第一段階は、われわれがときおり動物や家畜から直接うつされる病気である。猫からうつる猫ひっかき病（猫爪病）、犬からうつるレプトスピラ症、鶏やオウムからうつるオウム病、牛からうつるブルセラ症（マルタ熱）などがこの種の病気である。われわれは、たとえば猟師が野ウサギの皮を剝ぐときに感染する野兎病（ツラレミア）などのように、野生の動物からもこの種の病気をうつされることがある。これらの病気の病原菌はまだ、人間だけに感染する病原菌になる進化の途上にあり、人間から人間へと感染することはない。動物から人間へと感染することもまれである。

第二段階は、もともと動物のものだった病原菌が、人間のあいだで直接感染するようになり、流行するものである。しかしこの流行は、現代医学によって治療されるとか、まわりの人が全員かかって免疫を持つようになる、治らずに死亡するなどの理由で収束してしまう。オニヨン・ヌオングもその種の感染症である。この熱病は、一九五九年に東アフリカに突然現れ、数百万のアフリカ人が感染した。オニヨン・ヌオング・ウイルスは、もともとサルのウイルスであったものが、蚊を介して人間に感染したと考えられたが、患者はすぐに回復し、免疫を獲得したことが幸いして、この新しい病気の流行はすぐに収束した。アメリカ合衆国でも、フォートブラッグ熱と呼ばれる新種のレプトスピラ症が一九四二年の夏に突然発生したが、流行は長引くことなく収束した。

ニューギニアの笑い病（クールー病）は、他の理由で姿を消した致死性の病気である。この笑い病は、食人慣習があったニューギニア高地人のあいだで感染し、患者をゆっくりと死にいたらしめていた（回復したものは一人もいない）。一九五九年に、オーストラリア政府が食人慣習を禁止しなければ、当時二万人いたフォレ族はこの病気によって絶滅したであろう。医学史には、現在知られている病気とはまったくちがう、突然流行して突然謎のように姿を消してしまった恐ろしい病気がいくつも記載されている。一四八五年から一五五二年にかけて、ヨーロッパじゅうで流行したイングリッシュ・スウェティング・シックネス（訳註　粟粒熱。多量の発汗と発疹・高熱を伴う伝染性熱病で、数時間から数日で死亡する）。十八世紀および十九世紀のフランスで流行した同じ症状を示すピカルディー・スウェティング・シックネス。この二つの病気は、現代医学が、原因となる病原菌の識別方法を考案するはるか以前に姿を消してしまっている。

第三段階は、もともと動物だけに感染する病原菌だったものが、人間に感染するようになり、まだ絶滅しておらず、かつ、将来的に大量の犠牲者を出すかどうかがまだ不明な病原菌に代表されるものである。たとえば、一九六九年、ナイジェリアで初めて発症が報告されたラッサ熱は、伝染性が強い致死性の病気だったので、収容患者がひとりでも発症した病院は、その時点で閉鎖されている。だが、齧歯類から人間に感染したと思われるウイルスが引き起こすラッサ熱が今後どうなるかは依然として不明である。ラッサ熱より人間のあいだに定着しているのはライム病である。ライム病は、ネズミやシカに寄生するマダニに嚙まれた人間が、ダニが持っているスピロヘータ（螺旋状細菌）に感染することでかかる。症例が合衆国で最初に報告されたのが一九六二年と比較的最近であるライム病は、すでに米国内のかなりの地方で流行のきざしを見せている。サルのウイルスから生まれ、一九五九年頃に初めて人間の症例が確認されたエイズの将来は、病原菌の立場からすると、ライム病よりももっと明るい。

最後の第四段階は、人間だけがかかり、昔から大流行することで知られている疫病に代表されるものである。こうした病気の病原菌は、動物からわれわれ人間へと宿主を切り替える過程で、自然淘汰されずに子孫を残せた数少ない成功者といえる。

動物だけがかかる病気が、人間だけがかかる病気へと変化するとき、実際に何が起こるのだろうか。ひとつには、病原菌が、これまでの中間媒介生物とはちがう生物を介して感染するようになる。節足動物を媒介とする病原菌が、いままでとは別の生物に感染し病気を引き起こすようになったら、いままでとは異なった節足動物を介して感染するようになることも考えられる。たとえばチフスは最初、ネズミにたかるノミによって、まずネズミに感染し、ネズミから人間に感染した。そして、チフスの病原菌は、人間のあいだで感染していくためには、人間にたかるシラミを媒介動物としたほうが効率よく移動できるということを発見し、シラミを介して人間に感染するようになった。ところが、合衆国ではシラミがほとんど駆除されてしまったために、チフスの病原菌は、最近ではアメリカ東部に生息する北米ムササビに感染し、ムササビが住処にする屋根裏から人に感染するという新しいルートを開拓している。

つまり、われわれが病気にかかるのは、病原菌が進化しつづけていることを示している。そして、病原菌は、新しい宿主や媒介動物に適応すれば生き残り、適応できなければ自然淘汰によって排除される。しかし、たとえば牛と人間とでは、免疫システムが異なる。寄生するシラミの種類も同じではない。糞便もちがうし体内の化学反応も異なっている。つまり病原菌は、人間の体内という新しい環境で生存し繁殖していけるように進化しなくてはならない。実際に、いくつかの症例においては、病原菌がそうした新しい環境に適応すべく変化するのを観察した報告が、医師や獣医師によってなされている。

そのような例でもっともよく研究されているのは、オーストラリアのウサギのあいだで流行した粘液腫症である。ミクソーマウイルスは、もともと野生種のブラジルウサギに特有のものであったが、種の異なるヨーロッパの飼いウサギにも、致死的な集団感染を引き起こすことで知られていた。そこで、オーストラリアでは、十九世紀に持ち込まれ大量発生していたヨーロッパウサギを駆除し、農産物に対する被害を食い止める目的で、意図的にミクソーマウイルスが持ち込まれた。最初の年（一九五〇年）には、ミクソーマウイルスは、感染したウサギの九九・八パーセントを致死させるという、オーストラリアの農民にとっては満足のゆく結果を示した。だがこの致死率は、二年目には九〇パーセントに落ち込み、数年後には二五パーセントにまで減少して、結局、ウサギの撲滅はならなかった。このような結果になったのは、ミクソーマウイルスが、ウサギの利益でも人間の利益でもなく、自分の利益に合うように変化したからである。ミクソーマウイルスは、宿主のウサギが死にすぎて自分が困らないように、ウサギを死に至らせないウイルスに変化したのだ。また、ミクソーマウイルスに感染したウサギがいずれ死ぬ場合でも、すぐには死なせないように変化したのである。その結果、もともと致死率の高かったミクソーマウイルスにかわって、致死率の低いウイルスが多く繁殖するようになった。

人間の病気で、病原菌が新しい環境に適応すべく変化した例としては、梅毒菌があげられる。今日、梅毒といわれても、二つのことが頭に浮かぶだけだろう――性器に炎症がおこる。治療せずに放置しておくと、ゆっくりと何年かかけて進行し、やがて死に至る。しかし、一四九五年にヨーロッパで最初に記録された梅毒の症例によると、患者は頭から膝まで膿疱でおおわれ、顔から肉が削げ落ちて、たった数カ月で死亡している。ところが一五四六年になると、今日われわれがよく知っている症状を示す病気に変化しているのである。前例の粘液腫症と同様、梅毒を引き起こすスピロヘータ（螺旋状細菌）は、感染者がより長く生きて、菌を周囲にふりまきつづけ、自分の子孫が伝播できるように変化したのである。

旧大陸からやってきた病原菌

アメリカ先住民の人口は、ヨーロッパ人による新世界の征服過程において激減した。このことは、病原菌が人類の歴史にいかに恐ろしい影響をあたえたかを如実に示している。ユーラシア大陸から運ばれてきた病原菌で命を落としたアメリカ先住民は、ヨーロッパ人の銃や剣の犠牲となって戦場で命を失った者よりはるかに多かった。あまりに多くの住民や指導者たちが病死したことは、生き残った者たちの士気にも影響した。一五一九年、コルテスは、人口数百万人を誇り、勇猛果敢な軍隊を擁するアステカ帝国を征服するために、六〇〇人のスペイン兵士とともにメキシコの海岸に降り立った。コルテスがアステカの首都、テノチティトランに達したあと、自軍の「たった」三分の二を失っただけで生き延び、応戦しながら海岸へ戻ることができたのは、スペイン側の軍事力が優れていたからであり、アステカ人が当初愚直（ナイーブ）だったからである。だが、コルテスがつぎに猛攻撃を仕掛けたときには、アステカ人はもはや愚直（ナイーブ）ではなかった。彼らは、いたるところで激しい戦いを挑んできた。結局、スペイン側の勝利を決定づけたのは軍事力ではなかった。一人の奴隷が一五二〇年にメキシコにもたらした天然痘の大流行のおかげで、スペイン側は勝つことができたのである。この流行によって、アステカ帝国の人口のほぼ半分が死亡した。犠牲者のなかには皇帝クイトラワクもいた。アステカ人の命だけを奪い、スペイン人には何もしないという謎めいた病気は、生き残ったアステカ人にすれば、あたかもスペイン側の無敵さを示すもののように思え、士気は低下していった。二〇〇〇万人だったメキシコの人口は、天然痘の大流行によって、一六一八年には一六〇万人にまで激減していたのである。

一五三一年、ピサロは人口数百万人のインカ帝国を征服するために、一六八人の兵士を引き連れてペルーの海岸に上陸した。彼にとって幸運なことに、また、インカ人にとって不運なことに、一五二六年頃に陸路経由でインカ帝国に達した天然痘が、皇帝ワイナ・カパックとその後継者をふくむ多くのインカ人の命を奪っていた。そして第3章で述べたように、インカ帝国はアタワルパとワスカルの二人の息子による王位継承をめぐる内紛で分裂状態となっており、その混乱に乗じたピサロによって征服されてしまったのである。

一般的に、一四九二年当時、新世界にはアステカ人やインカ人だけがたくさん住んでいたと思われがちである。しかし論理的に考えればすぐわかるように、北米にもアメリカ先住民たちが数多く住んでいた。現在でも有数の肥沃な農地が広がっているミシシッピ渓谷を中心に、人口の稠密な集団社会を形成していたのだ。これらのアメリカ先住民たちは、ヨーロッパ人征服者によって滅ぼされたわけではない。北米のアメリカ先住民社会は、ヨーロッパ人がやってきたときには、すでにユーラシア大陸の病原菌によって壊滅状態におちいっていた。たとえば、北米に最初にやってきたヨーロッパ人征服者であるエルナンド・デ・ソトは、一五四〇年、合衆国南東部を行軍したとき、廃墟と化したアメリカ先住民の村落をいくつも見かけている。それらは、デ・ソトの行軍の二年前に大流行した疫病によって住民が死に絶え、遺棄されてしまった村落であった。デ・ソトが北米にやってくる以前に、海岸地域に上陸していたスペイン人のなかに病原菌を持っている者がいて、彼らとの接触を通じて沿岸地域のアメリカ先住民がまず感染し、そこから疫病が内陸部の先住民のあいだに広がり、スペイン人の病原菌がスペインの軍勢よりも先に北米内陸部を襲っていたのである。

しかしデ・ソトの遠征当時はまだ、ミシシッピ川下流域に多くの人びとが密集して暮らすアメリカ先住民の大集落がいくつも存在しており、彼はそれらを見ることができた。デ・ソトの遠征以降しばらくは、ヨーロッパ人がふたたびミシシッピ渓谷を訪れることはなかった。その間に、ユーラシア大陸の病原菌はアメリカ先住民のあいだに広がりつづけた。一六〇〇年代になって、フランスからの移民がミシシッピ川下流域にやってきた頃には、アメリカ先住民の大集落はほとんど姿を消していた。現在、ミシシッピ渓谷に見られる大規模な土塁群(マウンド)は、当時の大集落の名残である。コロンブスがアメリカ大陸にやってきた当時、これらの大規模な土塁群を構築したアメリカ先住民の社会の多くはまだ存在していたが、一四九二年以降のある時期、そしてヨーロッパ人がミシシッピ川下流域に進出するようになる前に、おそらくは疫病のせいで崩壊してしまったということが、最近の研究で明らかになっている。

私が子供の頃、アメリカの学校では、約一〇〇万人のアメリカ先住民が北米で暮らしていたと教えていた。そうだとすれば、ほとんど無人状態だった広大な土地に白人が住みついたということになる。一〇〇万人は、白人によるアメリカ大陸の征服を正当化するには好都合な数字だった。しかし、最近の遺跡の調査研究の結果や、初期のヨーロッパ人探検家が残した沿岸地方の記録は、当時のアメリカ大陸には約二〇〇〇万人の先住民が暮らしていたことを示唆している。コロンブスのアメリカ大陸発見以降、二〇〇年もたたないうちに、先住民の人口は九五パーセントも減少してしまったことが推定されるのである。

これらのアメリカ先住民は、ヨーロッパ人たちに出会うまで、ユーラシア大陸の病原菌にさらされたことがなかった。そのため、それらの病原菌に対する免疫を持っていなかった。また、遺伝的に強い抵抗力も持っていなかった。その結果、彼らの多くが、天然痘、麻疹、インフルエンザ、チフスなどで死亡したのである。これらにつづく死因は、ジフテリア、マラリア、おたふく風邪、百日咳、ペスト、結核、黄熱病などだった。病原菌に襲われたアメリカ先住民の集落を実際に目撃した白人によって書かれた記録も数多く残されている。たとえば、一八三七年、セントルイスからミズーリ川を遡上してきた蒸気船の乗員からマンダン族インディアンのあいだに天然痘が広がり、北米大平原で優れた文化をはぐくんでいた彼らの集落の一つでは、二〇〇〇人あった人口が数週間のうちに四〇人以下にまで減少したという。

新大陸特有の集団感染症がなかった理由

旧大陸を起源とする感染症のうち、一〇種類以上が新大陸の人びとに感染している。しかし、新大陸からヨーロッパに伝播した致死性の感染症はおそらく一つもない。梅毒は、唯一の例外の可能性もあるが、この病気の起源がどこであったかについてはいまだに意見が分かれている。病原菌の行き来が、このように一方的だったことは衝撃的である。集団感染症を引き起こす病原菌は、人口の稠密な大規模集団で誕生する。もしも、コロンブス以前のアメリカ大陸の人口が二〇〇〇万人であったという最近の推定が正しければ、同時代のユーラシア大陸の人口より極端に少なかったわけではない。アステカ帝国の首都であったテノチティトランのような都市は、当時、世界最高の人口密度を誇る都市の一つであった。それなのになぜ、テノチティトランには、侵入してきたスペイン人に感染するような特有の病原菌がはびこっていなかったのだろう。

一つの可能性としては、人口の稠密な人間集団が新世界では旧世界より時代的に遅く発生したことが考えられる。もう一つの可能性は、アンデス、中米、ミシシッピ渓谷という人口密集地が、ローマ時代のヨーロッパ、北アフリカ、インド、中国のように、定期的な交易で相互に結ばれることがなく、そのため病原菌の巨大な繁殖地を形成しなかった、ということかもしれない。しかし、たとえそうであったとしても、致死性の感染症が新世界でどうして誕生しなかったかは説明できない（一〇〇〇年前に死んだペルーの先住民のミイラから結核菌DNAが見つかったという報告があるが、この発見で用いられた分析では、人間の結核と、野生の動物のあいだで一般的な結核菌に類似の病原菌〔ウシ型結核菌〕の区別がなされていなかった）。

アメリカ大陸に特有の集団感染症が登場しなかった理由は、人間のかかる感染症の病原菌が何から変化したのだろうか、という単純な疑問を自問してみればはっきりしてくる。すでに見てきたように、ユーラシア大陸を起源とする集団感染症の病原菌は、群居性の動物が家畜化されたときに、それらの動物が持っていた病原菌が変化して誕生したものである。ユーラシア大陸には群居性の動物が何種類も生息していた。しかし南北アメリカ大陸には、たった五種類しかいなかった。合衆国南西部とメキシコに七面鳥が、アンデス地方にラマ／アルパカとテンジクネズミが、熱帯気候の南米にバリケン（ノバリケン）が、そして南北アメリカ大陸全体を通じて犬が生息していただけである。

そして、すでに指摘したように、新世界で家畜として飼われていた動物の種類が少なかったのは、家畜化の対象となるような野生動物がもともとあまり生息していなかったからである。南北アメリカ大陸では、野生の大型哺乳類の八〇パーセントが、およそ一万三〇〇〇年前の最終氷河期の末期に絶滅してしまっている。しかもアメリカ先住民が家畜化できた数少ない種類の動物は、牛や豚にくらべると、集団感染症の病原菌の祖先になるような菌を持っていそうにもない。バリケンや七面鳥は、大きな群れをつくって暮らすような動物ではない。子羊のように人間が抱きしめたくなるような動物でもないので、物理的にふれあうこともほとんどない。テンジクネズミは、シャガス病やリーシュマニア症のような鞭毛虫類の一種であるトリパノゾーマが引き起こす感染症の原因と考えられているが、まだはっきりそうと断定されたわけではない。ユーラシア大陸の家畜に相当する動物という観点で考えると、アンデス地方のラマ（あるいはアルパカ）から人間にうつった病気が一つもないことは驚きであるが、ラマは、つぎの四つの点で、人間に感染するような病原菌を持ちえない。ラマは、羊や山羊や豚より、ずっと小さな群れで飼われている。アンデス地方以外に生息することがなかったので、ユーラシアの家畜にくらべると全体の数がずっと少なかった。人はラマの乳を飲まない（よって、乳から病気に感染することもない）。人の近くや、屋内で飼われることもない。ところがニューギニア高地では、人間の母親が子豚に乳を与えることもある。農民が牛や豚と同じ小屋のなかで寝起きすることもよくある。

ヨーロッパ人のとんでもない贈り物

動物から人間にうつり、人間だけがかかるようになった感染症は、旧世界と新世界の出会いに影響をあたえただけでなく、さまざまな歴史上の局面で結果を左右するような役割を演じている。ユーラシア大陸を起源とする病原菌は、世界各地で、先住民の人口を大幅に減少させた。太平洋諸島の先住民、オーストラリアのアボリジニ、南アフリカのコイサン族（ホッテントットやブッシュマン）が、ユーラシア大陸の病原菌がもとで大量に死んでいるのだ。それらの病原菌に初めてさらされたこれらの人びとの累積死亡率は、五〇パーセントから一〇〇パーセントにのぼっている。たとえば、一四九二年にコロンブスがやってきたときにおよそ八〇〇万人だった（大西洋の西インド諸島中第二の大きな島である）イスパニョーラ島（ハイチとドミニカ）の先住民の数は、一五三五年にはゼロになっている。一八七五年、当時のフィジー諸島の人口の四分の一が、オーストラリア訪問から戻ったフィジー人酋長とともにフィジー諸島に上陸した麻疹の犠牲になって命を落としている（大半のフィジー人はすでに、最初にやってきたヨーロッパ人が一七九一年にもたらした疫病がもとで死亡していた）。ハワイ諸島では、一七七九年にクック船長とともに梅毒、淋病、結核、インフルエンザが上陸した。それにつづいて一八〇四年には腸チフスが流行した。そして、伝染病のちょっとした流行がつぎからつぎへとつづき、その結果、一七七九年に五〇万人あったハワイの人口は、一八五三年には八万四〇〇〇人に激減してしまった。さらに、天然痘がハワイを見舞ったときには、残りの人口のうちの約一万人が犠牲になっている。このような例は、それこそ枚挙にいとまがない。

ちなみに、病原菌は、ヨーロッパ人だけに好都合にはたらいたわけではない。南北アメリカ大陸とオーストラリア大陸には、ヨーロッパ人を待ち受ける土地特有の集団感染症は存在しなかったが、熱帯アジア、アフリカ、インドネシア、ニューギニアはそうではなかった。たとえばマラリアは、熱帯地域全体に分布していた。熱帯東南アジアのコレラ、熱帯アフリカの黄熱病は、もっともよく知られた熱帯地方における死因だった（現在でもそうである）。そのため熱帯地域にヨーロッパ人が移り住むにあたっては、これらの病気がもっとも深刻な障害となった。これらの地域の植民地支配の確立が、南北アメリカ大陸より約四〇〇年も遅れたのは、こうした病気がヨーロッパ人進出のさまたげとなったからである。マラリアと黄熱病は、ヨーロッパ船の行き来によって南北アメリカ大陸に広がり、熱帯地域の植民地支配の確立を遅らせた要因となっている。パナマ運河の建設において、マラリアや黄熱病が、フランス人の努力を失敗に終わらせたことや、それを引き継いだアメリカ人に困難をもたらしたことはよく知られている。

病原菌が人類史上で果たした役割について考慮しながら、本書のはじめでとりあげたヤリの問いかけに答えると、どうなるのだろうか。非ヨーロッパ人を征服したヨーロッパ人が、より優れた武器を持っていたことは事実である。より進歩した技術や、より発達した政治機構を持っていたことも間違いない。しかし、このことだけでは、少数のヨーロッパ人が、圧倒的な数の先住民が暮らしていた南北アメリカ大陸やその他の地域に進出していき、彼らにとってかわった事実は説明できない。そのような結果になったのは、ヨーロッパ人が、家畜との長い親交から免疫を持つようになった病原菌を、とんでもない贈り物として、進出地域の先住民に渡したからだったのである。

（下巻　第3部第12章へつづく）

銃・病原菌・鉄　上巻

訳者との申し合わせにより検印廃止

2000年10月2日　第1刷発行
2025年5月2日　第32刷発行

著　者　ジャレド・ダイアモンド
訳　者　倉骨　彰
装幀者　間村俊一
発行者　碇　高明
発行所　株式会社 草 思 社
〒160-0022　東京都新宿区新宿1-10-1
電　話　営業 03(4580)7676　編集 03(4580)7680
振　替　00170-9-23552
印　刷　錦明印刷株式会社
製　本　大口製本印刷株式会社
ISBN978-4-7942-1005-0
Printed in Japan